国家林业和草原局研究生教育"十四五"规划教材

林业资源法学

（第2版）

赵英杰　范俊荣　荆　珍　编

中国林业出版社
China Forestry Publishing House

图书在版编目（CIP）数据

林业资源法学 / 赵英杰，范俊荣，荆珍编. —2 版. —北京：
中国林业出版社，2024.11
　国家林业和草原局研究生教育"十四五"规划教材
　ISBN 978-7-5219-2135-9

　Ⅰ.①林⋯　Ⅱ.①赵⋯　Ⅲ.①林业资源–森林法–研
究生–教材　Ⅳ.①D922.63

中国国家版本馆 CIP 数据核字（2023）第 025854 号

责任编辑：范立鹏　曹潆文
责任校对：苏　梅
封面设计：睿思视界视觉设计

───────────────

出版发行　中国林业出版社
　　　　　（100009，北京市西城区刘海胡同 7 号，电话 010-83143626）
电子邮箱：jiaocaipublic@163.com
网址：https：//www.cfph.net
印刷　北京中科印刷有限公司
版次：2016 年 1 月第 1 版
　　　2024 年 11 月第 2 版
印次：2024 年 11 月第 1 次印刷
开本：787mm×1092mm　1/16
印张：11.375
字数：273 千字
定价：58.00 元

第 2 版前言

《林业资源法学》自 2016 年 1 月出版以来，受到了广大读者的关注。2018 年 10 月 26 日，第十三届全国人民代表大会常务委员会第六次会议通过了修订后的《中华人民共和国野生动物保护法》，该法的修订更加有助于保护、拯救珍贵、濒危野生动物，保护、发展和合理利用野生动物资源，维护生态平衡。2019 年 12 月 28 日，第十三届全国人民代表大会常务委员会第十五次会议通过了修订后的《中华人民共和国森林法》。该法践行了习近平总书记提出的"绿水青山就是金山银山"理念，保护、培育和合理利用森林资源，加快国土绿化，保障森林生态安全。2021 年 12 月 24 日，第十三届全国人民代表大会常务委员会第三十二次会议通过了《中华人民共和国湿地保护法》。随着这些法律的修订和发布以及林业资源法学研究内容的扩展，原有版本的《林业资源法学》教材部分内容已显陈旧，不能完全满足广大读者的学习需求。为了适应司法改革面临的新挑战，全面反映立法、司法的新发展、新变化，我们对本教材进行了修订，以求进一步提高本教材的质量，使之成为内容翔实新颖、编排科学合理、可操作性强的应用型法学教材。

本教材的编写立足对我国林业资源法律法规的解读，在本教材第 1 版基础上重点修改了森林法、野生动物保护法、湿地保护法等章节，使学生开拓视野，宏观掌握林业资源保护法的基础知识，对我国林业资源保护的内容、具体措施、法律制度、法律责任等方面形成全面、系统的认知，提高学生综合运用林业资源法基本理论解决实际问题的能力。另外，此次修订中，为增强内容的简明性和表述的流畅性，在不产生歧义的前提下，对我国的相关法律名称采用规范化的简称，特此说明。

本教材编写分工如下：赵英杰编写第一、四、九章；范俊荣编写第二、五、六章；荆珍编写第三、七、八章。赵英杰负责全书框架结构的搭建和统稿审定。

本教材是黑龙江省普通高校人文社会科学重点研究基地黑龙江省生态法治研究中心成果，也是中央高校基本科研业务费专项基金项目"生物安全视角下野生动物保护法律对策研究"（2572020DZ04）、"林业生物安全法律规制研究"（2572020DZ05）的阶段性成果。衷心感谢东北林业大学文法学院的领导和同事们对本教材出版的大力支持和帮助，还要感谢东北林业大学环境与资源保护法学科的黄运南、马立伟、陈公俐、于添阳、杨舒婷、张婷婷、张鑫、张跃新等同学的帮助。

由于编者水平有限，教材结构和内容还存在需要进一步探讨和改进之处，敬请使用本教材的广大师生批评指正。

编　者
2024 年 10 月

目　录

第一章

林业资源法学概述

第一节　林业与林业资源概述

一、林业概述

(一)林业概念

传统林业是指培育、经营、保护森林资源,以获取木材或其他林产品的行业。现代林业是指培育、保护和利用森林资源,维护并利用森林的多种效益和多重价值,满足社会对林产品及生态产品多样需求,促进人与自然和谐发展的基础性产业和社会公益性事业。

林业在国民经济建设、人民生活和自然环境生态平衡中,均有特殊的地位和作用。世界各国通常把林业作为独立的生产部门,在中国属于大农业的一部分。林业生产以土地为基本生产资料,以森林(包括天然林和人工林)为主要经营利用对象,整个生产过程一般包括造林、森林经营、森林利用3个组成部分,是综合性的生产部门。林业生产与作物栽培、矿产采掘等既有类似性,又不相同。它具有生产周期长、见效慢、商品率高、占地面积大、受地理环境制约明显、林木资源可再生能力强等特点。林业生产的主要任务是科学培育经营、管理保护和利用现有森林资源,有计划地植树造林,扩大森林面积,提高森林覆盖率,增加木材和其他林产品的供给,并根据林木的自然特性,发挥其在改造自然、调节气候、保持水土、涵养水源、防风固沙、保障农牧业生产、防治污染、净化空气、美化环境等多方面的效能。

简而言之,现代林业具有双重属性,既是国民经济中的基础性产业,又是社会发展中的公益性事业,它是国民经济的重要组成部分之一。发展林业,不仅可提供大量国民经济所需的产品,还可以发挥森林在保持水土、防风固沙、调节气候、保护环境等方面的重要作用。

(二)中国林业的定位

在中国的林业史上,林业曾作出两次明确定位。第一次是20世纪50年代,当时生产木材是国家建设对林业的主导需求,林业定位为国民经济的基础产业,形成了以木材生产为中心的林业建设指导思想。第二次是20世纪70年代末以后,生态建设日益受到重视，林业被重新定位为"既是重要的基础产业，又是重要的公益事业"。这一时期中国开展了规模宏大的生态工程建设，但由于林业体制的惯性和木材需求居高不下等原因，林业仍然没有脱离以生产木材为主的轨道。进入20世纪90年代，森林在生态环境建设中的主体地位以及在可持续发展中的关键地位越来越受到关注，保护和发展森林资源，改善生态环境成为国家对林业的主导需求，林业因而进行了第三次重新定位。党的十八大以来，习近平生态文明思想为林草事业指明了目标方向，习近平总书记站在中华民族伟大复兴和永续发展的战略全局，高度重视林业草原国家公园事业，作出了一系列重要指示批示和论述，将林业定位为国家生态安全的基础，提出"建设美丽中国""绿水青山就是金山银山"等发展理念。

国家可持续发展战略的确立，引发了对林业主导需求的改变，中国林业的定位也随之发生了重大转变。《中共中央 国务院关于加快林业发展的决定》中提出："森林是陆地生态系统的主体，林业是一项重要的公益事业和基础产业，承担着生态建设和林产品供给的重要任务，做好林业工作意义十分重大""在贯彻可持续发展战略中，要赋予林业以重要地位；在生态建设中，要赋予林业以首要地位；在西部大开发中，要赋予林业以基础地位。"《"十四五"林业草原保护发展规划纲要》要求提升生态系统质量和稳定性，促进人与自然和谐共生。立足新发展阶段、贯彻新发展理念、构建新发展格局，林草事业面临新的发展机遇。

综上，林业是生态环境建设的主体，是从事维护国土生态安全，促进经济可持续发展，向社会提供森林生态服务的行业。这一定位充分体现了生态优先的原则。在新的定位下，林业将承担着培育、管护和发展森林资源，保护生物多样性、森林景观、森林文化遗产和提供多种森林产品的根本任务，肩负着优化生态环境、促进经济发展的双重使命。

(三)林业发展的指导思想

以习近平新时代中国特色社会主义思想为指导，深入贯彻党的二十大精神，建设生态文明，必须树立和践行"绿水青山就是金山银山"理念，坚持节约资源和保护环境的基本国策，统筹山水林田湖草沙系统治理，实行最严格的生态环境保护制度，形成绿色发展方式和生活方式，坚定走生产发展、生活富裕、生态良好的文明发展道路，建设美丽中国，为人民创造良好生产生活环境，为全球生态安全作出贡献。

"十四五"时期，我国林业发展的指导思想是：高举中国特色社会主义伟大旗帜，深入贯彻党的十九大和十九届二中、三中、四中、五中全会精神，以习近平新时代中国特色社会主义思想为指导。认真践行习近平生态文明思想，牢固树立"绿水青山就是金山银山"理念，坚持尊重自然、顺应自然、保护自然，坚持节约优先、保护优先、自然恢复为主，以全面推行林长制为抓手，以林业、草原、国家公园"三位一体"融合发展为主线，统筹山水林田湖草沙系统治理，加强科学绿化，构建以国家公园为主体的自然保护地体系，深化科技创新和改革发展，提高生态系统碳汇增量，推进林业高质量发展，为建设生态文明、美丽中国和人与自然和谐共生的现代化作出新贡献。

(四)林业的基本方针

林业建设实行以营林为基础，普遍护林，大力造林，采育结合，永续利用的方针。

①以营林为基础是指要把营林、造林工作作为林业建设的基础，把培育、发展森林资源放在林业建设的首位。

②普遍护林是指要提高全社会的护林意识，要求社会各方面都要认真、切实地保护现有的森林资源，使每一个社会成员都要履行保护森林资源的职责。

③大力造林是指要在认真保护现有森林资源的基础上，积极开展植树造林，培育新的森林资源，扩大森林面积，提高森林覆盖率。

④采育结合是指要把采伐森林和培育森林资源有机地结合起来，互为促进，互为条件，在不断扩大森林面积的基础上有计划地采伐森林。在有计划采伐森林的同时，不断地扩大森林面积。

⑤永续利用是指在合理利用森林的基础上，通过培育新的森林资源，使森林资源保持平衡及稳定的发展状态，以不断满足人民生活和社会经济发展的需要。永续利用实际上就是林业可持续发展。

二、林业资源概述

狭义的林业资源是指发展林业所依托的森林资源。森林资源是森林生态系统中的各种物质资源、能量资源、环境资源的总称。森林、林木、林地，依托森林、林木、林地生存的野生动物、植物、微生物，以及以上要素所构成或产生的相关环境，都可以称为森林资源。森林资源是与人类生产、生活密切相关的重要自然资源，不仅可以提供林木等物质产品，而且具有蓄水保土、调节气候、改善环境、维护生物多样性等多种功能。

广义的林业资源是指林业管理的对象，也就是说，由林业行政部门管理和保护的自然资源统称林业资源。其中包括：森林、竹林、林地、湿地、野生动物、野生植物、自然保护地以及荒漠防沙治沙、生态系统修复治理所涉及的沙化土地资源，等等。我们在这里采用的是广义的林业资源的概念。

林业资源除具有与一般资产相同的特点外，还具备以下特点：

①可再生性。林业资源属于可再生的资源性资产。根据林木生长的规律性和再生性，林业资源消耗可以通过合理的经营，采用科学的森林经营措施而得到补偿。

②再生的长期性。林业资源是再生性资产，但根据林木生长的规律，森林产品要很长的时间后才能获得收益，投入某一林业资源经营的资金，少则数年，多则数十年、上百年才能回收。

③分布的辽阔性。森林是陆地上最大的生态系统，林业的分布极为广泛，由于林业可再生性、再生的长期性，要求林业资源的经营部门要拥有较大面积的林业资源，通常林业资源的经营实体都有成千上万公顷的林业资产，否则它将无法永续利用。由于分布的辽阔，使某一地域的林业资源与另一地域的林业资源在结构内涵与功效发挥上都有不可比之处，各具特色。

④功能的多样性。林业资源结构复杂、形态各异，决定了它功能的多样性。林业资源的某些成分，除了有价值可以交换的商品属性外，还具有一些价值难以度量的生态公益效能。

第二节　中国林业资源概述

进入 21 世纪，继农业文明和工业文明之后人类正在向生态文明迈进。当前，我国已全面建成小康社会，正进入建设社会主义现代化强国的新阶段。在这个过程中，林业资源发挥着越来越重要的特殊作用。

一、中国林业的资源基本情况

林业的发展以资源为基础。新中国成立以来，我国共进行了 9 次全国森林资源清查。

经国务院批准，国家林业局(现为国家林业和草原局)组织完成了第九次全国森林资源清查。第九次清查从 2014 年开始，到 2018 年结束，历时 5 年，投入了近 2 万名调查和科研人员，运用了卫星遥感和样地调查测量等现代科技手段，调查内容涉及森林资源数量、质量、结构、分布的现状和动态，以及森林生态状况和功能效益等方面。

根据第九次全国森林资源清查结果，全国森林面积 2.20 亿公顷，与第八次全国森林资源清查结果比较，森林面积净增 1 275 万公顷，森林覆盖率提高 1.33%，继续保持增长态势。森林面积按林种分，防护林 10 081.92 万公顷，占 46.2%；特用林 2 280.40 万公顷，占 10.45%；用材林 7 242.35 万公顷，占 33.19%；薪炭林 123.14 万公顷，占 0.56%；经济林 2 094.24 万公顷，占 9.60%。内蒙古、云南、黑龙江、四川、西藏、广西森林面积较大(占全国森林面积比例 5% 以上)，6 省(自治区)合计 11 471.88 万公顷，占全国的 52%。

森林蓄积量按林种划分，防护林 881 806.90 万立方米，占 51.69%；特种用途林 261 843.05 万立方米，占 15.35%；用材林 541 532.54 万立方米，占 31.75%；薪炭林 5 665.68 万立方米，占 0.33%；经济林 14 971.42 万立方米，占 0.88%。按森林主要用途的不同，将防护林和特种用途林归为公益林，将用材林、经济林和薪炭林归为商品林，公益林与商品林的面积之比为 56.65：43.35。

根据《2015 全球森林资源评估报告》分析，我国森林面积占世界森林面积的 5.51%，位于俄罗斯、巴西、加拿大、美国之后，列第 5 位；人工林面积继续位居世界首位。我国人均森林面积 0.16 公顷，相当于世界人均占有量的 25%。

我国的森林资源清查是自 20 世纪 70 年代开始的，采用国际上公认的森林资源连续清查方法，上一次(第八次)是于 2013 年年底结束的。第八次和第九次两次清查间隔期内，我国森林资源主要呈现以下特点：

①森林面积稳步增长，森林蓄积量快速增加。全国森林面积净增 1 266.14 万公顷，森林覆盖率提高 1.33%，继续保持增长态势。全国森林蓄积量净增 22.79 亿立方米，呈现快速增长势头。

②森林结构有所改善，森林质量不断提高。全国乔木林中，混交林面积比率提高 2.93%，珍贵树种面积增加 32.28%，中幼龄林低密度林分比率下降 6.41%。全国乔木林每公顷蓄积量增加 5.04 立方米，达到 94.83 立方米；每公顷年均生长量增加 0.50 立方米，达到 4.73 立方米。

③林木采伐消耗量下降，林木蓄积量盈余持续扩大。全国林木年均采伐消耗量3.85亿立方米，减少650万立方米。林木蓄积年均净生长量7.76亿立方米，增加1.32亿立方米。盈余3.91亿立方米，盈余增加54.90%。

④商品林供给能力提升，公益林生态功能增强。全国用材林可采资源蓄积量净增2.23亿立方米，珍贵用材树种面积净增15.97万公顷。全国公益林总生物量净增8.03亿吨，总碳储量净增3.25亿吨，年涵养水源量净增351.93亿立方米，年固土量净增4.08亿吨，年保肥量净增0.23亿吨，年滞尘量净增2.30亿吨。

⑤天然林持续恢复，人工林稳步发展。全国天然林面积净增593.02万公顷，蓄积量净增13.75亿立方米。人工林面积净增673.12万公顷，蓄积量净增9.04亿立方米。

清查结果表明：我国森林资源进入了数量增长、质量提升的稳步发展时期。这充分表明，党中央、国务院确定的一系列林业发展和生态建设重大战略决策，实施的一系列重点林业生态工程，取得了显著成效。然而，我国森林覆盖率远低于全球31%的平均水平，人均森林面积仅为世界人均水平的1/4，人均森林蓄积量只有世界人均水平的1/6，森林资源总量相对不足、质量不高、分布不均的状况仍未得到根本改变，林业发展还面临着巨大的压力和挑战，具体表现在以下方面：

①实现2025年森林增长目标任务艰巨。从清查结果看，森林"双增"目标前一阶段完成良好，森林蓄积量增长目标已完成，森林面积增长目标已完成近六成。但清查结果反映，森林面积增速开始放缓，同时现有宜林地2/3分布在西北、西南地区，立地条件差，造林难度越来越大、成本越来越高，见效也越来越慢，如期实现森林面积增长目标还要付出艰巨的努力。

②严守林业生态红线面临的压力巨大。5年间，各类建设违法违规占用林地面积年均超过200万亩*，其中约一半是有林地。局部地区毁林开垦问题依然突出。随着城市化、工业化进程的加速，生态建设的空间将被进一步挤压，严守林业生态红线，维护国家生态安全底线的压力日益加大。

③加强森林经营的要求非常迫切。我国林地生产力低，每公顷蓄积量只有世界平均水平的69%。进一步加大投入，加强森林经营，提高林地生产力、增加森林蓄积量、增强生态系统服务功能的潜力还很大。

④森林有效供给与日益增长的社会需求之间的矛盾依然突出。我国木材对外依存度接近50%，木材安全形势严峻；现有用材林中大径材林木和珍贵用材树种少，木材供需的结构性矛盾突出。同时，森林生态系统功能脆弱的状况尚未得到根本改变，生态产品短缺的问题依然是制约我国可持续发展的突出问题。

为实现我国2025年森林覆盖率达24.1%的目标，保障国土生态安全，我们将紧紧围绕生态文明建设和美丽中国建设，全面深化林业改革，进一步加大国土绿化力度，实施更加严格的森林资源保护管理措施，扎实推进森林科学经营，大力发展生态林业、民生林业，着力增加森林总量、提高森林质量，增强森林功能和应对气候变化能力，努力推动我国林业走上可持续发展道路。具体举措如下：

①狠抓资源保护管理，严守林业生态红线。科学划定并严格落实林业生态红线，

---

*　1亩=1/15公顷。

制定最严格的林业生态红线管理办法。全面贯彻落实《全国林地保护利用规划纲要》，严格林地用途管制和林地定额管理。严控经营性项目占用林地，逐步推行林地的差别化管理，引导节约集约使用林地。坚持不懈抓好森林防火、森林有害生物防治工作。建立健全严守林业生态红线的法律、法规，依法打击各类破坏森林资源的违法犯罪行为，坚决遏制非法征占林地和毁林开垦现象。

②狠抓林业生态工程建设，确保实现双增目标。进一步增加造林投入，扎实推进宜林地的造林绿化进程。加大科技支撑力度，有效提高造林成林率。加快推进生态功能区生态保护和修复，继续实施好林业生态工程建设，对重点生态脆弱区25°以上坡耕地和严重沙化耕地继续开展退耕还林。积极推进平原绿化、通道绿化、村镇绿化和森林城市建设，充分挖掘森林资源增长潜力。严格落实领导干部保护发展森林资源任期目标责任制，建立健全省、市、县三级森林增长指标考核制度，实行年度考核评价。

③狠抓林业全面改革，增强林业发展动力。深化集体林权制度改革，进一步改革和创新集体林采伐管理、资源保护、生态补偿、税费管理等相关政策机制。积极稳妥地推进重点国有林区改革，健全国有林区经营管理体制。积极推进国有林场改革，按照公益事业单位管理要求，进一步明确国有林场生态公益功能定位，理顺管理体制，创新经营机制，完善政策体系。建立健全森林资源资产产权制度，加强对林权流转交易的监督管理。大力推行林业综合执法和行政审批改革，强化林业执法监管职能，规范审批行为。

④狠抓森林科学经营，提升森林质量效益。建立森林经营规划制度，形成国家、省、县三级森林经营规划体系。完善森林经营补贴制度，加强森林抚育和低产低效林改造。重点推进国有林区和国有林场森林经营工作，带动全国森林经营科学有序推进。全面停止天然林商业性采伐，促进森林资源恢复和培育。大力发展速生丰产林、工业原料林以及珍贵大径材林，加快推进木材储备基地建设，不断增强木材和林产品的有效供给能力。

我国的野生动植物资源十分丰富。全国有脊椎动物近8 400种。其中，哺乳类约700种，鸟类约1 400种，爬行类约500种，两栖类约500种，鱼类近5 000种。全国约有3万多种植物，仅次于马来西亚和巴西，居世界第三位。为保护珍稀濒危野生动植物，我国先后颁布了《国家重点保护野生动物名录》(最新于2021年2月调整发布)和《国家重点保护野生植物名录》(最新于2021年9月调整发布)，将980种和8类野生动物、455种和40类野生植物确定为国家重点保护对象，予以重点保护。

自然保护地是生态建设的核心载体。我国努力构建以国家公园为主体、自然保护区为基础、各类自然公园为补充的自然保护地体系，正式设立三江源、大熊猫、东北虎豹、海南热带雨林、武夷山首批5个国家公园，积极稳妥有序推进生态重要区域国家公园创建。截至2021年年底，已建立各级各类自然保护地近万处，占国土陆域面积的17%以上，90%的陆地自然生态系统类型和74%的国家重点保护野生动植物物种得到了有效保护。

二、中国林业资源建设展望

中国林业资源建设的目标：到2025年，森林覆盖率达24.1%，重点地区的生态问题基本解决,全国的生态环境明显改善,林业产业实力显著增强,并具有较强的国际竞争力;到 2035 年,森林覆盖率达 26% 以上,基本实现山川秀美和木材自给自足,生态环境步入良性循环,林业经济发展水平跻身世界中等发达国家水平,建立比较完备的森林生态体系和比较发达的林业资源产业体系。

为了实现上述发展目标,我国深入实施天然林资源保护工程、退耕还林工程、"三北"和长江中下游地区等重点防护林建设工程、京津风沙源治理工程、野生动植物保护及自然保护区建设工程、重点地区速生丰产用材林基地建设工程六大林业重点工程。六大工程覆盖了我国 97% 以上的县,规划造林任务超过 11 亿亩,工程规划总投资 7 000 多亿元,工程范围之广、规模之大、投资之巨为历世所罕见。特别是退耕还林工程、天然林资源保护工程,其投资超过了苏联"斯大林改造大自然计划"、美国"罗斯福工程"和北非五国"绿色坝工程",成为世界生态工程之最,在国内外产生巨大影响。

(一)天然林资源保护工程

主要解决天然林的休养生息和恢复发展问题。工程实施范围包括长江上游、黄河上中游地区和东北、内蒙古等重点国有林区 17 个省份。工程共有 3 个目标:①近期目标。以调减天然林木材产量、加强生态公益林建设与保护、妥善安置和分流富余人员等为主要实施内容。全面停止长江、黄河中上游地区划定的生态公益林的森林采伐;调减东北、内蒙古国有林区天然林资源的采伐量,严格控制木材消耗,杜绝超限额采伐。通过森林管护、造林和转产项目建设,安置因木材减产形成的富余人员,将离退休人员全部纳入省级养老保险社会统筹,使现有天然林资源初步得到保护和恢复,缓解生态环境恶化趋势。②中期目标。以生态公益林建设与保护、建设转产项目、培育后备资源、提高木材供给能力、恢复和发展经济为主要实施内容。基本实现木材生产以采伐利用天然林为主向经营利用人工林方向的转变,人口、环境、资源之间的矛盾基本得到缓解。③远期目标。天然林资源得到根本恢复,基本实现木材生产以利用人工林为主,林区建立起比较完备的林业生态体系和合理的林业产业体系,充分发挥林业在国民经济和社会可持续发展中的重要作用。

(二)退耕还林工程

主要解决重点地区的水土流失问题。1999 年,中国退耕还林工程在四川、陕西和甘肃三省启动试点;2002 年,退耕还林工程在全国正式全面启动,工程范围涉及 25 个省 1 897 个县 3 200 万农户;2014 年,政府启动新一轮退耕还林工程。截至 2019 年,即退耕还林工程实施 20 周年之际,中国已累计完成退耕还林建设任务 3 386.67 万公顷,工程范围涉及全国 25 个省 2 279 个县 4 100 万户农户,中央财政总投入 5 112 亿元。

(三)京津风沙源治理工程

主要解决首都北京周围地区的风沙危害问题。工程建设范围包括北京、天津、河北、山西、内蒙古 5 省(自治区、直辖市)的 75 个县。规划造林种草 11 360 万亩,其中,封沙育林育草 2 666 万亩,飞播造林 2 788 万亩,人工造林 5 906 万亩。2012 年 9 月,国务院常务会议通过了《京津风沙源治理二期工程规划(2013—2022 年)》,决定实施京津风沙源治理二期工程,其建设目标包括:①到 2022 年,一期工程建设成果得到有效巩固,工程区内可治理的沙化土地得到基本治理,总体上遏制沙化土地扩展趋势,生态环境明显改善,生态系统稳定性进一步增强,基本建成京津及华北北部地区的绿色生态屏障,京津地区沙尘天气明显减少,风沙危害进一步减轻。②到2022年,整个工程区经济结构继续优化,可持续发展能力稳步提高,林草资源得到合理有效利用,全面实现草畜平衡,草原畜牧业和特色优势产业向质量效益型转变取得重大进展;工程区农牧民收入稳定在全国农牧民平均水平以上,生产生活条件全面改善,走上生产发展、生活富裕、生态良好的发展道路。

(四)"三北"和长江中下游地区等重点防护林建设工程

具体包括"三北"防护林第四期工程,长江中下游及淮河流域、沿海、珠江防护林二期工程,太行山、平原绿化二期工程及绿色通道工程。主要解决"三北"地区的防沙治沙问题和其他地区各不相同的生态问题。其中,"三北"防护林工程范围包括我国"三北"地区13个省份约590个县。从1979年到2050年,历时73年,分3个阶段、七期工程进行,规划造林5.35亿亩。到2050年,"三北"地区的森林覆盖率将由1979年的5.05%提到14.95%。

(五)野生动植物保护及自然保护区建设工程

主要解决物种保护、自然保护、湿地保护等问题。工程实施范围包括具有典型代表性的自然生态系统、珍稀濒危野生动植物的天然分布区、生态脆弱地区和湿地地区等。通过实施全国野生动植物保护及自然保护区建设总体规划,拯救一批国家重点保护野生动植物,扩大、完善和新建一批国家级自然保护区和禁猎区。到建设期末,使我国自然保护区数量达到2 500个,总面积1.728亿公顷,占国土面积的18%。形成一个以自然保护区、重要湿地为主体,布局合理、类型齐全、设施先进、管理高效、具有国际重要影响的自然保护网络。加强科学研究、资源监测、管理机构,法律法规和市场流通体系建设和能力建设,基本上实现了野生动植物资源的可持续利用和发展。

(六)重点地区速生丰产用材林基地建设工程

主要解决我国的木材供应问题,并为其他五大生态工程建设提供重要保证。工程实施范围包括我国400毫米等雨线以东的18个省份的886个县、114个林业局(场)。规划用15年时间,分三期建立速生丰产用材林基地2亿亩。工程完成后,每年可提供木材1.3亿立方米,约占国内生产需求量的40%,加上现有森林资源的利用,国内木材供需基本趋于平衡,可支撑木浆生产能力1 386万吨、人造板生产能力2 150万立方米。实现林业跨越式发展是我国现代化建设的战略任务,需要采取一系列重大政策措施。

1. 深化林业改革,解决林业建设的体制、机制问题

重点是两个方面:一是深化集体林权综合改革。放活集体林经营处置权,通过法律法规和技术标准规范林业生产行为,采用市场化手段引导和鼓励林业经营者实行可持续经营,将依法自主经营落实到位。编制实施森林经营规划和森林经营方案,实行统一标准、统一规划,推动提升集体林质量。依法依规区划界定公益林,调整优化保护区域功能布局和保护等级,落实到山头地块。培育新型经营主体,培育家庭林场、专业合作社、龙头企业等新型经营主体,推进适度规模经营,完善林权流转、担保、贴息、分红等机制,加强产权保护,完善利益联结机制,增加农民产业增值收益。拓展集体林权权能，鼓励以转包、出租、入股等方式流转林地。探索创新"生态银行"、地役权机制。健全林权综合服务平台。开展林业改革综合试点，在森林资源管理、林业产业高质量发展、林业金融创新等领域进行探索，在项目安排、人才培养政策机制等方面予以支持。二是推动国有林区改革发展。健全国有森林资源管理体制，坚持国有林区国家生态安全屏障和森林资源培育战略基地定位，理顺国有森林资源管理体制，出台国有森林资源资产有偿使用制度改革方案，编制国有森林资源资产清单。完善森工企业负责人任期森林资源考核和离任审计制度。加强森林保护和经营，建立覆盖全林区的森林资源管护体系，确保管护责任落实到位。推广先进技术手段应用，创新管护机制，提升管护水平。严格天然林管护，科学安排人工商品林生产。强化森林经营方案编制与实施，建立森林经营绩效奖惩机制。

2. 调整完善不适应的林业政策，理顺林业生产关系

一是完善林业投入政策。建立健全公共财政支持体系，逐步使公益林业建设和林业基础设施建设得到各级财政长期稳定的投入保证。二是制定商品林建设的信贷优惠政策。坚决调减林业税费中不合理的部分，包括育林基金和维简费，使护林者得其利，植树者受其益，形成有利于林业发展的良性机制。三是建立科学合理的林业管理政策。完善林木所有权和林地使用权的流转、承包、租赁、抵押、继承政策，增强林业活力。改进林木采伐管理，对人工林特别是工业原料林尽量满足采伐限额，做到"管死一块，放活一块"。

3. 鼓励发展非公有制林业

鼓励各种社会主体跨所有制、跨行业、跨地区投资林业。凡有能力的农户、城镇居民、科技人员、私营业主、外国投资者、企事业单位等，均可单独或合伙参与林业建设，从事植树造林，所造林木归投资者所有。建立健全有关法规，强化非公有制林业的法律地位。切实贯彻"谁造谁有谁受益、合造共有齐发展"的政策，使林业投资者的财产所有权真正落到实处。统一相关政策，包括投资政策、税收政策、经营利用政策等，促进各种经营主体的平等竞争。公有制林业，也要引入民营机制，降低经营成本，提高经营效率。

第三节　林业资源法学体系

一、林业资源法学的概念

尽管林业在社会经济活动中的地位有了很大程度的提高，但是在我国法学研究领域，林业资源法学研究仍然是一个十分薄弱的环节。在以往的研究中，大多针对《森林法》《野生动物保护法》等几个方面进行研究，并没有形成比较完备的林业资源法学体系，因而应投入更多的研究精力加以完善。

林业资源法学体系是指国家制定或认可的、由国家强制力保证实施的、关于林业资源保护、利用、建设的规范性法律文件的总称。它包括全国人大、国务院，以及各部委、省级人民政府及各职能部门制定的林业资源相关法律、行政法规、地方性法规及部门规章等。

二、林业资源法学体系

(一) 林业资源相关法律

林业资源相关法律见表1-1。

表1-1 林业资源相关法律

法律名称	最早施行时间	修订时间	现行版本施行时间
《森林法》	1985年1月1日	1998年、2009年、2019年	2020年7月1日
《野生动物保护法》	1989年3月1日	2004年、2009年、2016年、2018年	2018年10月26日
《种子法》	2000年12月1日	2004年、2013年、2015年	2016年1月1日
《湿地保护法》	2022年6月1日	—	2022年6月1日
《防沙治沙法》	2002年1月1日	2018年	2018年10月26日
《生物安全法》	2021年4月15日	2024年	2024年4月26日
《农村土地承包法》	2003年3月1日	2009年、2018年	2019年1月1日
《土地管理法》	1987年1月1日	1988年、1998年、2004年、2019年	2020年1月1日
《农业法》	1993年7月2日	2002年、2009年、2012年	2013年1月1日
《农业技术推广法》	1993年7月2日	2012年	2013年1月1日
《农民专业合作社法》	2007年7月1日	2017年	2018年7月1日

(二) 林业资源相关行政法规

林业资源相关行政法规见表1-2。

表1-2 林业资源相关行政法规

法规名称	最早施行时间	修订时间	现行版本施行时间
《森林法实施条例》	2000年1月29日	2011年、2016年、2018年	2018年3月19日
《森林采伐更新管理办法》	1987年9月10日	2011年	2011年1月8日
《国务院关于开展全民义务植树运动的实施办法》	1982年2月27日	—	1982年2月27日
《森林病虫害防治条例》	1989年12月18日	—	1989年12月18日
《森林防火条例》	1988年3月15日	2008年	2009年1月1日
《植物检疫条例》	1983年1月3日	1992年、2017年	2017年10月17日
《退耕还林条例》	2003年1月20日	2016年	2016年2月6日
《陆生野生动物保护实施条例》	1992年3月1日	2011年、2016年	2016年2月6日
《野生植物保护条例》	1997年1月1日	2017年	2017年10月7日
《濒危野生动植物进出口管理条例》	2006年9月1日	2018年、2019年	2019年3月2日
《外来入侵物种管理办法》	2022年8月1日	—	2022年8月1日
《重大动物疫情应急条例》	2005年11月16日	2017年	2017年10月7日
《自然保护区条例》	1994年12月1日	2011年、2017年	2017年10月7日

（续）

法规名称	最早施行时间	修订时间	现行版本施行时间
《森林和野生动物类型自然保护区管理办法》	1985年7月6日	—	1985年7月6日
《植物新品种保护条例》	1997年10月1日	2013年、2014年	2014年7月29日
《风景名胜区条例》	2006年12月1日	2016年	2016年2月6日
《血吸虫病防治条例》	2006年5月1日	2016年	2019年3月2日

（三）林业资源相关部门规章

林业资源相关部门规章见表1-3。

表1-3　林业资源相关部门规章

类别	规章名称
部门规章	《林木和林地权属登记管理办法》《占用征用林地审核审批管理办法》《林业行政处罚程序规定》《林业标准化管理办法》《植物新品种保护名录（林业部分）》《引进陆生野生动物外来物种种类及数量审批管理办法》《林木种子生产、经营许可证管理办法》《国家级森林公园设立、撤销、合并、改变经营范围或者变更隶属关系审批管理办法》《林木种子质量管理办法》《主要林木品种审定办法》《林木种质资源管理办法》《开展林木转基因工程活动审批管理办法》《森林资源监督工作管理办法》《国家林业局产品质量检验检测机构管理办法》《营利性治沙管理办法》《突发林业有害生物事件处置办法》等
地方性法规和地方政府规章	安徽省人民政府办公厅《关于进一步加强林业有害生物防治工作的实施意见》；广东省人民政府办公厅《关于印发广东省林业生态红线划定工作方案的通知》；石家庄市人民政府《关于进一步加强林业有害生物防治工作的实施意见》等

第二章

森林资源保护法

第一节　概　述

一、森林法相关概念

(一)森林的概念

我国《森林法》第八十三条规定:"森林,包括乔木林、竹林和国家特别规定的灌木林。按照用途可以分为防护林、特种用途林、用材林、经济林、薪炭林和能源林。""森林"一词在《森林法》中出现一般有两种形式:一种是与其他概念合并出现,作为对《森林法》调整对象的统称,如森林资源、森林权属、森林保护、森林经营等,考虑《森林法》实施多年来,林业科学研究和保护管理实践中的相关概念已经约定俗成,在实际理解和运用中不会产生歧义;另一种是与林木或者林地的概念并列,作为单独的"森林"概念出现,主要依据《宪法》相关精神,为了在权属登记和保护,以及相关经营管理工作中与个体的树木和竹子相区别。因此,该法条并未从生态系统或者面积、树高、林冠覆盖率等角度进行定义,而是以保障法律的稳定性和有效实施为目的,将森林定义为"乔木林、竹林和国家特别规定的灌木林",既能保证概念完整又不会产生认识分歧。

《辞海》将森林定义为"或疏或密相互连接的树木和其他木本植物占优势的植物群落与其他生物(包括微生物、动物等)及其环境构成的一个有机整体"。《现代汉语词典》中定义:"森林通常指大片生长的树木;林业上指在相当广阔的土地上生长的很多树木,连同在这块土地上的动物以及其他植物所构成的整体。森林是木材的主要来源,同时有保持水土,调节气候,防止水、旱、风、沙等灾害的作用。"

国外对森林这一概念有不同的界定。国外法律法规中所指的森林,多作为权利义务所指的对象而存在,所以在其概念中往往体现指向范围的特定性。例如,联邦德国《林业法》第二条规定:"本法将森林定义为每块有林业植物的地产。业经间伐的或透光的地产、林道、森林区划带和保险带,林中空地和疏林,森林草地野生动物饲料地,森林林场以及其他和森林有关的为森林服务的面积均为森林。"印度尼西亚《林业基本法》第一条规定:"森林是指任何林木所覆盖的成片土地,并与其环境构成整个有生命的天然群落,经政府确定为'森林'者。"联合国粮食及农业组织(FAO)对森林的定义为:

"凡生长着以任何大小林木为主体的植物群落，不论采伐与否，具有生长木材或其他林产品的能力，并能影响气候和水文状况，或能庇护家畜和野兽的土地，称为森林。"上述森林定义的表述具有一个共同点，即森林包括了乔木林、竹林和国家特别规定的灌木林。

与国外立法有所不同，我国立法中的森林概念有 4 个层次。最小一层概念是，森林仅指乔木林和竹林；第二层概念是，森林是一类特殊的林木，区别于一般林木；第三层概念是，森林包括所有林木，但不包括林地；第四层概念是，森林就是森林资源，包括森林本身、野生动物、野生植物和野生微生物等。

(二) 我国的森林资源现状

第九次全国森林资源清查结果显示，全国森林面积 2.20 亿公顷，森林覆盖率 22.96%，森林蓄积量 175.60 亿立方米。人工林面积 8 003 万公顷，蓄积量 33.87 亿立方米。我国森林资源连续 35 年实现持续增长，尤其近年来植树造林成果明显，但是我国仍然是一个缺林少绿、生态脆弱的国家。

通过最近两次调查间隔期内的国家森林资源的调查数据变化，可以总结出我国目前的森林资源变化的特点：

①森林总量持续增长。森林面积由 2.08 亿公顷增加到 2.20 亿公顷，净增 1 275 万公顷；森林覆盖率由 21.63% 提高到 22.96%，提高 1.33%；森林蓄积量由 151.37 亿立方米增加到 175.60 亿立方米，净增 24.23 亿立方米。

②森林质量不断提高。森林每公顷蓄积量增加 5.04 立方米，达 94.83 立方米；每公顷年均生长量提高到 4.73 立方米。随着森林总量增加和质量提高，森林生态功能进一步增强。全国森林植被总碳储量 91.86 亿吨，年涵养水源量 6 289.5 亿立方米，年固土量 87.48 亿吨，年保肥量 4.62 亿吨，年吸收污染物量 0.4 亿吨，年滞尘量 61.58 亿吨。

③天然林稳步增加。天然林面积从原来的 12 184 万公顷增加到 14 042 万公顷，增加了 1 858 万公顷；天然林蓄积量从原来的 122.96 亿立方米增加到 136.71 亿立方米，增加了 13.75 亿立方米。

④人工林快速发展。人工林面积从原来的 6 933 万公顷增加到 8 003 万公顷，增加了 1 070 万公顷；人工林蓄积量从原来的 24.83 亿立方米增加到 33.87 亿立方米，增加了 9.04 亿立方米。人工林面积继续居世界首位。

目前，我国的森林资源进入了数量增长、质量提升的稳步发展时期。但我国仍然是一个缺林少绿、生态脆弱的国家，森林覆盖率远低于全球 30.7% 的平均水平，人均森林面积不足世界人均水平的 1/4，森林蓄积量只有世界人均水平的 1/6，森林资源总量相对不足、质量不高、分布不均的状况仍未得到根本改变。人民群众期盼山更绿、水更清、环境更宜居，国土绿化、改善生态任重而道远。

(三) 森林资源保护法的概念及任务

森林资源保护法是以保护、培育和合理利用森林资源为目的，由国家制定或认可，并有国家强制力保证实施的，调整林业生产建设领域内国家机关、企事业单位、经济组织、其他社会团体及公民个人之间发生的各种经济关系行为规范的总称。森林资源法有广义和狭义之分。广义的森林资源保护法指一切与森林有关，并由具有一定立法权的国家机关制定的规范性文件的总称，包括法律、行政法规、地方性法规、部门规章、地方政府规章、自治条例和单行条例等。狭义的森林资源保护法是指经国家立法机关依法制定并公布执行的与森林保护、培育和利用有关的法律。

《森林法》规定："为了践行绿水青山就是金山银山理念，保护、培育和合理利用森林资源，加快国土绿化，保障森林生态安全，建设生态文明，实现人与自然和谐共生，制定本法。"

二、森林资源保护法的立法原则

(一) 生态效益优先原则

生态效益优先原则是生态学应用于各学科领域后提出的一种应用原则，是指在处理经济增长与生态环境保护之间的关系问题时，确立生态保护优先的法律地位，作为指导调整生态社会关系的法律准则。森林的经济效益和生态效益是对立统一的整体，如何很好地处理两者之间的关系是立法原则中的重要内容。在处理二者关系的过程中，片面、盲目地以牺牲生态效益为代价追求经济效益，最终也将失去经济效益。在确保生态效益的前提下追求最大经济效益，是明智之举。当二者发生矛盾时，宁可牺牲眼前的经济效益，也要维护生态效益。这一原则是基于生态环境与资源环境是人类生存的支持系统提出来的，认为经济过程必须与自然过程相协调，强调生态环境建设与资源合理利用在经济社会发展中的优先地位，借此来引导、约束经济社会寻求可持续发展的逻辑起点。

1982 年，联合国大会通过的《世界自然宪章》明确规定，应避免那些可能对大自然造成不可挽回的损害的活动；在进行可能对大自然构成重大危险的活动之前应先彻底调查；这种活动的倡议者必须证明预期的益处超过大自然可能受到的损害；如果不完全了解可能造成的不利影响，活动不得进行。这种观点与传统的人类利益中心主义形成鲜明对立，提出人类的活动不得对自然造成不可承受的损害。随后，一系列针对保护地球生态系统的国际公约得以签署，这些都体现了人类社会已经意识到生态效益优先原则对于人类社会可持续发展意义重大。

(二) 尊重自然、顺应自然原则

人与自然和谐共生是习近平生态文明思想的重要内容。2015 年，中共中央、国务院印发的《生态文明体制改革总体方案》指出：树立尊重自然、顺应自然、保护自然理念。党的二十大报告中明确指出：人与自然是生命共同体，人类必须尊重自然、顺应自然、保护自然。森林属于可再生资源，有其自身消长的特殊规律，对森林资源的开发利用、培育管理，必须顺乎自然规律的要求，不能凭主观意志强加于林业生产。保护、培育、利用森林资源，必须尊重自然规律，顺应自然规律。乔木、灌木、竹林以及其他依托于森林生态系统的生物，其自身的生长发育有独特的规律。光照、温度、降水、土壤、海拔等自然条件不同，适宜生长的森林植物不同，形成的森林生态系统的特征也不同。同样自然条件下的森林生态系统，由于处于不同的演替阶段，也可能具有不同的特征。保护、培育、利用森林资源必须把握好森林资源的有关规律，遵循森林资源保护的自然规律。违背了自然规律，就很难保护、培育好森林资源，利用森林资源也就成了无本之木、无源之水，难以实现人与森林和谐共生，甚至会带来生态灾难。伴随科技的进步，人们能够更大限度地发挥主观能动性对林业生产实行一定控制，但仍不能代替自然规律。与其他经济、行政手段相比，法律对指导林业生产具有更大的效力，因此，在立法时一定要遵循自然规律，以利于森林保护和林业发展。我国《森林法》关于国家建立自然保护地体系对具有特殊价值的森林生态地区或林区加以保护的规定，关于造林绿化应当科学规划、因地制宜，优化林种、树种结构，鼓励使用乡土树种和林木良种、营造混交林的规定等，都遵循了森林的自然规律。

(三)保护优先原则

林业既是一项产业，更是保护生态环境、造福人类社会的公益事业。新中国成立后有很长一段时间，国家对林业实行的是"重取轻予""取之于林的多，用之于林的少"的政策，忽视了林业生产的特点，造成了森林资源的危机和林业企业的经济危困，森林覆盖率提高极为缓慢，我国森林资源亟须休养生息。因此，为使林业实现良性循环，能够持续健康发展，在森林资源的开发利用上，《森林法》要处理好保护与发展的关系，坚持保护优先，实现在保护中发展，在发展中保护。保护的目的是发展，只有通过发展才能更好地保护。既要改变不顾森林承载力、以破坏性方式利用森林资源、一味地追求经济效益的观念，又要改变完全远离森林、完全不利用森林资源的片面观念。要树立科学的森林发展理念，遵循自然和社会规律科学开发森林资源，通过绿色发展和循环利用，实现经济效益、社会效益和生态效益的协调发展。

(四)对森林资源实行限额消耗的原则

控制采伐，使森林年消耗量低于生长量，这是我国《森林法》的一项重要立法原则。对资源进行限额消耗，是实现可持续发展的需要，也是世界各国的成功经验。我国《森林法》对木材生产计划不得超过批准年采伐限额作出的一系列法律规定，是解决我国林业长期形成的过量采伐、消耗量大于生长量问题的有力措施，是保证现有森林资源不再继续减少并在短期内使森林覆盖率得以较快提高的根本大计，是发展和振兴林业的重要举措。2019年修订的《森林法》将"根据用材林的消耗量低于生长量的原则"改为"根据消耗量低于生长量和森林分类经营管理的原则"，取消了只考虑用材林的原则，将其扩展为考虑所有类别的森林。同时，还要考虑森林分类经营管理的原则，对于公益林和商品林，在编制采伐限额时要区别对待，以发挥各自的主导功能为目标，合理确定各类森林的采伐限额。

(五)以分类经营实现森林资源永续利用

我国森林分类经营管理的实践已经有20多年。目前我国实行森林分类经营管理的实践取得了明显成效。一是建立了公益林管护的机制。各省建立了公益林管护制度，层层落实了责任制，建立了公示制度，强化了社会监督。二是建立了调动林农保护公益林积极性的补偿机制。按照一定标准对公益林进行补偿。这在一定程度上弥补公益林经营者因保护公益林而遭受的损失，调动经营者参与公益林保护和管理的积极性。三是保护公益林的成效明显。截至2017年，全国共区划界定国家级公益林17亿亩；各省(自治区、直辖市)也划定了公益林。通过实施严格保护，公益林资源总量稳步增长，林分结构得到改善，质量逐步提升，从而更好地发挥了森林蓄水保土、调节气候、改善环境、维护生物多样性等功能。四是对商品林经营管理予以适度放活，较好地满足了社会对林产品的需求，有利于林业经营者根据市场情况进行经营管理，帮助经营者增加收入。2019 年我国《森林法》的修订，总结了多年来实行森林分类经营管理的实践经验，将其作为法律规范予以稳定下来，为进一步巩固和完善森林分类经营管理提供了坚强的法治保障。

第二节　我国森林资源保护立法的发展

一、新中国成立前我国森林立法的发展

(一) 中国古代的森林资源保护立法

中华民族传承数千年，形成了独特的文化哲学，无论是儒家、道家，还是佛家都将人与自然的和谐作为其不变的思想内核。从我国古代的立法中可以看出，历代统治者都十分重视人与自然的融合关系。《逸周书·卷四·大聚解》记载："禹之禁，春三月，山林不登斧，以成草木之长。"《管子·五行》记载："人与天调，然后天地之美生"，提出"衡顺山林，禁民斩木"的观点；《管子·轻重己》提出"毋行大火，毋断大木，毋斩大山，毋戮大衍"的观点。《荀子·王制》记载："圣王之制也，草木荣华滋硕之时，则斧斤不入山林，不夭其生，不绝其长也。"西周的《伐崇令》规定："毋坏屋，毋填井，毋伐树木，毋动六畜。有不如令者，死无赦。"秦朝的《田律》规定，春天二月，禁止到山林中砍伐树木，禁止堵塞河道；不到夏季，禁止烧草作肥料，禁止采集刚发芽的植物，禁止捕捉幼兽、幼鸟和捡拾鸟蛋，禁止毒杀鱼鳖，不准设置捕捉鸟兽的陷阱和网罟。唐宋时期，除通过各种禁令加强森林管理外，还注重植树造林。《唐律疏议·户婚》记载："诸里正依令授人田，课农、桑，若应受不授，应还而不收，应课而不课，如此事类违法者，失一事，笞四十。"元明以后，一方面增加了对护林、造林的奖励措施；另一方面又下令对山泽开放。这些都是反映了朴素但非常科学的生态文化思想的法律规范，对中国古代社会各阶段的立法都产生了巨大的影响。但是，根据历史记载，封建社会的环境变迁变动很大。例如，自西汉武帝以后，黄河下游平原的原始森林、草地已采伐殆尽，连河湖滩地也都辟为耕地。黄河中游黄土高原长期过度开发，导致水土流失加剧，10 世纪以后，河患日益严重的趋势已不可逆转，生态环境不断恶化，流域经济逐渐衰落，以致在近代成为灾害频发、经济贫困的地区。

(二) 近代的森林立法

近代的森林立法在 20 世纪初实现了较快的发展，我国多次进行了森林保护方面的立法活动。近代最早的森林法就是于 1912 年由北洋政府拟定的《林政纲领十一条》。1914 年通过了《森林法》及其实施细则，通过了《造林奖励条例》。1915 年，政府颁令规定清明节为植树节。1928 年，政府颁布了植树令："嗣后旧历清明植树节应改为总理逝世纪念植树式。"1932 年制定了新的《森林法》(共 77 条)，该法经过 1937 年和 1945 年两次修订，全文被修订为 57 条。其实施细则于 1935 年发布，1948 年修订。该法考虑了森林的经济价值和其他公益价值，如第一条规定："为保育森林资源，发挥森林公益及经济效用，制定本法。"该法第十条规定："森林有下列情形之一者，应由主管机关限

制采伐：一、林地陡峻、土层浅薄，复旧造林困难者。二、伐木后土壤易被冲蚀或影响公益者。三、位于水库集水区、溪流水源地带、河岸冲蚀地带、海岸冲风地带或沙丘区域者。四、其他必要限制采伐地区。"此外，该法还规定了如何维护森林涵养水源的功能、如何防止森林的水土流失、如何限量开采林木、如何加强自然保育等内容，实际上肯定了森林的环境价值。

二、新中国成立后我国森林资源保护立法的发展

新中国成立后，党和政府十分重视林业的发展，为保护森林资源、发展林业，颁布了一系列政策法令。1950 年发布的《土地改革法》规定，大森林收归国有，由人民政府管理经营。1952 年，由周恩来总理签发的《关于发动群众继续开展防旱抗旱运动并大力推行水土保持工作的指示》指出："由于过去山林长期遭受破坏和无计划地在陡坡开荒，使很多山区失去涵蓄雨水的能力……首先应在山区丘陵和高原地带有计划地封山、造林、种草和禁开陡坡，以涵蓄水流和巩固表土。"1958 年，中共中央、国务院发出了《关于在全国大规模造林的指示》；1961 年，中共中央制定了《关于确定林权保护山林和发展林业的若干政策（试行草案）》；1963 年，国务院颁布了我国第一部相对完整的森林资源保护法规——《森林保护条例》。

1979 年 2 月 23 日，第五届全国人民代表大会常务委员会第六次会议通过新中国第一部森林保护方面的综合性法律——《中华人民共和国森林法（试行）》，标志着我国林业建设进入了依法治理的轨道。1981 年，中共中央、国务院发布了《关于保护森林发展林业若干问题的决定》，第五届全国人民代表大会第四次会议审议通过了《关于开展全民义务植树运动的决议》。针对该决议，1982 年，国务院发布了《关于开展全民义务植树运动的实施办法》。植树造林、绿化国家的热潮在全国迅速掀起，这对遏制森林资源锐减的势头、扭转资源危机的局面起到了重要作用。为进一步促进林业发展，规范林业秩序，我国又相继颁布了《野生动物保护法》《森林采伐更新管理办法》《森林防火条例》《种子法》《森林病虫害防治条例》《植物检疫条例》等法律法规。2000 年 1 月，国务院发布《森林法实施条例》，该条例在《森林法》规定框架范围内，考虑了当前退耕还林、封山绿化的实际需要，作出了一些新的规定。2001 年 8 月，在历经几年的严重沙尘暴灾害后，全国人大常委会通过了《防沙治沙法》，立法目的是"预防土地沙化，治理沙化土地，维护生态安全，促进经济社会的可持续发展"。2002 年 12 月，国务院为了规范退耕还林活动，保护退耕还林者的合法权益，巩固退耕还林成果，优化农村产业结构，改善生态环境，发布实施了《退耕还林条例》。为贯彻落实国务院《全面推进依法行政实施纲要》，国家林业局于 2004 年 11 月 5 日印发了《全面推进依法治林实施纲要》，全面规定了推进依法治林的指导思想、基本方针、主要目标、主要任务和具体措施。该文件的颁布标志着中国的林业管理步入了法治轨道。

第三节　森林权属

森林权属，即林权。根据我国现行的林业法律法规，我国的林权客体为森林、林木和林地，林权的主体为国家、集体、自然人、法人或其他组织。林权作为一种复合

性权利，其内容包括森林、林木和林地所有权，森林、林木和林地使用权，林地承包经营权等财产性权利。

一、森林权属的形式

(一) 国有林权

《宪法》是我国的根本大法，该法对林权虽然只有一条原则性的规定，但却是我国第一次以法律的形式对该问题作出明确规定。该法第九条规定："矿藏、水流、森林、山岭、草原、荒地、滩涂等自然资源，都属于国家所有，即全民所有；由法律规定属于集体所有的森林和山岭、草原、荒地、滩涂除外。国家保障自然资源的合理利用，保护珍贵的动物和植物。禁止任何组织或者个人用任何手段侵占或者破坏自然资源。"从该条能够看出，我国以根本法的形式确认森林资源的国家所有权和森林的集体所有权，这是我国有关林权最高层次的立法。

《森林法》第十四条规定："森林资源属于国家所有，由法律规定属于集体所有的除外。"国有林权在我国是指在国有林地之上所衍生出来的各项权能的总和，国家掌握对国有森林资源的控制权。这些控制权通过政府授权相关部门，或者通过设置承包经营权的形式将其授予具体的经营者运营，通过所有权和使用权的分离实现国有林业资源的有效利用。

国有林权具有唯一性和统一性的特点。所谓唯一性，即只有中华人民共和国才能成为国家所有的森林、林木和林地的唯一所有权主体，其他任何国家机关、企事业单位不能成为国有林权的主体。所谓统一性，即国有林权只能由中华人民共和国统一行使和掌握，非经国家授权，其他任何单位、个人都不得行使，这是由全民所有的森林、林木和林地在国家财产中的重要地位及其性质决定的。

(二) 集体林权

集体林权是指集体在法律规定的范围内对属于集体的森林、林木和林地享有的所有权和使用权。

根据我国《民法典》第二百六十一条规定："农民集体所有的不动产和动产，属于本集体成员集体所有。"第二百六十二条还具体规定："对于集体所有的土地和森林、山岭、草原、荒地、滩涂等，依照下列规定行使所有权：(一)属于村农民集体所有的，由村集体经济组织或者村民委员会代表集体行使所有权；(二)分别属于村内两个以上农民集体所有的，由村内各该集体经济组织或者村民小组代表集体行使所有权；(三)属于乡镇农民集体所有的，由乡镇集体经济组织代表集体行使所有权。"集体是集体所有的森林、林木和林地的所有权主体，农民个人可以成为集体林地上的林木所有权的主体。新一轮集体林权制度改革完成以后，集体林地的所有权不变，集体是集体林地唯一的所有权主体；而集体林地上的林木所有权的主体将包含集体和农民个人。《森林法》第十四条规定，"森林资源属于国家所有，由法律规定属于集体所有的除外。"集体林权的内容具体包括所有权、用益物权及担保物权。集体林权中的所有权是指集体对其所有的森林、林木和林地享有按照自己意愿进行占有、使用、收益及处分的权能；集体林权中的用益物权主要表现为林地的承包经营权；集体林权中的担保物权主要是指森林、林木和林地的抵押权。

(三) 个人林权

个人林权是公民个人所有的林木和使用的林地在法律上的表现，包括公民个人林木所有权和林地使用权。根据《森林法》及有关法律规定，我国公民不能享有森林和林地的所有权。公民个人林木所有权和林地使用权是为了满足公民个人的生产生活需要，调动他们的植树造林积极性而制定的法律制度，是我国《宪法》规定的依法保护公民个人合法权益原则的具体体现。个人林木所有权和林地使用权的客体是林木和林地。公民个人行使林权必须符合国家法律规定，不得损害社会的公共利益和他人的合法权益，否则将得不到法律保护。

《森林法》第二十条规定："农村居民在房前屋后、自留地、自留山种植的林木，归个人所有。城镇居民在自有房屋的庭院内种植的林木，归个人所有。集体或者个人承包国家所有和集体所有的宜林荒山荒地荒滩营造的林木，归承包的集体或者个人所有；合同另有约定的从其约定。"

二、林权变动

林权变动，针对不同的对象具有不同的含义。就林权本身而言，林权变动是指林权发生、变更和消灭的整个过程；就林权主体而言，林权变动是指主体取得和丧失林权。在实质上，林权变动体现为林权主体及其相互之间对于林权客体支配和归属的法律关系。

林权变动的形式包括：林权的发生，即林权与特定主体相结合，就林权主体而言，就是主体取得林权；林权的变更，即林权客体的变更和林权内容的变更；林权的消灭，是指林权与特定主体相分离，就林权主体而言，就是主体丧失林权。

林权变动的基本原则，即林权发生、变更和消灭应遵循的基本原则。根据物权法理论，林权变动的基本原则包括公信原则和公示原则。

林权变动的公信原则是指林权变动时，一旦依照法律规定的方式进行了公示，则即使依照公示方法表现的林权事实上不存在或者存在瑕疵，但对信赖林权存在或者无瑕疵而进行林权交易的人，法律仍然承认其具有与真正林权存在或者无瑕疵相同的法律效果，以保护交易安全。

林权变动的公示原则是指在林权变动过程中，必须将林权的发生、变更或者消灭以一定方式公之于众，从而使公众知悉林权变动的事实，以保护交易安全。我国森林立法规定了林权变动的公示制度及公示方法，《森林法实施条例》第三条规定："国家依法实行森林、林木和林地登记发证制度。"另外，在《林木和林地权属登记管理办法》中也有相关规定。依法使用国家所有的森林、林木和林地，按照下列规定登记：使用国务院确定的国家所有的重点林区的森林、林木和林地的法人或者其他组织，应当向国务院林业主管部门提出登记申请，由国务院林业主管部门登记造册，核发证书，确认森林、林木和林地使用权以及由使用者所有的林木所有权；使用国家所有的跨行政区域的森林、林木和林地的自然人、法人或者其他组织，应当向共同的上一级人民政府主管部门提出登记申请，由该人民政府登记造册，核发证书，确认森林、林木和林地使用权以及由使用者所有的林木所有权；使用国家所有的其他森林、林木和林地的自然人、法人或者其他组织，应当向县级以上地方人民政府林业主管部门提出登记申请，由县级以上地方人民政府登记造册，核发证书，确认森林、林木和林地使用权以及由使用者所有的林木所有权；集体所有的森林、林木和林地，由所有者向所在地的县级人民政府林业主管部门提出登记申请，由该县级人民政府登记造册，核发证书，确认所有权；自然人、法人或者其他组织所有的林木，由所有者向所在地的县级人民政府林业主管部门提出登记申请，由该县级人民政府登记造册，核发证书，确认林木所有权；使用集体所有的森林、林木和林地的自然人、法人或者其他组织，应当向所在地的县级人民政府林业主管部门提出登记申请，由该县级人民政府登记造册，核发证书，确认森林、林木和林地使用权；改变森林、林木和林地所有权、使用权的，应当依法办理变更登记手续；林地被依法征用、占用或者由于其他原因造成林地灭失的，应当依法申请办理注销登记。

三、林权流转

林权流转是在不改变林地所有权和林地用途的前提下，将林地使用权、森林和林木所有权、森林和林木使用权按一定的程序，通过合法的方式，有偿或者无偿地由一方主体转给另一方主体的法律行为。林权流转具有以下特征：

1. 流转主体和流转方式的多样性

依照《森林法》的规定，林权流转的主体包括国家、集体经济组织和公民个人。按照林权流转发生的时间及交易的对象可分为一级流转和二级流转，一级流转是指集体组织通过承包、租赁等方式将林权流转到农户、农户外个体、法人或其他组织等主体上；二级流转是指林业经营者、法人或其他组织等主体取得林权后，通过租赁、转让、协商等方式进行的再度流转。

2. 流转范围的特定性

用材林、经济林以及国务院规定的其他的林地使用权可以依法转让。林地承包经营权、林地使用权、林木所有权和林地使用权可以依法流转。下列林地、林木不得流转：山林权属不清或有争议的、无林权证的、被司法机关查封冻结的、已经抵押的、属于国防林的、划入自然保护区核心区和缓冲区内的、法律法规禁止流转的其他林地和林木。

3. 林权流转目的"三种效益一体性"

林权流转主体进行流转的目的在于通过林权的流转，获取最大化的经济效益。林业的发展能够对生态文明建设产生积极的促进作用，因此，林权的流转还带来了巨大的生态效益，主要体现在涵养水源、减少水土流失、改良土壤、净化大气等方面。此外，林权流转还能够带来社会效益，通过林权的流转能够带动林业经济的发展使得林区工作人员的生活条件和工作环境得到更好改善，从而激发他们的工作热情，进而推动林权制度改革，带动相关行业的发展，维护林区的社会稳定。

四、林权抵押

林权抵押是指债务人或第三人以其林地使用权和林木所有权为抵押物抵押给债权人，债务人不履行到期债务或发生当事人约定的实现抵押权的情形，债权人有权就该抵押物优先受偿的法律制度。

由于林业资源的不动产属性，我国法律将土地上的林木以及尚未与土地分离的农作物作为一类独立的不动产，在此法律基础之上，林权的抵押就可以依法进行。但是，土地承包经营权是农民安身立命之本，从全国范围看，现在放开土地承包经营权的转让和抵押的条件尚不成熟。农民一旦失去承包地，将会丧失基本生存条件，影响社会稳定。因此《民法典》和《土地承包法》均规定，抵押这一流转方式仅适用于以招标、拍卖、公开协商等方式取得的土地承包经营权，而以家庭承包方式取得的林地承包经营权不得抵押。根据《民法典》和《担保法》的规定，只要不违反法律强制性规定，都可以抵押。

第四节　造林绿化

一、造林绿化的意义与方式

为了改变我国生态环境恶化的状况，充分发挥森林在陆地生态系统中的主体作用，从 1978 年起，国家先后实施了以改善生态环境、发展森林资源为主要目标的生态工程，目前我国正在实施具有重大意义的六大林业重点工程。天然林资源保护工程，主要目的是解决天然林资源的休养生息和恢复发展问题；"三北"和长江中下游地区等重点防护林体系建设工程，主要目的是解决"三北"地区的防沙治沙问题和其他区域各不相同的生态问题；退耕还林工程，主要目的是解决重点地区的水土流失问题；京津风沙源治理工程，主要目的是解决首都周围地区的风沙危害问题；野生动植物保护及自然保护区建设工程，主要目的是解决基因保存、生物多样性保护、湿地保护等问题；重点地区以速生丰产林为主的林业产业基地建设工程，主要目的是解决我国木材和林产品的供应问题。造林绿化是社会主义现代化建设的需要，是改变我国林业落后面貌、扩大资源、提高覆盖率的重大措施，是一项根本性的林业基础建设。

（一）造林绿化的意义

生态环境是人类赖以生存发展的基本条件，是实现国民经济和社会可持续发展的必要条件。近年来，在党和国家的领导和监督下，我国的造林绿化事业取得了前所未有的快速发展，一些较易造林的地区已经基本完成了造林任务，森林覆盖率有了大幅度提高，生态环境条件得到了明显的改善。造林绿化能治理沙化耕地，增加土壤蓄水能力，控制水土流失，同时随着经济林的逐渐成熟，其产生的直接经济效益和间接经济效益巨大。

1. 净化空气

在近年来工业发展越来越快，空气污染越来越严重的情况下，树木能净化空气中的有毒气体，吸附固体颗粒，在净化空气美化环境、保障人们身心健康方面有积极意义。

2. 防风固沙

沙漠的武器是风和沙，狂风肆虐，所到之处逐渐变成废墟。要想抵御风沙的袭击，遏制土地沙漠化，就必须大力植树造林。风一旦遇到防护林，速度可以降低 70%~80%。

3. 有效缓解温室效应

数据显示，全球每年向大气中排放的二氧化碳约 230 亿吨，至今仍在增加，这必将导致气候变暖及海平面上升。1 亩森林每天能吸收 67 千克的二氧化碳，并释放 48 千克的氧气。这对缓解温室效应意义重大。

4. 防止水土流失

水是生命之源，但是我们的生命之源正在流失，处于枯竭紧缺的状态。而 1 公顷林地与裸地相比，至少可以储水 3 000 立方米。

(二)植树造林与全民义务植树

植树造林，绿化祖国，是建设社会主义、造福子孙后代的伟大事业，是治理山河、维护和改善生态环境的重大战略措施。为了加速实现绿化祖国的宏伟目标，《关于开展全民义务植树运动的决议》规定，凡是条件具备的地方，年满 11 岁的中华人民共和国公民，除丧失劳动能力者外，因地制宜，每人每年义务植树 3~5 棵，或者完成相应劳动量的育苗、管理和其他绿化任务。

开展全民义务植树是一项由国家权力机关制定的、对每一个符合条件的公民有约束力和强制性的法定义务。《森林法》第十条规定："植树造林、保护森林，是公民应尽的义务。各级人民政府应当组织开展全民义务植树活动。"《关于开展全民义务植树运动的实施办法》明确规定："县以上各级人民政府均应成立绿化委员会，统一领导本地区的义务植树运动和整个造林绿化工作。"各级绿化委员会一方面要通过多种形式，组织和推动本地区请各部门、各单位，深入宣传全民植树、绿化祖国的重要意义，进一步强化认识，提高全社会造林绿化的自觉性；另一方面要有计划有步骤地做好调查研究、规划安排、苗木培育、技术训练等工作，使义务植树扎实有效地开展，不搞形式主义。《全民义务植树尽责形式管理办法(试行)》是全国绿化委员会为充分发挥义务植树在推进国土绿化、建设生态文明、促进绿色发展中的重要作用，创新全民义务植树尽责形式，根据《森林法》《关于开展全民义务植树运动的决议》《关于开展全民义务植树运动的实施办法》和《全国造林绿化规划纲要》制定的办法。该办法共 4 章 9 条，自 2017 年 6 月 13 日起施行。主要规定了总则、尽责形式、尽责管理、附则等内容。其中义务植树尽责形式分为造林绿化、抚育管护、自然保护、认种认养、设施修建、捐资捐物、志愿服务、其他形式 8 类。

植树造林，对于人类居住环境的保护和改善，对于人类自身的生存和发展，有着极其重要的意义。采取各种有效措施，加快植树造林步伐，是我国林业建设上的一项重要任务。新中国成立以来，党和国家十分重视植树造林，组织开展了大规模的植树造林运动，并制定了一系列法律制度，促进和保障了植树造林工作的开展。造林绿化是一项长期的战略任务。

(三)封山育林

封山育林(包括封沙、封滩育林、育草)在我国具有悠久的历史。新中国成立以后封山育林工作得到了进一步的发展，逐步形成了我国现行的以"以封为主、封育结合"为特点的政策。封山育林是指利用森林自然演替的客观规律，借助天然更新，有时再辅之以人工措施以达到恢复森林的目的。封山育林占我国人工造林更新面积的一半。

在封山育林过程中，森林更新是基础，森林抚育是关键。建立自组织、自适应机制，实现种群和环境的协同，是实现森林生态系统平衡的重要保证。《森林法》规定："应当封山育林的地方，由当地人民政府组织封山育林。"从而将封山育林政策作为国家法律固定下来，使封山育林获得了法律保障。

二、森林种苗培育

种苗是林业发展的基础，优良的林木种苗是树木繁茂的基础和林业建设必不可少的保障，是造就优良森林的重要基石。随着全球气候变暖，世界森林的遗传资源正以前所未有的速度衰退。研究表明，遗传资源丢失、遗传侵蚀和受到威胁的树种有 500 多种。因而，为适应可持续发展的要求，林木育种肩负着维护和创造森林多样性的重要使命。林木良种对森林资源增长的贡献率居第一位，高达 20%，是提高林业生产力的重要保证。从我国林业生产发展看，每一次林业生产飞跃都与新品种的广泛采用密不可分。截至 2015 年，我国已培育 30 多个主要造林树种的优良品种，在其中已选出优良种源 1 284 个、优良家系 2 550 个、优良无性系 475 个，材积增幅在 10%~15%以上，建成林木良种繁育中心 23 处，良种基地 697 处，总面积 9 147 万公顷，采种基地 520 处，面积 108 万公顷，极大地促进了我国的林业建设与发展。

基于森林种苗培育的重要性，国家依法保护林木种质资源，所有单位和个人不得侵占和破坏种质资源。禁止非法采集或采伐国家重点保护的天然种质资源。国家有计划地收集、整理、鉴定登记、保存、交流和利用林木种质资源，定期公布可利用的种质资源目录。国家对林木种质资源享有主权，任何单位和个人不得非法向境外提供种质资源或非法从境外引进种质资源。此外，国家鼓励和支持单位、个人从事林木良种的选育和开发。

国家实行林木新品种审定制度，即林木新品种在推广应用前应当通过国家级或省级林木品种审定委员会的审定。通过国家级或省级审定的林木良种，分别由国家和省级林业行政主管部门发布公告，在适宜地区进行推广应用。省级林木良种审定委员会对培育、选种的林木种子的审定，是指采取一定的方法、措施，对其生长过程中所表现的性状进行审查认定，是否符合优质、高产、高效的原则，有关指标是否达到一定的标准，以及对生态环境不造成危害。如果符合要求，则发给证书，确定为林木良种。未具有林木良种审定或认定合格证书的林木种子，不得作为林木良种进行推广使用。

国务院和省级人民政府设立林木种苗专项资金，用于扶持林木种苗的选育与推广。国家扶植种质资源保护工作和选育、生产、更新，推广使用林木良种，鼓励品种选育和种苗生产、经营相结合，奖励在种质资源保护、良种选育、推广等工作中成绩显著的单位和个人。

三、发展碳汇造林

2008 年 12 月 31 日发布的《中共中央 国务院关于 2009 年促进农业稳定发展农民持续增收的若干意见》要求："建设现代林业，发展山区林特产品、生态旅游和碳汇林业。"碳汇林业作为一个新的概念首次出现在中央文件中，标志着国家对发展碳汇林业的重视提高到了一个新的高度。

　　碳汇林业与碳排放权交易有着十分密切的关系。碳汇林业是指人类利用森林植物具有的功能，通过光合作用吸收固定二氧化碳，释放氧气，降低二氧化碳浓度，给予全球气候变化正能量的作用，《联合国气候变化框架公约》将"碳汇"定义为从大气中清除二氧化碳的过程、活动或机制，通过人工造林活动，种植专门用于获取碳汇的林木，生产碳汇产品（碳信用指标），并进行买卖产生经济效益与生态效益的新型林业发展模式。

　　碳汇林业与传统林业关系密切，是对传统林业功能的进一步深化。碳汇林业的发展，始终与气候变化的国际国内政策密切联系，应符合国家经济社会可持续发展要求和应对气候变化的国家战略。碳汇林业实施过程中，不仅应考虑碳汇积累量，还要充分考虑项目活动对提高森林生态系统的稳定性、适应性和整体服务功能，对推进生物多样性保护、流域保护和社会发展的贡献，碳汇林业追求森林的多重效益。碳汇林业要对项目产生的碳汇进行计量和监测，以证明对缓解气候变化产生实际贡献，因此，要制定符合国际规则和我国林业实际的技术支撑体系。碳汇林业发展要借助市场机制和法律手段，通过碳汇交易获取收益，推动森林生态服务市场的发育，提高植树造林的经济效益，调动更多的企业和社会力量参与应对气候变化的林业行动。

　　发展碳汇林业已作为重要措施被纳入《中国应对气候变化国家方案》。今后，我国将通过植树造林扩大森林面积，加强森林管理提高现有森林质量，加大湿地和林地保护力度，发展与森林有关的生物质能源，预防森林火灾、病虫害，控制非法征占林地和乱砍滥伐等行为，进一步发展碳汇林业。在增强森林生态系统整体固碳能力、降低大气中的二氧化碳浓度和减缓全球气候变暖趋势的同时，为国家气候和生态安全，为促进经济社会全面协调发展作出积极贡献。

第五节　森林经营管理

一、森林经营管理概述

　　国家林业和草原局是国务院林业和草原主管部门，代表国务院管理全国林业和草原工作，负责全国林业和草原及其生态保护修复的监督管理，森林、草原、湿地资源的监督管理，荒漠化防治工作，陆生野生动植物资源监督管理，监督管理各类自然保护地，拟订林业和草原资源优化配置及木材利用政策，落实综合防灾减灾规划相关要求等。县级以上人民政府设有主管林业工作的机构，乡级人民政府设专职或者兼职人员负责林业工作。凡有林业生产任务的乡镇，一般都设有林业站，依法对森林和野生动植物资源实行管理和监督。

　　森林经营管理与林学上的森林经营是两个不同的概念。森林经营管理属于法律规范的范畴，而森林经营则属于技术规范的范畴；前者是由法律规定的林业主管部门实施，后者则由森林经营者实施；前者具有国家意志的属性，后者则不具有这种属性。森林、林木、林地的经营管理活动，既包括政府及其有关部门对森林、林木、林地依法实施的有关管理活动，也包括林业经营主体对森林、林木、林地的经营管理活动，还包括其他主体可能参与的森林、林木、林地的经营管理活动，如林业科研工作者、林木经营加工企业等主体的相关活动。法律规定了这些主体在森林、林木、林地经营管理活动中的权利义务，有关当事人必须遵守。

森林经营管理的对象是森林资源，以实现森林资源的可持续经营为管理宗旨。森林资源经营管理的目的是对现实森林进行合理经营、科学管理，使之能够最大限度地发挥经济效益、社会效益和生态效益，实现永续利用。数十年来，许多国家都将森林永续利用作为重要的经营原则和目标，不同的历史时期森林永续利用的概念有所不同，目前我国使用的概念是指在一定经营范围内能不间断地生产经济建设和人民生活所需要的木材和林副产品，持续地发挥森林的生态效益、经济效益和社会效益，在提高森林生产力的基础上，扩大森林的利用量。

林长制是指按照"分级负责"原则，构建省、市、县、乡、村五级林长制体系，各级林长负责督促指导本责任区内森林资源保护发展工作，协调解决森林资源保护发展重大问题，依法查处各类破坏森林资源的违法犯罪行为。2021年1月，中共中央办公厅、国务院办公厅印发了《关于全面推行林长制的意见》，要求各地区各部门结合实际认真贯彻落实。截至2021年，全国有安徽、江苏等23个省（自治区、直辖市）开展林长制改革试点。林长制是一项探索创新，更是一项改革探索。实施林长制是统筹协调保护与发展的关系，通过整合各类森林及政策资源，实现生态改善、绿色发展。

二、《森林法》的基本原则

《森林法》第三条规定："保护、培育、利用森林资源应当尊重自然、顺应自然，坚持生态优先、保护优先、保育结合、可持续发展的原则。"

2019年《森林法》修订时，将原第五条修改为新法的第三条，作为《森林法》的基本原则。原第五条规定："林业建设实行以营林为基础，普遍护林，大力造林，采育结合，永续利用的方针。"本条主要修改了以下3处：

①将"林业建设"修改为"保护、培育、利用森林资源"，反映了对森林功能定位的转变。

②将"尊重自然、顺应自然"的生态文明理念写入《森林法》。人与自然和谐共生是习近平生态文明思想的重要内容，党的十九大报告也明确指出："人与自然是生命共同体，人类必须尊重自然、顺应自然、保护自然。"

③将"生态优先、保护优先、保育结合、可持续发展"写入《森林法》，替代了原法规定的"普遍护林，大力造林，采育结合，永续利用"。森林具有生态效益、经营效益和社会效益，《森林法》坚持生态优先，经济效益、社会效益和生态效益相统一，同时，也要处理好保护和发展的关系，坚持保护优先，实现在保护中发展，在发展中保护。保育结合，即保护和培育相结合。实践中，我国实施的不少森林生态工程都产生了良好效果。坚持生态优先、保护优先、保育结合，是实现可持续发展的目标。

森林作为最大的陆地生态系统之一，它的运转质量直接作用于人们的生活，也影响着整个人类社会的可持续发展。我国的林业建设方针经历了新中国成立后的国民经济恢复与社会主义建设时期、改革开放时期及21世纪以来的发展变化。1949年，中国人民政治协商会议通过的《共同纲领》规定，"保护森林，并有计划地发展林业"，为林业的恢复和发展规定了基本方针。1950 年 2 月，中央人民政府林垦部在北京召开了第一次全国林业工作会议和 1950 年 5 月政务院颁布的《关于全国林业工作的指示》，第一次提出了全国性的林业建设总方针——普遍护林，重点造林，合理采伐和合理利用。改革开放以后，1984 年，把"实行以营林为基础、普遍护林、大力造林、采育结合、永续利用"的方针写进《森林法》。21 世纪以来，可持续发展已成为国家长期坚持的基本战略，生态环境建设日益受到重视。

三、林业发展规划

林业发展规划是指一个地区、部门或单位在某一段较长时间内，根据国民经济发展需要和生态环境建设要求，遵循可持续发展的原则，对林业发展的战略目标、建设方案和保障措施等作出的规划。《森林法》第二十五条规定："县级以上人民政府林业主管部门应当根据森林资源保护发展目标，编制林业发展规划。下级林业发展规划依据上级林业发展规划编制。"

2018 年 11 月印发的《中共中央 国务院关于统一规划体系更好发挥国家发展规划战略导向作用的意见》指出："立足新形势新任务新要求，明确各类规划功能定位，理顺国家发展规划和国家级专项规划、区域规划、空间规划的相互关系，避免交叉重复和矛盾冲突。"这一要求明确了我国以国家发展规划为统领，以国家级专项规划、区域规划、空间规划为内容的规划体系，明确了国家级专项规划要细化落实国家发展规划对特定领域提出的战略任务，由国务院有关部门编制，并要求省级以下各类相关规划编制参照执行。因此，《森林法》在 2019 年修订时将"各级人民政府应当制定林业长远规划"修改为"县级以上人民政府林业主管部门应当根据森林资源保护发展目标，编制林业发展规划"。

四、森林资源调查监测制度

森林资源调查监测是森林资源保护管理工作的基础，其主要任务包括：查清森林资源的种类、数量、质量、结构、功能、生态状况以及变化情况等，获取全国森林覆盖率、蓄积量，以及森林起源、树种组成、龄组、郁闭度等指标数据；监测森林资源动态变化情况，每年发布森林蓄积量、森林覆盖率等重要数据，并在此基础上，建立科学的评价指标，开展综合分析和系统评价，为科学决策和严格管理提供依据。《森林法》第二十七条规定："国家建立森林资源调查监测制度，对全国森林资源现状及变化情况进行调查、监测和评价，并定期公布。"

2018 年党和国家机构改革后，我国的自然资源监管体制有所变化。关于森林资源的调查监测，国家按照"三定"规定，分别赋予自然资源主管部门、林业和草原主管部门相应的职责。自然资源主管部门负责自然资源调查监测评价，包括制定自然资源调查监测评价的指标体系和统计标准，建立统一规范的自然资源调查监测评价制度；进行自然资源基础调查、专项调查和监测；负责自然资源调查监测评价成果的监督管理和信息发布；指导地方自然资源调查监测评价工作。林业和草原主管部门负责组织开展对森林、草原、湿地、荒漠和陆生野生动植物资源的动态监测与评价。

2019 年《森林法》修订明确规定了国家建立森林资源调查监测制度，以及森林资源调查监测的主要内容和基本任务。一方面，这充分体现了森林资源调查监测制度的重要性，并在法律层面确立了森林资源调查监测工作的核心内容；另一方面，由于森林资源调查监测作为自然资源调查监测体系的重要组成部分，既要坚持与自然资源调查监测相统一的指标体系和统计标准，逐步实现山水林田湖草沙的整体保护、系统修复和综合治理，又要考虑森林资源的特殊禀赋和保护管理工作中的特殊需要。在实践工作中，相关部门要明确和细化职责，形成协调有序的森林资源调查监测工作机制。

全国森林资源调查监测是一项重大基础性自然资源调查工作。为掌握全国森林资源分布、种类、数量、质量、结构和生态状况以及变化情况，2021年9月，自然资源部办公厅发布《关于开展2021年度全国森林资源调查监测工作的通知》，开展2021年度全国森林资源调查监测工作。该通知规定，2021年度全国森林资源调查监测工作由部统一部署，统一组织，统一编制全国森林资源调查监测总体方案、技术标准；统筹协调各级行政和技术支撑力量，组建专家指导组，建立工作督导检查机制，实施全过程质量管控；组织开展数据汇总、统计分析、成果报告、发布应用等。

以第三次全国国土调查成果为唯一底图，开展2021年度全国森林资源调查监测，查清全国及各省（自治区、直辖市）2021年度森林资源现状数据，推进构建全国统一的森林资源调查监测工作体系，为自然资源管理提供保障，为实现碳达峰、碳中和战略目标提供数据服务，为生态文明建设目标评价考核提供科学依据。

以全国森林资源为调查对象，利用第三次全国国土调查成果及最新年度变更调查成果，在2020年度全国森林资源调查工作基础上，更新全国森林资源分布图，优化森林资源调查监测技术方法，统一技术标准，科学设置调查监测指标体系，统筹布设国家和省级样地，组织开展国家级、省级样地调查和县级森林资源调查监测试点，推进构建国家、省、市、县四级一体的森林资源年度调查监测体系。

2021年11月，自然资源部办公厅、国家林业和草原局办公室联合发布《关于统筹推进2021年度全国森林资源调查监测和林草生态综合监测评价工作的通知》，要求全面贯彻落实党和国家机构改革精神，切实履行好部局各自职责，以目标和结果为导向，充分发挥各自优势，形成合力，坚持部局共同组织，建立高效的一体化、常态化工作机制，协同推进工作。以"三调"成果为唯一底图，统一技术体系和技术标准。加强质量管理，严格执行《自然资源调查监测质量管理导则》，确保年度调查成果权威性、真实性、一致性和完备性，形成一套调查监测成果。

第六节　森林采伐利用与更新管理

一、森林采伐利用

（一）林木采伐许可证制度

林木采伐许可是指国家林业行政主管部门根据公民、法人或其他组织的申请，经过依法审查，准予其按照许可证的内容依法进行采伐活动的行为。林木采伐许可证制度是有关林木采伐许可证的主体、范围以及申请、审核、监督管理和罚则等一系列规定的总称。林木采伐许可证制度是森林采伐利用中的一项非常重要的制度，它是能严格控制林木采伐量、保证林木持续更新、使林木资源得到永续利用的一项基本制度，在经济发展和环境保护方面都发挥着巨大作用。

林木采伐许可证制度具有主体特定性、强制性、遵循生态规律性的特征。主体特定性表现为申请林木采伐许可证的主体只能是对林木享有所有权和使用权的个人、单位和组织。限制申请者的范围可以控制减少盲目开采的行为，从而对林木进行保护。强制性体现在根据自己的意愿申请采伐林木，但是否颁发林木采伐许可证、领取证件后的采伐范围和采伐后的更新都由法律进行规定，违反这些规定就会受到相应的惩罚。采伐者也只有严格按照许可证的内容进行采伐，才能保证该制度的顺利开展。遵循生态规律性体现在对林木采伐许可证实施的整个过程中，都必须按照自然生态规律的要求，科学确定林木行政许可的审批事项、实施的细节、采伐更新等有关规定。

林木采伐许可证制度是一项具有经济和生态双重效益的许可制度，在合理配置林木资源、保护生态环境、保护林木经营者和所有权人的合法权益方面发挥着积极的作用。

①合理配置林木资源。在采伐活动中按照采伐限额进行合理采伐，可以实现森林资源的永续利用；通过市场调节和行政力量调节双重调节可以避免盲目采伐实现林业资源的可持续发展。

②保护生态环境。林木采伐许可证制度的实施在一定程度上可以减少对林木的盲目开采，保护了有限的林木资源。林木采伐许可证的批准、发放、监督、检查，合理规范了林木采伐许可证的申请程序，在这个过程中行政机关还会对申请人定期进行检查，之后会对林木采伐进行监督。这有利于规范开采人进行合法的采伐方式，防止滥伐林木现象的出现，从而对采伐进行限制，对自然环境进行良好的保护，更好地发挥了林木的作用，创造和谐发展的生态环境。

③保护林木经营者和所有权人的合法权益。林木采伐许可证制度规定只有拥有合法的林木采伐许可证才能领到运输证、销售证等，从而保障林木的进一步交易，因此也就阻止了无证采伐他人树木而去谋取非法利益现象的出现，也规范了林木交易市场，并可以进一步促进林业的发展。

(二) 林木采伐的法律要求

我国林种众多，为更好地发挥不同林种森林的效益，《森林法》第五十五条规定了采伐森林、林木的要求，具体如下：

①公益林只能进行抚育、更新和低质低效林改造性质的采伐。但是，因科研或者实验、防治林业有害生物、建设护林防火设施、营造生物防火隔离带、遭受自然灾害等需要采伐的除外。这 3 种采伐方式的主要目的不是生产木材，而是维护与提高公益林的质量和生态保护功能。

②商品林应当根据不同情况，采取不同采伐方式，严格控制皆伐面积，伐育同步规划实施。这是因为商品林是由经营者自主经营，一般都位于立地条件好的林地，采伐后的更新更容易。商品林还承担着发挥生态功能的作用，所以其采伐不能绝对无约束，而应当严格控制皆伐面积，采伐和培育森林应当同步规划、同步实施，采伐之后应按规定及时完成更新造林。

③自然保护区的林木，禁止采伐。但是，因防治林业有害生物、森林防火、维护主要保护对象生存环境、遭受自然灾害等特殊情况必须采伐的和实验区的竹林除外。普遍认为自然保护区林木绝对禁止采伐的规定不符合客观需要。客观上，由于遭受病虫害等重大灾害，或是开展科研等特殊性保护，有时需要对自然保护区内的林木进行采伐清理。

省级以上人民政府林业主管部门应当根据前款规定，按照森林分类经营管理、保护优先、注重效率和效益等原则，制定相应的林木采伐技术规程。该规程一般包括森林采伐机构及人员能力、采伐类型、采伐规划设计、采伐作业准备、林木采伐作业、森林更新、伐后检查验收等内容，是林业管理者、林业经营者和采伐作业人员应当遵守的作业指导原则和要求，是森林采伐作业合理、有序、安全的保证，有利于提高采伐作业的质量和效益、降低森林采伐对环境与社会的负面影响、实现森林可持续经营。国家林业局于 2005 年制定了《森林采伐作业规程》（LY/T 1646—2005）。2019 年《森林法》修订后，省级以上人民政府林业主管部门应当按照本条规定，尽快修订完善林木采伐技术规程。

二、森林更新管理

实现森林的可持续利用是合理进行森林采伐的目的，对森林的可持续开发不仅包括木材，还包括水资源、气候资源、土壤资源、动物资源及森林其他多重效益的可持续开发利用。森林更新是实现森林资源可持续利用的重要保障。当前，如何维持森林的可持续更新过程和稳定发展是当前林业可持续管理面临的一个重要问题。

自新中国成立以来，关于森林更新方面的制度建设共经历过 4 次更新。1956 年1 月林业部颁布的《国有林主伐试行规程》是在苏联专家指导下制定的，经过数年的实践发现其中存在诸多问题，如偏重采伐而忽视培育、采伐方式单一、采伐之后依靠天然更新而忽视人工更新等，不适合我国的国情。通过对此规程的总结，林业部于 1960年 4 月制定了新的同名规程。其中提出了长期经营、永续利用的原则，而在更新方式上，采取"人工更新为主，人工促进天然更新为辅"的方针。1973 年，由农林部颁布施行的《森林采伐更新规程》是第三个森林采伐更新管理规章，它在前两个规程的经验教训基础上进行总结、修改，更侧重森林资源培养，将主伐、抚育采伐、更新采伐纳入其中，在更新管理上提出了"以人工更新为主，人工更新和天然更新相结合"的方针。前 3 个规程对我国加强森林管理、合理采伐和及时更新工作都起到了积极的促进作用，但在实践中也发现了很多问题。我国于 1984 年颁布的《森林法》和 1986 年公布的《森林法实施细则》将森林采伐更新纳入法治轨道；通过总结经验教训，1987 年制定了《森林采伐更新管理办法》，在注重森林经济效益、社会效益和生态效益的前提下，采取了"优先发展人工更新，人工更新、人工促进天然更新、天然更新相结合"的更新原则。这种更新方式具有灵活性，能够更加适应我国地形复杂、树种众多的特点。此外，《森林采伐更新管理办法》对更新质量必须达到的具体标准也作出了明确规定。

《森林法》第六十一条规定："采伐林木的组织和个人应当按照有关规定完成更新造林。"必须按照有关规定完成更新造林任务，更新造林的面积和株数不得少于采伐的面积。森林更新不仅要按期完成，还要保证更新质量。更新造林单位和个人进行人工更新和造林，应当按照国家公布的有关造林规程，做到适地适树、细致整地、良种壮苗、密度合理、精心栽植、适时抚育。更新造林完成后，核发林木采伐许可证的部门应组织更新单位对更新面积和质量进行检查验收。检查验收应在完成更新后一段合理的时间进行，一般不跨年度进行检查。验收内容包括更新面积和更新质量两个方面。更新验收符合有关规定和标准的，核发林木采伐许可证的部门对更新单位和个人核发国家统一格式的更新验收合格证，作为林木经营者下次申请采伐林木的必备依据。

第七节　森林保护

一、森林防火

森林防火是指森林、林木和林地火灾的预防和扑救。防止森林火灾发生是保护森林资源的重要措施之一，也是促进林业发展的基础性工作。森林火灾是一种突发性强、破坏性大、处置救助较为困难的自然灾害，是中国森林面临的最主要的风险源。我国是森林火灾频发的国家，为有效预防和扑救森林火灾，保护森林资源，促进林业发展，维护自然生态平衡，1988 年，根据《森林法》的有关规定，国务院制定颁布了《森林防火条例》(最新于 2008 年修订)。

森林防火是一项群众性、社会性很强的工作，仅靠一个部门是难以完成的。《森林法》第三十四条规定："地方各级人民政府负责本行政区域的森林防火工作，发挥群防作用；县级以上人民政府组织领导应急管理、林业、公安等部门按照职责分工密切配合做好森林火灾的科学预防、扑救和处置工作。"《森林防火条例》进一步规定，森林防火工作实行地方各级人民政府行政首长负责制。县级以上地方人民政府根据实际需要设立的森林防火指挥机构，负责组织、协调和指导本行政区域的森林防火工作。县级以上地方人民政府林业主管部门负责本行政区域森林防火的监督和管理工作，承担本级人民政府森林防火指挥机构的日常工作。县级以上地方人民政府其他有关部门按照职责分工，负责有关的森林防火工作。森林、林木、林地的经营单位和个人，在其经营范围内承担森林防火责任。森林防火工作涉及两个以上行政区域的，有关地方人民政府应当建立森林防火联防机制，确定联防区域，建立联防制度，实行信息共享，并加强监督检查。在林区依法开办工矿企业、设立旅游区或者新建开发区的，其森林防火设施应当与该建设项目同步规划、同步设计、同步施工、同步验收；在林区成片造林的，应当同时配套建设森林防火设施。

我国森林防火工作坚持"预防为主、积极消灭"的方针。森林火灾的预防管理工作是防止森林火灾发生的先决条件。森林防火是一项全民的社会性工作，做好森林防火宣传教育工作，提高全民的防火意识是做好预防工作的重要措施，也是森林防火工作的重要基础。森林防火责任制度的确立有利于强化广大干部和群众对森林防火工作的责任，而且有利于上级机关对这项工作的监督检查。《森林防火条例》第二十三条规定："县级以上地方人民政府应当根据本行政区域内森林资源分布状况和森林火灾发生规律，划定森林防火区，规定森林防火期，并向社会公布。森林防火期内，各级人民政府森林防火指挥机构和森林、林木、林地的经营单位和个人，应当根据森林火险预报，采取相应的预防和应急准备措施。"

森林防火设施的建设情况是预防和控制森林火灾能力的标志之一，在林区建设的森林防火措施主要包括：设置火情瞭望台，开设防火隔离带或者营造防火林带，配备防火运输交通工具、扑火灭火器械等，在重点林区修筑防火道路，建立防火物资储备仓库，建立森林火险监测和预报站，同时各地政府还应制定森林防火设施建设规划，各级主管部门应制定使用管理制度。做好森林火险天气预报工作，就是通过气象部门根据气候条件变化的气象资料预测森林火灾发生的可能性，采取有效措施，对预防和扑救森林火灾工作有着特别重要的意义。

在做好森林火灾预防工作时，必须重视扑救，随时做好扑火的准备工作。森林火灾报告制度是森林火灾扑救管理工作的一项十分重要的工作制度。《森林防火条例》第三十一条明确规定："任何单位和个人发现森林火灾，应当立即报告。接到报告的当地人民政府或者森林防火指挥机构应当立即派人赶赴现场，调查核实，采取相应的扑救措施，并按照有关规定逐级报上级人民政府和森林防火指挥机构。"森林火灾一般分为4种：森林火警，受害森林面积不足1公顷或者其他林地起火的；一般森林火灾，受害森林面积在1公顷以上不足100公顷的；重大森林火灾，受害森林面积在100公顷以上不足1 000公顷的；特大森林火灾，受害森林面积在1 000公顷以上的。省级森林防火指挥部或者林业主管部门对8种重大、特大和需要中央支援的森林火灾，应当立即报告中央森林防火总指挥部办公室，包括国界附近的森林火灾；重大、特大森林火灾；造成1人以上死亡或者3人以上重伤的森林火灾；威胁居民区和重要设施的森林火灾；24小时尚未扑灭明火的森林火灾；未开发原始林区的森林火灾；省、自治区、直辖市交界地区危险性大的森林火灾；需要中央支援扑救的森林火灾。扑救森林火灾，要由当地人民政府或者森林防火指挥部统一组织和指挥。因扑救森林火灾负伤、致残或者牺牲的人员，按照规定应当给予医疗和抚恤。发生森林火灾后，当地人民政府或者森林防火指挥部，应当及时组织有关部门，对起火的时间、地点、原因、肇事者，受害森林面积和蓄积量，扑救情况、物资消耗、其他经济损失，人身伤亡以及对自然生态环境的影响等进行调查，记入档案，并按照要求及时进行森林火灾统计，报上级主管部门和同级统计部门，做好统计上报归档工作。

科学合理的奖励政策可以调动广大干部群众的积极性，从而推动森林防火工作的深入开展，《森林防火条例》规定了单位和个人在森林防火工作中的事迹，由县级以上人民政府应当给予奖励的情节；同时该条例也规定了违反森林防火管理条例应给予处罚的情节，依照《治安管理处罚法》应当处以拘留的由公安机关决定，情节和危害后果严重构成犯罪的由司法机关依法追究刑事责任。

二、林业有害生物的监测和检疫

林业有害生物是指危害森林、林木和林木种子正常生长并造成经济损失的病、虫、杂草等有害生物。林业有害生物被称为"不冒烟的森林火灾"。2019年，国家林业和草原局发布《全国林业有害生物普查情况公告》。数据统计显示，对林木、种苗等林业植物及其产品造成危害的林业有害生物种类6 179种，其中，昆虫类5 030种，真菌类726种，细菌类21种，病毒类18种，线虫类6种，植原体类11种，鼠(兔)类52种，螨类 76 种，植物类 239 种。经普查，在我国发生的外来林业有害生物有 45 种，发生面积超过 100 万亩的林业有害生物有 58 种。通过构建林业有害生物危害性评价体系，对 99 种林业有害生物进行危害性评价，划分为 4 个危害等级：一级危害性林业有害生物为松材线虫。二级危害性林业有害生物，包括美国白蛾、光肩星天牛、苹果蠹蛾、桑天牛、微甘菊等 31 种有害生物。三级危害性林业有害生物，包括多斑白条天牛、兴安落叶松鞘蛾、盘长孢状刺盘孢等 37 种有害生物。四级危害性林业有害生物，包括七角星蜡蚧、刺槐突瓣细蛾、热带拂粉蚧、紫茎泽兰等 30 种有害生物。

我国《森林法》第三十五条规定："县级以上人民政府林业主管部门负责本行政区域的林业有害生物的监测、检疫和防治。省级以上人民政府林业主管部门负责确定林业植物及其产品的检疫性有害生物，划定疫区和保护区。重大林业有害生物灾害防治实行地方人民政府负责制。发生暴发性、危险性等重大林业有害生物灾害时，当地人民政府应当及时组织除治。林业经营者在政府支持引导下，对其经营管理范围内的林业有害生物进行防治。"2024 年修订的《生物安全法》规定，国务院农业农村、林业草原、海关、生态环境等主管部门应当建立动植物疫情、进出境检疫、生物技术环境安全监测网络，组织监测站点布局、建设，完善监测信息报告系统，开展主动监测和病原检测，并纳入国家生物安全风险监测预警体系。我国在林业有害生物防治坚持贯彻"预防为主，综合治理"的工作方针。"预防为主"就是要防患于未然，在搞好病虫测报的基础上，摸清其发生发展规律，把工作做在发生之前，把病虫防治在初发阶段。"综合治理"要求采用检验检疫、选育抗病虫的林木种子，以及生物防治与化学、物理防治相结合等综合措施进行治理，关键措施是要从维护森林生态环境的目的出发，加强营林、采运各生产环节的管理，大力营造混交林，加速封山育林，形成有利于林木生长，不利于病虫发生的生态环境，把病虫危害控制在最低限度，实现"有虫不成灾"。

为加强林业有害生物防治工作，2014 年，国务院办公厅发布了《关于进一步加强林业有害生物防治工作的意见》，要求贯彻落实党中央、国务院的决策部署，通过强化灾害预防措施、提高应急防治能力以及推进社会化防治，以减轻林业有害生物灾害损失、促进现代林业发展。拓宽资金投入渠道、落实相关扶持政策、完善防治法规制度、增强科技支撑能力以及加强人才队伍建设的保障措施，全面落实责任、加强部门配合以及健全联防联治机制，政府主导，部门协作，社会参与，加强能力建设，健全管理体系，完善政策法规，突出科学防治，提高公众防范意识。

为了及时处置突发林业有害生物事件，控制林业有害生物传播、蔓延，减少灾害损失，根据《森林病虫害防治条例》和《植物检疫条例》等有关规定，2015 年，国家林业局发布修订后的《突发林业有害生物事件处置办法》。突发林业有害生物事件是指发生暴发性、危险性或者大面积的林业有害生物危害事件，包括林业有害生物直接危及人类健康的、从国(境)外新传入林业有害生物的、新发生林业检疫性有害生物疫情的以及林业非检疫性有害生物导致叶部受害连片成灾面积 1 万公顷以上、枝干受害连片成灾面积 0.1 万公顷以上的。该办法将突发林业有害生物事件分为两级，其中直接危及人类健康的突发林业有害生物事件，为一级突发林业有害生物事件，由国家林业主管部门确认；一级突发林业有害生物事件以外的其他突发林业有害生物事件，为二级突发林业有害生物事件，由省、自治区、直辖市人民政府林业主管部门确认。

国家林业主管部门负责组织制定一级突发林业有害生物事件应急预案。省、自治区、直辖市人民政府林业主管部门负责组织制定本辖区的二级突发林业有害生物事件应急预案。突发林业有害生物事件应急预案的主要内容是：应急处置指挥体系及其工作职责、预警和预防机制、应急响应、后期评估与善后处理、保障措施等。在突发林业有害生物事件应急预案批准启动实施后，发生地的县级人民政府林业主管部门应当相应启动应急实施方案，立即采取紧急控制措施，切断传播途径，防止扩散蔓延。对于林业主管部门、森林病虫害防治机构及其中心测报点的工作人员玩忽职守、徇私舞弊，造成林业有害生物传播、蔓延的，依法给予处分；情节严重、构成犯罪的，依法追究刑事责任。

三、森林植物检疫及野生植物保护管理

(一) 森林植物检疫

森林植物检疫是以法律法规为依据，通过法律、行政和技术手段，对生产和流通中的某些感染特定病虫害的森林植物和森林植物产品采取禁止和限制措施，以防止这些病虫和其他有害生物的人为传播，保障国家林业生产安全的各种措施的总称。《生物安全法》规定，植物病虫害预防控制机构应当对植物疫病开展主动监测，收集、分析、报告监测信息、预测新发突发植物疫病的发生、流行趋势。根据《森林法》和森林植物检疫相关法规规定，森林植物检疫执法的主要内容包括：组织建立无检疫对象的林木种苗基地；依法对林木种苗和木材、竹材进行产地和调运检疫；规定林木种苗的检疫对象和划定疫区、保护区；依法查处违反森林植物检疫法规的行为。植物检疫的主要任务是"三防一保"，即防止外来危险性植物病虫侵害，防止本国危险性植物病虫外传，防止国内植物检疫对象扩散，保障植物性商品正常流通。

《植物检疫条例实施细则(林业部分)》第二十九条规定了人民政府或者林业主管部门奖励对植物检疫工作做出成绩给予奖励的事由。此外森检人员在工作中徇私舞弊、玩忽职守造成重大损失的，由其所在单位或者上级主管机关给予行政处分；构成犯罪的，由司法机关依法追究刑事责任。《植物检疫条例实施细则(林业部分)》第三十条规定了应受处罚的情节。

(二) 野生植物保护管理

我国野生植物资源非常丰富，已知的高等植物有 34 450 种，约占全球总数的 10%，其中超半数物种是中国特有的，如银杉、珙桐、银杏、百山祖冷杉、香果树等，保护好野生植物资源对人类的可持续发展具有重要作用。但由于长期以来对野生植物资源的过度开发等原因，我国野生植物面临资源锐减、生境恶化、分布区域萎缩、部分物种濒危程度加剧等严峻形势，根据《2020 年生态环境公报》，我国已知的 34 450 种高等植物中，需要重点关注的有 10 102 种，占评估物种总数的 29.3%，其中受威胁的 3 767 种、近危等级(NT)的 2 723 种、数据缺乏等级(DD)的 3 612 种，列入《国家重点保护野生植物名录》的珍贵濒危植物 8 类 246 种。为保护、发展和合理利用野生植物资源，保护生物多样性，维持生态平衡，1996 年 9 月 30 日，国务院批准公布了《野生植物保护条例》，于 1997 年 1 月 1 日实施，并于 2017 年进行了修订。

《野生植物保护条例》第八条规定："国务院林业行政主管部门主管全国林区内野生植物和林区外珍贵野生树木的监督管理工作。国务院农业行政主管部门主管全国其他野生植物的监督管理工作。国务院建设行政部门负责城市园林、风景名胜区内野生植物的监督管理工作。国务院环境保护部门负责对全国野生植物环境保护工作的协调和监督。国务院其他有关部门依照职责分工负责有关的野生植物保护工作。"

为了更好地保护野生植物及其生长环境，我国不断完善野生植物保护制度，具体包括：

①建立自然保护地制度。在国家重点保护野生植物种和地方重点保护野生植物种的天然集中分布区域，应当依照有关法律、行政法规的规定，建立自然保护区；在其他区域，县级以上地方人民政府野生植物主管部门和其他有关部门，可以根据实际情况建立国家重点保护野生植物和地方重点保护野生植物的保护点或者设立保护标志。

②建立野生植物环境监视、监测制度。《野生植物保护条例》第十二条规定："野生植物主管部门及其有关部门应当监视、监测环境对国家重点保护野生植物生长和地方重点保护野生植物生长的影响，并采取措施，维护和改善国家重点保护野生植物和地方重点保护野生植物的生长条件。"

③建立繁育基地、种质资源库或者采取迁地保护制度。当自然灾害给野生植物的正常生长造成威胁时，必须采取人为措施来保障野生植物资源。

为了更好地对野生植物进行有效管理，国家还设立了多项野生植物管理制度，包括资料档案管理、野生植物采集管理、野生植物出售和收购管理、野生植物进出口管理、涉外管理等。

四、制止破坏森林资源的行为

(一)盗伐、滥伐林木行为

盗伐林木是指行为人违反森林法和其他林业法规，未取得林木采伐许可证，以非法占有为目的，擅自砍伐国家、集体或者他人所有的林木或者本人承包经营管理的林木。《森林法》第七十六条规定："盗伐林木的，由县级以上人民政府林业主管部门责令限期在原地或者异地补种盗伐株数一倍以上五倍以下的树木，并处盗伐林木价值五倍以上十倍以下的罚款。"《刑法》第三百四十五条规定："盗伐森林或者其他林木，数量较大的，处三年以下有期徒刑、拘役或管制，并处或者单处罚金；数量巨大的，处三年以上七年以下有期徒刑，并处罚金；数量特别巨大的，处七年以上有期徒刑，并处罚金。"

(二)非法采伐、毁坏珍贵树木行为

珍贵树木包括省级以上林业主管部门或者其他部门确定的具有重大历史纪念意义、科学研究价值或者年代久远的古树名木，国家禁止、限制出口的珍贵树木以及列入国家重点保护野生植物名录的树木。《刑法》第三百四十四条规定："违反国家规定，非法采伐、毁坏珍贵树木的或者国家重点保护的其他植物的，或者非法收购、运输、加工、出售珍贵树木或者国家重点保护的其他植物及其制品的，处三年以下有期徒刑、拘役或管制，并处罚金；情节严重的，处三年以上七年以下有期徒刑，并处罚金。"根据《最高人民法院关于审理破坏森林资源刑事案件具体应用法律若干问题的解释》，具有下列

情节之一的属于非法采伐、毁坏珍贵树木行为"情节严重"：非法采伐珍贵树木 2 株以上或者毁坏珍贵树木致使珍贵树木死亡 3 株以上的；非法采伐珍贵树木 2 立方米以上的；为首组织、策划、指挥非法采伐或者毁坏珍贵树木的；其他情节严重的情形。

(三)违法伪造、变造、买卖、租借采伐许可证行为

《森林法》第七十七条规定："违反本法规定，伪造、变造、买卖、租借采伐许可证的，由县级以上人民政府林业主管部门没收证件和违法所得，并处违法所得一倍以上三倍以下的罚款；没有违法所得的，可以处二万元以下的罚款。"

根据《最高人民法院关于审理破坏森林资源刑事案件具体应用法律若干问题的解释》，对于伪造、变造、买卖林木采伐许可证、木材运输证件，森林、林木、林地权属证书，占用或者征占用林地审核同意书、育林基金等缴费收据以及其他国家机关批准的林业证件构成犯罪的，依照刑法第二百八十条第一款的规定，以伪造、变造、买卖国家机关公文、证件罪定罪处罚。对于买卖允许进出口许可证明，同时触犯刑法的，依照处罚较重的规定定罪处罚。

(四)非法开垦、采石等毁林行为

《森林法》第三十九条规定："禁止毁林开垦、采石、采砂、采土以及其他毁坏林木和林地的行为。"《森林法实施条例》第四十一条规定："违反本条例规定，毁林采种或者违反操作技术规程采脂、挖笋、掘根、剥树皮及过度修枝，致使森林、林木受到毁坏的，依法赔偿损失，由县级以上人民政府林业主管部门责令停止违法行为，补种毁坏株数 1 倍至 3 倍的树木，可以处毁坏林木价值 1 至 5 倍的罚款；拒不补种树木或者补种不符合国家有关规定的，由县级以上人民政府林业主管部门组织代为补种，所需费用由违法者支付。"

(五)收购、加工、运输非法来源林木行为

《森林法》第七十八条规定："违反本法规定，收购、加工、运输明知是盗伐、滥伐等非法来源的林木的，由县级以上人民政府林业主管部门责令停止违法行为，没收违法收购、加工、运输的林木或者变卖所得，可以处违法收购、加工、运输林木价款三倍以下的罚款。"

第八节　行政执法监督

一、林业执法监督概述

林业行政执法监督是指享有监督权的组织对林业行政执法主体(林业行政机关和法律法规授权的组织)及林业行政公务人员的林业行政执法行为是否合法、适当进行监督、审查以及采取必要的措施予以纠正的总称。

林业行政执法监督分为国家机关监督和社会监督两部分。国家机关监督是一种能直接产生法律效力的监督，又称权力监督，它又分为权力机关(人民代表大会)监督、司法机关(人民法院、人民检察院)监督、行政机关监督。在行政机关监督方面，1996 年 9 月，林业部发布的《林业行政执法监督办法》使林业行政执法监督有法可依、有章可循。

二、林业执法监督的形式

目前，我国林业行政执法监督已经形成了一个职能监督与专门监督相协调、内部监督与外部监督相结合的执法监督体系。

(一) 内部监督

内部监督与外部监督相对应。广义的内部监督即林业行政主管部门自身的监督，与后文提到的与层级监督和专门监督并列的内部监督不同。各级林业行政主管部门对林业行政执法的监督包括内部监督、层级监督和专门监督 3 部分。内部监督是指各级林业行政主管部门对本部门内部的执法机构和执法人员实施林业行政执法进行的监督活动。具体工作由设在林业行政主管部门内部的法制机构负责实施。层级监督是指上级林业行政主管部门对下级林业行政主管部门和执法人员的林业行政执法进行的监督活动。专门监督是指林业行政主管部门的监察机构、审计机构进行的监察监督和审计。

内部监督是指各级林业主管部门对本部门的执法机构和执法人员行使林业行政执法权进行监督的活动。监督的主要内容有：①执法人员是否具备执法资格、执法是否持有有效的执法证件；②受委托组织是否在委托范围和权限内依法行使行政执法权；③办案人员是否应回避而没有加以回避；④执法人员是否有超越职权、滥用职权、行贿受贿、包庇纵容、徇私舞弊、玩忽职守等违法行为；⑤案件是否依法受理；⑥案件的事实是否清楚、证据是否确凿；⑦适用法律、法规、规章是否正确；⑧办案是否符合法定程序；⑨林业与行政处罚决定的执行是否符合法律、法规、规章规定；⑩案件档案管理制度是否健全；⑪其他应当监督的执法活动。

层级监督是上级主管部门对下级林业主管部门和执法人员行使林业行政执法权进行监督的活动。监督的主要内容有：①林业行政处罚案件是否依法查处。②具体行政行为是否合法、适当。包括执法主体是否合法；是否履行了法定职责；是否符合法定权限和程序；事实是否清楚、证据是否确凿；适用法律、法规、规章是否正确；行政处罚文书的使用和填写是否规范；罚没财物是否按规定处置。③林业行政复议案件是否依法受理和审理。④其他需要进行监督的事项。

监察监督的主要内容包括：①检查执法机构在遵守和执行法律、法规和决定、命令中的问题；②受理对执法人员违反行政纪律行为的控告、检举；③调查处理执法人员违反行政纪律的行为；④受理执法人员不服主管部门给予行政处分决定的申述；⑤法律、法规规定由监察机关履行的其他职责。

审计监督的主要内容包括：①对本部门预算的执行情况和决算，以及预算资金的管理和使用情况进行审计监督；②对本部门管理的和社会团体受政府部门委托管理的社会保障基金、社会捐赠资金以及其他有关基金、资金的财务收支，进行审计监督。

内部监督与层级监督的内容不是截然分开的，而是相互关联、相互适用的。在层级监督中完全可以监督内部的所有内容。侧重于监督监督对象的执法行为。它是一种广泛性、灵活性、经常性的监督，监督内容十分丰富，从执法机关到执法人员，从执法资格、执法形式到执法依据、执法程序，从事前建立有关制度、事中履行法定职责到事后弥补执法过错，都可以依职权主动地、直接地实施监督。专门监督侧重于对守法行为的监督。监察监督侧重于监督监察对象的遵纪守法情况和追究其违法违纪责任，审计监督侧重于监督审计对象的财政状况和财务收支情况。同时林业内部监督、层级监督和专门监督的目的也不同，前者的目的在于维护林业法制的统一和尊严，保护执法相对人的合法权益，促进林业行政主管部门的依法行政；后者的目的各有侧重，监察监督侧重于严肃政纪、惩治腐败，审计监督侧重于维护国家的财经法纪。

(二)外部监督

1. 司法机关的监督

司法机关的监督是执法者与相对人之外的第三者对林业行政执法活动进行的监督。与林业行政机关自身的监督相比，司法机关的监督更易于做到客观、公正。根据法律规定，人民法院对于具体行政行为是否合法进行审查，对合法的具体行政行为予以维持，对违法的具体行政行为予以撤销。司法机关的监督实际上包括两部分：一是非诉讼监督，二是诉讼监督。

2. 权力机关的监督

我国的政治体制决定了国家权力机关对执法机关的监督是最高层次的监督，是我国行政法治监督体系中最有权威的一种监督。全国人大于 1993 年通过的《关于加强对法律实施情况检查监督的若干决定规定》明确指出，全国人大常委会和全国人大专门委员会的执法检查，主要检查监督法律实施主管机关的执法工作，督促国务院及其各部门及时解决法律实施中存在的问题。

第九节　森林资源保护相关国际公约

为实现全人类的可持续发展，1972 年通过了《联合国人类环境会议宣言》，世界各国达成了"只有一个地球"的共识。在这之后国际上出现了许多森林保护方面的国际条约，在促进人类实现更加长久的健康发展中发挥了重要作用。本节主要介绍与我国密切相关的国际公约。

一、《联合国关于在发生严重干旱和/或荒漠化的国家特别是在非洲防治荒漠化的公约》

《联合国关于在发生严重干旱和/或荒漠化的国家特别是在非洲防治荒漠化的公约》(UNCCD)，简称《联合国防治荒漠化公约》，于 1994 年 6 月 7 日在巴黎通过，并于 1996 年 12 月正式生效。该公约的宗旨是在发生严重干旱和/或荒漠化的国家(尤其是非洲)防治荒漠化，缓解干旱影响。它要求缔约国采取综合办法，处理荒漠化和干旱过程中的自然、生物和社会经济因素；把消灭贫困战略纳入防治荒漠化和缓解干旱影响的工作；为受荒漠化影响的发展中国家缔约方创立扶持性国际经济环境，筹集和输送实质性资金资源。我国自 1994 年签署公约以来，2002 年起施行《防沙治沙法》，2006 年制定了履约方案。

二、《联合国气候变化框架公约》

《联合国气候变化框架公约》(UNFCCC)，是 1992 年 5 月 22 日联合国政府间谈判委员会就气候变化问题达成的公约，于 1992 年 6 月 4 日在巴西里约热内卢举行的联合国环境与发展大会上通过。该公约旨在于控制温室气体的排放，使气候系统免遭破坏，要求发达国家缔约方率先应对气候变化及其不利影响，充分考虑发展中国家缔约方的具体需要和特殊情况，预测、防止或尽量减少引起气候变化的原因，缓解不利影响。我国于 1992 年签署该公约，1998 年又签署了该公约框架下的《京都议定书》，2007 年出台《中国应对气候变化国家方案》。

三、《生物多样性公约》

《生物多样性公约》(CBD)，是一项保护地球生物资源的国际性公约，于 1992 年 6 月 1 日由联合国环境规划署发起的政府间谈判委员会第七次会议在肯尼亚内罗毕通过，1992 年 6 月 5 日，由签约国在巴西里约热内卢举行的联合国环境与发展大会上签署。公约于 1993 年 12 月 29 日正式生效。该公约旨在保护濒临灭绝的动植物，最大限度地保护地球上多种多样的生物资源。缔约国应为本国境内的植物和野生动物编目造册，制定计划保护濒危的动植物；建立金融机构以帮助发展中国家实施清点和保护动植物的计划；使用另一个国家自然资源的国家要与该国家分享研究成果、盈利和技术。我国自 1992 年签署公约以来，于 1993 年年底率先完成了《中国生物多样性保护行动计划》的编制，1994 年 6 月正式发布并开始实施，同年编写了《中国生物多样性国别报告》。

四、《濒危野生动植物种国际贸易公约》

《濒危野生动植物种国际贸易公约》(CITES) 又称《华盛顿公约》，于 1973 年 6 月 21 日在美国华盛顿签署，并于 1975 年 7 月 1 日正式生效。该公约旨在于防止濒危野生动植物种由于国际贸易而遭到过度开发利用。该公约要求缔约国所有受到和可能受到贸易影响而有灭绝危险的物种，所有目前虽未濒临灭绝、但有可能变成有灭绝危险的物种，以及任一成员国认为属其管辖范围内而需要其他成员国合作控制贸易的物种，在没有事先获得并交验进出口许可证或再出口证明书的情况下，均不应允许进行国际贸易。我国于 1981 年加入公约，设立了中华人民共和国濒危物种进出口管理办公室和中华人民共和国濒危物种科学委员会，建立了东北、西北和华南濒危野生动物研究所。自 2000 年开始，我国一直担任常委会副主席国、亚洲地区代表，2006 年制定并实施了《濒危野生动植物进出口管理条例》。

五、《关于特别是作为水禽栖息地的国际重要湿地公约》

《关于特别是作为水禽栖息地的国际重要湿地公约》(RAMSAR)，简称《湿地公约》或《拉姆萨公约》，签署于 1971 年 2 月 2 日，正式生效于 1975 年 12 月 21 日。该公约涉及对约占地球陆地总面积 6% 的湿地生态的全面保护，旨在为全球范围内维持和恢复湿地，保护湿地资源和生物多样性。该公约要求各缔约国设置湿地自然保护区，指定其领域内的适当湿地列入《国际重要湿地名录》，同时采取有效措施促进这些湿地的养护和合理利用。我国 1992 年加入该公约，1993 年成立《中国湿地保护行动计划》编制工作领导小组，2005 年设立了国家林业局湿地保护管理中心。我国目前已有 82 处湿地列入《国际重要湿地名录》并加以保护。

六、《国际植物新品种保护公约》

《国际植物新品种保护公约》(UPOV)于1961年在巴黎讨论通过，1968年8月10日该公约正式生效。该公约旨在保护植物新品种的知识产权，鼓励植物新品种的开发。该公约保护育种者对其育成的品种(包括大田农作物、蔬菜、果树、观赏植物和树木)有排他的独占权，他人未经品种权人的许可不得生产和销售植物新品种。我国于1999年成为其第39个成员国，并开始接受国内外植物新品种权申请，多次参加或主办亚洲地区植物新品种保护技术协调会。

七、《保护野生动物迁徙物种公约》

《保护野生动物迁徙物种公约》(CMS)又名《波恩公约》《养护野生动物移栖物种公约》《保护迁徙野生动物物种公约》，于1979年6月23日在德国波恩签订，1983年12月1日正式生效。该公约旨在于保护陆地、海洋和空中的迁徙物种的活动空间范围，是为保护通过国家管辖边界以外野生动物中的迁徙物种而订立的。该公约规定，应订立具体的国际协定，以处理有关迁徙物种养护和管理问题；设立科学理事会就科学事项提供咨询意见；在两个附录中分别列出了濒危的迁徙物种和须经协议的迁徙物种。我国政府对该公约十分关注，两次以观察员的身份出席该公约成员国大会。

第三章

野生动物保护法

第一节 概 述

一、野生动物的概念及范围

(一)野生动物的概念

"野生动物"一词的含义在世界各国仍未达成广泛共识。就字面意思理解,生长在野外的动物即为野生动物,它与家养动物是相对的。我国目前在法律上并未明确规定何为野生动物。《野生动物保护法》第二条规定:"本法规定保护的野生动物,是指珍贵、濒危的陆生、水生野生动物和有重要生态、科学、社会价值的陆生野生动物。"

(二)野生动物的范围

界定野生动物的范围,对野生动物资源的保护意义重大,野生动物在国际上通称 wildlife。一般情况下,wildlife 特指野生动物。野生动物的范围存在广义和狭义之分,狭义的野生动物是指生长在野外环境下、保持着原有习性的动物。它们具有在自然环境中觅食、竞争、寻找配偶等能力。广义的野生动物既包括野外环境下生存的野生动物,又包括人工繁殖的野生动物。历经多年,人类一直没有停止对野生动物的驯养进程。近几个世纪,人类已经驯养繁殖了梅花鹿、鸵鸟、扬子鳄、孔雀、美洲野牛等珍稀野生动物。野外环境下生存的野生动物,包括大熊猫、金丝猴、藏羚羊等。

二、野生动物资源的概念及特征

(一)野生动物资源的概念

国家林业主管部门就实施《森林法》和《野生动物保护法》的具体问题指出,野生动物资源是一个宏观广义的法律概念,由群体和个体动物及其产品所组成,野生动物资源虽由野生动物组成,但不仅限于野生动物,二者具有不同的内涵和外延。这是我国规范性文件对野生动物资源所作的解释。

然而,国内外学者对野生动物资源的定义众说纷纭。金瑞林(2013)认为,野生动物资源是指对人类生产和生活有用的一切野生动物的总和，是可再生的自然资源，只要合理开发，就可以永续利用，包括食源性资源、药用性资源、工业用资源、生态保护性资源、种质性资源等。梁慧星（2007）依据资源的定义，将野生动物资源作出了两种解释：一种解释是，野生动物资源指野生动物的天然来源；另一种解释是，野生动物资源是野生动物的一种资源。它与野生动物等同，均属于国家所有。常纪文等（2003）将野生动物资源定义为："野生动物资源是指对生产和生活有用的一切野生动物的总和，是可再生的自然资源。"

（二）野生动物资源的特征

1. 区域性

野生动物资源具有明显的区域性。不同区域的气候、地形、水资源以及其他因素均影响着野生动物的生存，野生动物资源具有特定的分布规律。野生动物一般生长在特定的区域环境，如白鳍豚生长在淡水及淡水水域交汇地带；朱鹮生长在温带山地森林和丘陵地带，大多邻近湿地环境；扬子鳄生活在热带到亚热带的河川、湖泊、海岸；大熊猫栖居于海拔 2 000~3 500 米的高山竹林等。人们在开发和利用野生动物资源时，应根据其区域性特点，因地制宜，合理地开发和利用野生动物资源。

2. 稀缺性

近几个世纪，人类作为最高等的动物，通过不断地向大自然索取各种资源来促进社会经济的短暂发展。但在索取自然资源的过程中，人类开始意识到野生动物资源并非取之不尽、用之不竭，而具有稀缺性。随着人类不断开发和利用，其数量和种类呈现急剧下降的趋势。有些珍稀动物已面临灭绝的危险，如白鳍豚、华南虎、金丝猴、扭角羚、白唇鹿等珍稀野生动物。野生动物的濒危现状并非仅通过科技就可解决，而关键在于人类能否认识到野生动物资源的稀缺性，遵循自然规律，合理开发和利用野生动物资源，积极对野生动物采取保护措施。

3. 共生性

野生动物资源是自然资源的重要组成部分，具有共生性。野生动物资源的共生性主要体现在：与其他资源共同寓于整个生态系统之中，如矿产资源、水资源、植物资源、其他非野生动物资源等；与其他资源相互影响、互相制约，构成了有机统一的生态整体。如果生态环境中的一种资源丧失，必然会对其他资源产生不利的影响。正因为各类自然资源的共同存在，形成了平衡的生态链，才促使生态环境与社会的和谐和可持续发展。

4. 可再生性

"当人们开发和使用这种资源满足人类需求后，必将使其原有的属性丧失或部分丧失，若其能再次恢复原有的属性，则我们认为其具备可再生性。"这是孙儒泳教授对资源的可再生性所作的概括。根据资源是否具有可再生性，可以将自然资源分为可再生资源和不可再生资源。野生动物资源与煤、铁、石油等矿产资源不同，它具有可再生性，属于可再生资源。然而，任何一种资源的可再生性都不是绝对的，经过不当的开发与利用，野生动物资源的可再生性也会受到限制，甚至会发生改变。因此，合理地开发和利用野生动物资源，采取积极的措施保护野生动物是十分必要的。

5. 多用性

野生动物资源大多具有多种功能和用途。例如，可以食用、药用，制作成毛皮、羽绒服、工艺品等，创造经济价值；也可以由专业的工作人员创造条件进行饲养，作为观赏动物；还可用于实验，创造科学价值。但作为生态系统中的重要组成部分，野生动物资源的重要功能是维持生物物种的多样性，保持生态平衡。由于野生动物资源的多用性，人们产生了对野生动物的多方面需求，在开发和利用野生动物资源时应注重适当合理，以野生动物资源的生态价值优先。

三、我国野生动物资源的现状

我国地广物博，野生动物资源也十分丰富。全国有脊椎动物近 8 400 种。其中，哺乳类约 700 种，鸟类约 1 400 种，爬行类约 500 种，两栖类约 500 种，鱼类近 5 000 种。列入国家重点保护野生动物名录的珍稀濒危野生动物共 980 种。我国的野生动物不仅种类繁多，还有不少闻名世界的特有动物，如大熊猫、朱鹮、金丝猴、华南虎、扬子鳄等数百种动物均为我国所特有。

人们过去不合理地开发和利用野生动物资源，生态环境屡遭污染与破坏，导致我国目前的野生动物物种面临灭绝的危险。例如，大熊猫现仅分布于我国四川、陕西、甘肃三省，野生数量 1 800 余只，人工圈养大熊猫数量为 420 余只；拥有"中国虎"之称的华南虎，野外生存的可能性微乎其微，仅在各地动物园、繁殖基地里人工饲养着 200 余只，且已呈现明显的退化状态；白鳍豚，目前科学家们已宣布功能性灭绝。目前，我国虽然野生动物物种丰富，但野生动物资源的现状仍不容乐观。

四、野生动物资源的价值

价值是人脑对事物的有用性所作出的抽象概括。任何事物的存在都具有它自身的价值。野生动物资源作为生态系统的重要组成部分，其价值可想而知。人类始祖在原始社会时期就开始以狩猎野生动物为生，野生动物给人类提供了营养丰富的肉类食物，野生动物的皮毛可以抵御严寒，连野生动物的骸骨都被人类制作成工具。不仅是远古时代，就目前情况来看，野生动物给现代社会生存的人类也带来了非常重要的价值，主要有生态价值、经济价值、美学价值和科学价值等。

(一) 生态价值

野生动物与其他生物资源共同构建了自然界中稳定的食物链和食物网，从而保障了整个生态系统的平衡。维护生态平衡是当今世界的发展主题之一，野生动物资源作为生态系统的重要组成部分，对生态系统的平衡起着不可忽视的作用。如果野生动物资源灭失于世界，那么整个食物链必然发生断裂、变化，最终导致生态失衡。人类虽处于食物链的最顶端，一旦生态系统不能平衡发展，人类作为生态系统的一员必会遭受巨大灾难。因此，野生动物对整个食物链以及生态网都起着不可替代的连接作用，影响并制约着人类及其他生物的发展。

《生物多样性公约》规定，生物多样性是指包含自然界中的各种生物体，这些生物体来源于陆地生态系统、海洋生态系统和其他水生生态系统所构成的生态综合体系，包括物种之间的生物多样性、物种内部的生物多样性和生态系统的多样性。野生动物资源作为生态系统的重要组成部分，在维持生物物种多样性以及生态平衡等方面，具有重要的生态价值。

野生动物资源的生态价值远远超过它的其他价值，是野生动物资源最重要、最关键的价值体现。当前，人类忽视野生动物资源的生态价值，非法开发、利用野生动物资源，对野生动物生存环境的破坏日益加剧，导致野生动物资源急剧减少，已有多种野生动物在地球上消失。人类在感慨生命消亡的同时，应不断反思，不应再为发展而让更多的野生动物消失，导致生态失衡，它们的灭绝正是给人类敲响的警钟。

(二) 经济价值

经济价值是指某事物具有有用性，同时产生经济效益的价值。自然界中的野生动物资源种类繁多，且具有多用性。保护野生动物资源不仅仅是因为野生动物具有生态价值，更在于其能为人们带来巨大的经济效益。

在远古时代，我们的祖先就已经开始获益于野生动物。野生动物不仅为我们的祖先提供食物，更重要的是，野生动物的皮毛可以用来御寒。现代社会虽然有很多食物可以享用，很多材料可以用来制作服装和器具，如貂皮、羚羊绒等用来制作衣服，蛇皮、鳄鱼皮等用来制作乐器、皮包以及腰带，等等。

野生动物还可用于制药，我国传统医学中很多名贵药材都取自野生动物，具有非常高的药用价值。目前不仅我国应用这些药材，国外对这些药材也有很大的需求。养殖野生动物，通过销售野生动物产出的药材已给养殖户带来可观收益。

野生动物养殖在动物园中还可创造观赏价值。我国的大熊猫、金丝猴、东北虎等珍稀动物作为旅游资源，为我国旅游经济带来了可观的收益。根据 Swanson et al. (2001) 的研究，卧龙大熊猫自然保护区如果管理良好，其生态旅游的价值每年将达2 900 万~4 200 万美元。可以说人类对野生动物的依赖有增无减，巨大的市场正等待养殖者的填充。我国对野生动物园和动物表演的管理也逐渐正规化、法治化。数据表明，到 2016 年，我国野生动物园共 37 个，比 2013 年减少 13 个；马戏团等展演单位240 个，比 2013 年增加 136 个。从 2017 年开始没有官方统计数据，2018 年，住房和城乡建设部明确要求动物园严禁动物表演。

(三) 美学价值

野生动物的存在为自然界增添了无尽活力和美感。人类对野生动物的审美意识从古希腊、古埃及、古罗马等神话中就得以充分展现，那时人类对某种动物往往存在着信仰，古埃及的狮身人面像就是最好的体现。由于野生动物大多生活在野外，不常与人类接触，使人们对野生动物存在很强的好奇心理，因此野生动物具有很高的观赏性。野生动物一直都是动物园、森林公园或自然保护区的热门主题。近年又有很多画家和摄影师对野生动物产生浓厚兴趣，从野生动物上获得创作灵感，很多关于野生动物的画作和摄影作品广为流传。野生动物存在的美学价值，还可以陶冶人们的情操，丰富人们的情感生活。天空中的飞鸟、水底的鱼儿，都会引起我们缤纷的想象；森林中奔驰的猛兽、浅草中潜行的爬虫、山野中鸣唱的小鸟，它们的姿态、声音、色彩是完美的自然杰作。

(四) 科学价值

野生动物资源还可以用于实验和研究，具有科学价值。对古代野生动物化石进行研究，可以使人类了解各类生物的进化历程，寻求自然规律。人们在开发和利用野生动物时，会对野生动物的生存环境和习性加以探索，有利于引发人们对生态环境的思考，提出减少环境污染、维持整个生态平衡的措施。野生动物的生活习性、运动姿态等，也不断给人们以启迪，促进着人类不断向前发展。

五、野生动物保护立法的重要性

不合理地开发和利用野生动物资源，导致野生动物资源的现状不容乐观，生物多样性锐减，一些野生动物面临濒危灭绝的危险。对此，对野生动物资源予以明确立法，运用法律的强制性限制并制裁损害野生动物的行为，具有十分重要的意义。

(一)维持生态平衡的必然要求

野生动物的存在对整个食物链起着巨大作用，保障了整个食物链以及食物网的完整有序性。野生动物资源是生态系统的重要组成部分，影响并制约着人类及其他生物的发展，在维持生物多样性和良好的生态环境等方面具有重要价值。加强和完善野生动物资源的相关立法是维持生态平衡的必然要求。

(二)有利于促进社会文明发展

野生动物是人类的朋友，人类应该文明地对待野生动物。保护和善待野生动物是人类社会文明进步及人类自身素质提高的体现。随着人类社会进步和经济的发展，野生动物保护意识已逐渐深入人心。但因利益驱动，仍存在滥捕滥杀和非法倒卖野生动物的现象，不符合生态伦理和生态文明建设的要求。因此必须加强野生动物资源的立法，推动生态文明的进一步发展。

(三)有利于推动相关经济发展

野生动物资源具有一定经济价值，可以对其进行适当的商业性开发，为人们带来经济效益。野生动物资源可以用于制药、食用、制作毛皮制品，还可以用作工业原料等。加强野生动物保护立法，有利于规范人们合理地开发利用野生动物资源，发掘野生动物资源的潜在价值，促进消费贸易，从而有利于推动相关经济的发展。

(四)有利于解决我国野生动物资源危机

随着经济的快速发展，人们因受利益驱动以及对野生动物保护意识的限制，滥捕滥杀、非法倒卖走私野生动物的现象仍然存在。人们不合理地开发和利用野生动物资源，导致野生动物资源面临危机。开发和利用各种自然资源的同时，野生动物的栖息地遭受不同程度的破坏，更加剧了我国野生动物资源的危机。法律是最具强制力的保障措施，加强野生动物保护立法，严厉打击违法开发和利用野生动物资源的现象，可以规范人们的行为，增强公民保护野生动物资源的历史责任感和使命感，从而有利于解决我国野生动物资源危机。

(五)国际公约的必然要求

保护野生动物已成为世界共识。多年来，国际上已出台了一系列保护野生动物资源的公约。我国作为发展中大国，要与世界接轨、加强国际贸易，就必然要加强对野生动物资源的保护。目前我国已加入了一些有关野生动物保护的国际公约，如

《湿地公约》《濒危野生动植物种国际贸易公约》等。为履行国际公约，我国还应不断加强和完善我国野生动物保护立法，这不仅仅有利于我国法律体系的完善，更是履行国际公约的必然要求。

第二节　野生动物保护立法的发展

一、国外野生动物保护立法的发展

（一）美国

1872 年，美国建立了第一个国家公园——黄石国家公园，通过对国家公园予以相关立法，开始了美国保护野生动物的历程。1964 年，美国国会通过了《自然保护区法》，建立了自然保护区系统，旨在保护和管理美国的自然保护区。1966 年，美国国会又通过了《国家野生动物庇护区系统管理法》，建立了国家野生动物庇护区系统。1972 年，美国国会通过了《海岸带管理法》，旨在保护国家海岸带的野生动物资源。1973 年，美国颁布了《濒临灭绝危险的物种法》，明确保护濒危野生动物，维持生物物种多样性。1977 年颁布了《野生动物保护条例》。1980 年，美国国会通过了《鱼和野生生物保护法》，对包括非猎物在内的鱼和野生生物的保护起到了巨大作用。目前，美国设有专门的行政组织，由国家财政予以拨款，保护和管理国家的野生动物资源。

（二）日本

1919 年，日本制定了《狩猎法》，旨在禁止和限制捕获野生鸟兽的现象产生，保护野生鸟兽的生存。有关野生动物保护的法律随之相继颁布，如《关于鸟兽保护及狩猎的法律》和《关于控制特殊鸟类转让的法律》，并在颁布后的几年间进行了多次修改与完善。1972 年，日本颁布了《自然环境保护法》，规定了野生动物的保护原则，对野生动物的保护更加深入。1973 年，日本通过了《关于爱护及管理动物的法律》，旨在提高人们对动物的认识，正确对待动物并与动物达到共生的状态。这里所指的动物不仅包括野生动物，还包括其他非野生动物，如猫、狗、猪等家养动物。1973 年在美国华盛顿通过的《濒危野生动植物种国际贸易公约》，日本也加入其中，并为履行该公约于 1980 年规定，禁止进口濒危的野生动植物及动植物制成品。2008 年 5 月，日本国会通过了《生物多样性基本法》，旨在保护生物物种多样性，推动人与自然的可持续发展。该法指出生物多样性在保障人类生存的同时，也促进了文化的多样性，保护生物多样性与社会经济、文化密不可分。此外，日本还颁布了其他保护动植物的法律，如《森林法》《自然环境保全法》等。

（三）其他国家

1972 年，印度制定了《野生动物保护法》，旨在保护印度的野生动物资源不受损害；1983 年颁布了《国家野生物种保护行动计划》。印度尼西亚于 1940 年颁布了《狩猎法》，1942 年颁布了《自然保护法》。泰国主要颁布了《野生动物保护法》《野生生物保全法》《国立公园法》《森林法》等法律保护野生动物资源。罗马尼亚颁布了《环境保护法》，以法律条文的形式规定了对野生动物和水生动物的保护。

二、我国野生动物保护立法的发展

(一) 我国古代野生动物保护的立法情况

我国古代就意识到保护野生动物的重要性。周朝的法律规定，"凡田猎者受令焉"，以此制裁滥捕滥杀野生动物的行为；此外还有"国君春田不围泽，大夫不掩群，士不取麋卵"的规定，对享有不同身份地位的人开发利用野生资源予以不同的限制。公元前11世纪，西周颁布《代崇令》，规定"毋动六畜，有不如令者死无赦"。《秦律十八种》之一的《田律》，其中也设置了一系列保护野生动物资源的规定。

西汉宣帝曾规定："其令三辅毋得以春夏摘巢探卵，弹射飞鸟。具为令。"南北朝时期，宋明帝明令禁止不按季节捕鸟的行为；北齐后主曾明令禁止用网捕猎鹰、鹤和观赏鸟类。唐高祖武德元年曾发布命令，禁献奇珍异兽。宋朝曾有禁止春夏两季捕鱼射鸟之规定。辽道宗清宁二年，明令禁止在鸟兽繁殖季节在郊野纵火，保护野生动物栖息地。元明令规定："杀胎者有禁，杀卵者有禁。"在禁猎期间，野猪、鹿、獐、兔等野生动物都受到法律保护，重点保护的鸟类有天鹅、鸭、鹤等。

(二) 我国当代野生动物保护的立法发展

我国当代保护野生动物立法始于1950年，颁布了《稀有生物保护办法》。我国《宪法》第九条规定："国家保障自然资源的合理利用，保护珍贵的动物和植物。禁止任何组织或者个人用任何手段侵占或者破坏自然资源。"1962年，国务院在《关于积极保护和合理利用野生动物资源的指示》中提出："野生动物资源是国家的自然财富，各级人民委员会必须切实保护，在保护的基础上加以合理利用。"1973年，林业部草拟了《野生动物资源保护条例》，明令禁止捕猎野生动物。1979年，国务院颁布了《水产资源繁殖保护条例》。1983年，国务院发布了《关于严格保护珍贵稀有野生动物的通令》。1984年，颁布实施了《森林法》，并于1998年、2009年、2019年分别进行了修订。1985年，国务院颁布实施了《森林和野生动物类型自然保护区管理办法》。1986年，颁布了《渔业法》，并于2000年、2004年、2009年和2013年分别进行了修订，把保护野生渔业资源以法律的形式予以规范。1991年，林业部颁布实施了《国家重点保护野生动物驯养繁殖许可证管理办法》。1992年，颁布实施了《陆生野生动物保护实施条例》和《水生野生动物保护实施条例》。2000年，最高人民法院审判委员会通过了《最高人民法院关于审理破坏野生动物资源刑事案件具体应用法律若干问题的解释》，并于同年12月实施。

1988年11月，我国颁布了《野生动物保护法》，并于2004年、2009年、2016年、2018年分别进行了修订。这是我国第一部为保护野生动物而订立的法律，从此我国野生动物保护工作步入法治化进程。此后，为保证《野生动物保护法》的实施，国务院颁布了一系列保护野生动物的配套法规。

第三节　野生动物资源的权属

一、我国野生动物资源权属的法律规定

我国野生动物资源的所有权归国家所有。关于野生动物资源权属的规定，体现在

不同的法律中。

(一)《宪法》

《宪法》作为我国的根本大法，对野生动物资源的产权并没有作出明确的规定，但与野生动物保护有关的规定在其中有所体现。我国《宪法》第九条第二款规定："国家保障自然资源的合理利用，保护珍贵的动物和植物。禁止任何组织或者个人用任何手段侵占或者破坏自然资源。"虽然《宪法》未对野生动物的权属作出具体的规定，但是从第九条规定中不难看出，我国保护野生动植物，禁止任何组织和个人以任何手段侵占和破坏，从侧面就说明了我国《宪法》认同野生动物资源的所有权归国家所有。

(二)《野生动物保护法》

2023年5月1日修订实施的《野生动物保护法》第三条明确规定："野生动物资源属于国家所有。国家保障依法从事野生动物科学研究、人工繁育等保护及相关活动的组织和个人的合法权益。"该条表明国家是野生动物资源所有权的主体。《野生动物保护法》第二十一条规定："禁止猎捕、杀害国家重点保护野生动物。因科学研究、种群调控、疫源疫病监测或者其他特殊情况，需要猎捕国家一级保护野生动物的，应当向国务院野生动物保护主管部门申请特许猎捕证；需要猎捕国家二级保护野生动物的，应当向省、自治区、直辖市人民政府野生动物保护主管部门申请特许猎捕证。"第二十二条规定："猎捕有重要生态、科学、社会价值的陆生、野生动物和地方重点保护野生动物的，应当依法取得县级以上地方人民政府野生动物保护主管部门核发的狩猎证，并且服从猎捕量限额管理。"由此可以看出，在野生动物所有权问题上，我国在科学研究、种群调控、疫源疫病监测等方面允许猎捕野生动物，但需要经有关单位批准许可。

(三)《民法典》

《民法典》第二百五十一条规定："法律规定属于国家所有的野生动植物资源，属于国家所有。"第二百五十八条规定："国家所有的财产受法律保护，禁止任何组织或者个人侵占、哄抢、私分、截留、破坏。"由此可以看出，野生动植物资源是国家所有的财产，只有国家才对其享有占有、使用、收益、处分的权能，并且国家重视保护野生动物资源，禁止组织及个人对其侵犯。

(四)《森林法》和《森林法实施条例》

《森林法》第十四条规定："森林资源属于国家所有，由法律规定属于集体所有的除外。"《森林法实施条例》第二条明确规定："森林资源，包括森林、林木、林地以及依托森林、林木、林地生存的野生动物、植物和微生物。"由此可知，野生动物资源属于森林资源的一部分，而森林资源归国家所有，因此野生动物资源的所有权当然归于国家。

二、我国学者对野生动物资源权属问题的不同观点

我国法律规定野生动物资源的所有权归于国家，国家注重野生动物资源的保护，任何组织和个人不得进行侵占，任何处分野生动物所有权的行为都视为无效。对此，引起了法学界的诸多争议。一些学者认为野生动物资源归属国家过于生硬，并不合理。

梁慧星(2007)认为，野生动物只有被捕获后，置于人的控制、支配之下，才能称其为所有权的客体，捕获人方可取得该野生动物的所有权，这就是民法的先占制度。这种观点同国外许多国家对野生动物权属的规定相似，认为野生动物具有野生性，属于无主物，对它的所有权应适用民法对无主物权属的规定。刘宏明(2007)认为，野生动物因其不能被完全特定化而不符合物权中作为客体的特征，将野生动物所有权的主体限定为国家，违反了所有权法律制度的立法科学性。这种观点认为《物权法》关于野生动物所有权的规定违反了立法的科学性，应当废止。徐国栋(2004)认为，我国的野生动物资源权属制度应当由民法这一私法调整，适用民法有关物的规定，在野生动物资源所有权的认定上适用先占原则。

然而也有一些学者坚持认为野生动物资源归国家所有。例如，刘银良教授认为，国家是野生动物资源所有权的当然主体，只有国家才能充分地控制和支配野生动物资源。周缘求认为，法律规定我国野生动物资源的所有权归属国家，有助于健全我国的所有权法律体系。

第四节　野生动物资源的保护

一、我国野生动物资源保护现状

我国一向重视野生动物资源的保护，自 1988 年《野生动物保护法》颁布实施以来，我国对野生动物资源的保护取得了一定的成效，一些濒危物种数量有所增加，逐渐摆脱了灭绝的危险，如我国的大熊猫就得到了很好的保护。《野生动物保护法》是我国对保护野生动物进行的专门立法，它详细地规定了野生动物保护方面的内容。此外，我国还颁布了一系列保护野生动物的法律法规。我国还加入了野生动物保护的国际公约和其他国际条约，初步形成了保护野生动物的法律体系。

二、野生动物保护的法律规定

(一)野生动物保护范围的规定

《野生动物保护法》第二条规定："本法规定保护的野生动物，是指珍贵、濒危的陆生、水生野生动物和有重要生态、科学、社会价值的陆生野生动物。珍贵、濒危的水生野生动物以外的其他水生野生动物的保护，适用《中华人民共和国渔业法》等有关法律的规定。"由此可知，我国野生动物法律保护的范围包括 3 类，即珍贵、濒危的陆生野生动物，珍贵、濒危的水生野生动物，有重要价值的陆生野生动物。所谓珍贵、濒危的野生动物，是指中国特产、稀有或者濒于灭绝的以及数量稀少、有灭绝危险的或者分布地域狭窄有限的野生动物。对本条保护的"有重要生态、科学、社会价值的陆生野生动物"，社会上统称为"三有动物"，即有重要生态价值的动物、有重要科学研究价值的动物、有重要社会价值的动物。

(二)野生动物资源的产权制度

《野生动物保护法》第三条规定了野生动物的产权归属，即野生动物资源属于国家所有，国家保障依法从事野生动物科学研究、人工繁育等保护及相关活动的组织和个人的合法权益。该法条强调野生动物整体资源归国家所有，任何组织、个人不得侵占或者破坏。归国家所有的野生动物资源，属于国有财产，由国务院代表国家行使所有权。第二十五条明确规定："国家支持有关科学研究机构因物种保护目的人工繁育国家重点保护野生动物。"除此之外的人工繁育国家重点保护野生动物实行许可制度，人工繁育许可证应当经省、自治区、直辖市人民政府野生动物保护主管部门批准，但国务院对批准机关另有规定的除外。此外，该法第六条规定了任何组织和个人有保护野生动物资源的义务。同时，国家鼓励开展野生动物科学研究，对野生动物资源保护、科学研究方面成绩显著的组织和个人，由政府给予奖励。

《民法典》也规定了属于国家所有的野生动植物资源，属于国家所有。国家所有的财产受法律保护，禁止任何组织和个人侵占、哄抢、私分、截留、破坏。由此可以看出，我国法律规定了野生动物资源的产权归属于国家，国家禁止对野生动物资源任何形式的破坏，同时支持人工繁育以及保护野生动物的行为。

(三) 栖息地保护制度

保护野生动物的生存环境是使野生动物得到其他保护的前提，我国从多方面多角度保护野生动物的生存环境。《野生动物保护法》第六条规定："任何组织和个人有保护野生动物及其栖息地的义务。禁止违法猎捕、运输、交易野生动物，禁止破坏野生动物栖息地。"本条规定的野生动物重要栖息地是指野生动物生存、繁衍的特定区域，是野生动物生存、繁衍活动所必需的空间场所。第十一条至第十四条以及第二十条也对野生动物生存环境的保护作了相关规定。第十二条规定："国务院野生动物保护主管部门应当会同国务院有关部门，根据野生动物及其栖息地状况的调查、监测和评估结果，确定并发布野生动物重要栖息地名录。省级以上人民政府依法将野生动物重要栖息地划入国家公园、自然保护区等自然保护地，保护、恢复和改善野生动物生存环境。对不具备划定自然保护地条件的，县级以上人民政府可以采取划定禁猎(渔)区、规定禁猎(渔)期等其他措施予以保护。"野生动物栖息地是野生动物赖以生存、繁衍的空间，其保护状况直接关系到野生动物种群的安全和增加，该条采取划定自然保护区和禁猎区等方式，加强对野生动物生存环境的保护管理。同时，第二十条还规定："在自然保护地和禁猎(渔)区、禁猎(渔)期内，禁止猎捕以及其他妨碍野生动物生息繁衍的活动，但法律法规另有规定的除外。"第十四条规定："各级野生动物保护主管部门应当监测环境对野生动物的影响，发现环境影响对野生动物造成危害时，应当会同有关部门及时进行调查处理。"第十三条规定："建设项目可能对自然保护地以及其他野生动物重要栖息地、迁徙洄游通道产生影响的，环境影响评价文件的审批部门在审批环境影响评价文件时，涉及国家重点保护野生动物的，应当征求国务院野生动物保护主管部门意见；涉及地方重点保护野生动物的，应当征求省、自治区、直辖市人民政府野生动物保护主管部门意见。"

《陆生野生动物保护实施条例》第八条对野生动物生存环境的保护也作出了明确规定："县级以上各级人民政府野生动物行政主管部门，应当组织社会各方面力量，采取生物技术措施和工程技术措施，维护和改善野生动物生存环境，保护和发展野生动物资源。禁止任何单位和个人破坏国家和地方重点保护野生动物的生息繁衍场所和生存条件。"

此外,《自然保护区条例》主要从建立自然保护区的方面,对野生动物资源的生境保护作了相关规定。《自然保护区条例》第十条规定了在珍稀、濒危野生动植物物种的天然集中分布区域,应当建立自然保护区,保护珍贵、濒危野生物种。《森林法》中明确提出了划定自然保护区保护野生动物和禁止猎捕野生动物的规定,第三十一条规定:"国家在不同自然地带的典型森林生态地区、珍贵动物和植物生长繁殖的林区、天然热带雨林区和具有特殊保护价值的其他天然林区,建立以国家公园为主体的自然保护地体系,加强保护管理。"《森林和野生动物类型自然保护区管理办法》是根据《森林法》和有关规定制定的。该法旨在建立自然保护区,保护自然资源的生存环境,拯救濒于灭绝的生物物种。自然保护区管理机构应贯彻执行国家有关自然保护区的方针、政策,加强管理,积极保护珍贵稀有野生动植物资源。其第五条规定,珍贵稀有或者特殊保护价值的动植物种的主要生存繁殖地区可以建立自然保护区,主要包括:国家重点保护动物的主要栖息、繁殖地区;候鸟的主要繁殖地、越冬地和停歇地;珍贵树种和有特殊价值的植物原生地;野生生物模式标本的集中产地。

(四)致人损害的国家补偿制度

我国法律鼓励各地政府、组织和个人积极采取措施保护野生动物,在保护过程中遭受损失的,由国家给予相应补偿。我国《野生动物保护法》第十八条和第十九条规定,有关地方人民政府应当采取措施,预防、控制野生动物可能造成的危害,保障人畜安全和农业、林业生产。因保护本法规定保护的野生动物,造成人员伤亡、农作物或者其他财产损失的,由当地人民政府给予补偿。补偿办法由省、自治区、直辖市政府制定。该法强调地方政府要对当地居民进行教育和培训,鼓励、引导他们在生产和生活中有针对性地避让野生动物,提高预防和减少野生动物伤害的自我保护水平。对于野生动物损害事件频发的地区,通过兴建野生动物食物源基地,开挖修建防护沟、防护壁、防护栏等方式,有效地吸引、隔离野生动物在保护区内活动,从而减少野生动物损害事件的发生频率和危害。最大限度地减少野生动物可能造成的危害,通过加强事前预防减少危害的发生,保障人畜安全和农业、林业生产。在补偿范围方面"因保护本法规定保护的野生动物造成的损失",将有重要生态、科学、社会价值的陆生野生动物造成的损失纳入补偿范围,即因保护本法规定保护的动物造成的人员伤害和财产损失可按照当地补偿条例中规定的条款,由当地政府给予补偿。

《陆生野生动物保护实施条例》第九条明确规定:"任何单位和个人发现受伤、病弱、饥饿、受困、迷途的国家和地方重点保护野生动物时,应当及时报告当地野生动物行政主管部门,由其采取救护措施;也可以就近送具备救护条件的单位救护。救护单位应当立即报告野生动物行政主管部门,并按照国务院林业行政主管部门的规定办理。"此外,第十条还规定:"有关单位和个人对国家和地方重点保护野生动物可能造成的危害,应当采取防范措施。因保护国家和地方重点保护野生动物受到损失的,可以向当地人民政府野生动物行政主管部门提出补偿要求。经调查属实并确实需要补偿的,由当地人民政府按照省、自治区、直辖市人民政府的有关规定给予补偿。"

(五)野生动物资源的刑法保护

我国《刑法》对野生动物资源的保护作出了相关法律规定,并且对违法破坏野生动物资源的行为规定了严厉的刑事责任。《刑法》第一百五十一条明确规定了走私珍贵动物罪，走私国家禁止进出口的珍贵动物及其制品的，处五年以上十年以下有期徒刑，并处罚金；情节特别严重的，处十年以上有期徒刑或者无期徒刑，并处没收财产；情节较轻的，处五年以下有期徒刑，并处罚金。该法第三百四十一条第一款规定了非法猎捕、杀害珍贵、濒危野生动物罪和非法收购、运输、出售珍贵、濒危野生动物、珍贵、濒危野生动物制品罪。非法猎捕、杀害国家重点保护的珍贵、濒危野生动物的，或者非法收购、运输、出售国家重点保护的珍贵、濒危野生动物及其制品的，处五年以下有期徒刑或者拘役，并处罚金；情节严重的，处五年以上十年以下有期徒刑，并处罚金；情节特别严重的，处十年以上有期徒刑，并处罚金或者没收财产。第二款规定了非法狩猎罪，违反狩猎法规，在禁猎区、禁猎期或者使用禁用的工具、方法进行狩猎，破坏野生动物资源，情节严重的，处三年以下有期徒刑、拘役、管制或者罚金。此外，该法还规定野生动物行政主管部门的工作人员因玩忽职守、滥用职权、徇私舞弊，造成损害后果发生，情节严重、构成犯罪的，应依法追究其刑事责任。

第五节　野生动物资源的管理

一、我国野生动物资源管理现状

我国始终注重野生动物资源的管理，随着《野生动物保护法》及相关野生动物保护法律法规的颁布和实施，我国又加入了一系列相关国际公约和条约，加强了对野生动物资源的法制管理，使我国野生动物资源管理工作得以逐渐完善。

我国的野生动物资源管理工作由各级林业行政主管部门负责，包括各种管理、相关法规的实施、宣传教育等工作，管理任务十分繁重，并且管理的专业力量缺乏，这些严重制约着管理工作的发展。

我国野生动物资源的管理存在着人口和贸易两方面的压力。人口的不断增长以及人类生产生活的需要，不断地向自然界索取野生动物赖以生存的土地、森林、水等自然资源，严重破坏了野生动物的生存条件，加剧了二者的冲突。在贸易方面，虽然很多野生动物被列入国际贸易禁止的物种，但是目前野生动物贸易仍然是野生动物资源保护和管理的主要制约因素。

二、我国野生动物资源管理制度

(一)野生动物资源所有权及其管理监督主体

《野生动物保护法》第三条规定了野生动物资源属于国家所有，《民法典》第二百五十八条则规定了国家所有的财产受法律保护，任何组织或个人不得侵占、哄抢、私分、截留和破坏。

野生动物资源是国家所有财产，由国家机关对其实施保护与监管。《野生动物保护法》第七条规定："国务院林业草原、渔业主管部门分别主管全国陆生、水生野生动物保护工作。县级以上地方人民政府对本行政区域内野生动物保护工作负责，其林业草原、渔业主管部门分别主管本行政区域内陆生、水生野生动物保护工作。"野生动物行政主管部门是野生动物资源的监督主体，有权对《野生动物保护法》《陆生野生动物保护实施条例》《水生野生动物保护实施条例》等有关法律法规的实施情况进行监督检查，同时法律规定应当定期组织对野生动物资源的调查，建立野生动物资源档案。

各级政府也应当加强对野生动物资源的管理，同时加强对野生动物的宣传教育，制定保护和合理利用野生动物资源的政策和措施。

(二) 野生动物的分级保护

我国野生动物的保护和管理作出了级别上的划分。《野生动物保护法》第十条规定："国家对野生动物实行分类分级保护。国家对珍贵、濒危的野生动物实行重点保护。国家重点保护的野生动物分为一级保护野生动物和二级保护野生动物。国家重点保护野生动物名录，由国务院野生动物保护主管部门组织科学评估后制定，并每五年根据评估情况确定对名录进行调整。国家重点保护野生动物名录报国务院批准公布。地方重点保护野生动物，是指国家重点保护野生动物以外，由省、自治区、直辖市重点保护的野生动物。地方重点保护野生动物名录，由省、自治区、直辖市人民政府组织科学评估后制定、调整并公布。有重要生态、科学、社会价值的陆生野生动物名录，由国务院野生动物保护主管部门组织科学评估后制定、调整并公布。"由此可知，我国对野生动物实行分类分级保护的基本制度，将野生动物的大致划分为 3 类，即珍贵、濒危的野生动物，地方重点保护的野生动物，有重要生态、科学、社会价值的陆生野生动物。对野生动物的管理，我国采取了对不同级别的野生动物予以不同的管理，明确了相关政府及其主管部门组织科学评估的程序规定，将名录的按期调整上升为法定义务。

(三) 野生动物猎捕管理规定

猎捕国家重点保护野生动物实行特许猎捕证制度。《野生动物保护法》第二十一条规定："禁止猎捕、杀害国家重点保护野生动物。因科学研究、种群调控、疫源疫病监测或者其他特殊情况，需要猎捕国家一级保护野生动物的，应当向国务院野生动物保护主管部门申请特许猎捕证；需要猎捕国家二级保护野生动物的，应当向省、自治区、直辖市人民政府野生动物保护主管部门申请特许猎捕证。"《陆生野生动物保护实施条例》对申请发放和禁止发放猎捕证也作了相关规定。《野生动物保护法》第二十三条规定："猎捕者应当按照特许猎捕证、狩猎证规定的种类、数量或者限额、地点、工具、方法和期限进行猎捕。持枪猎捕的，应当依法取得公安机关核发的持枪证。"我国法律还规定了在自然保护区、禁猎区和禁猎期内，禁止猎捕和其他妨碍野生动物生息繁衍的活动；禁止使用毒药、爆炸物、电击或者电子诱捕装置以及猎套、猎夹、地枪、排铳等工具进行猎捕。

(四) 野生动物人工繁育的管理规定

我国支持因物种保护目的人工繁育国家重点保护野生动物。法律明确规定，除前述以外的人工繁育国家重点保护野生动物实行许可制度，且人工繁育许可证除国务院对批准机关另有规定的，应当经省、自治区、直辖市人民政府野生动物保护主管部门批准。《野生动物保护法》第二十八条规定："禁止出售、购买、利用国家重点保护野生动物及其制品。因科学研究、人工繁育、公众展示展演、文物保护或者其他特殊情况，需要出售、购买、利用国家重点保护野生动物及其制品的，应当经省、自治区、直辖市人民政府野生动物保护主管部门批准，并按照规定取得和使用专用标识，保证可追溯，但国务院对批准机关另有规定的除外。出售、利用和有重要生态、科学、社会价值的陆生野生动物及其制品的，应当提供狩猎、人工繁育、进出口等合法来源证明。实行国家重点保护野生动物和有重要生态、科学、社会价值的陆生野生动物及其制品专用标识的范围和管理办法，由国务院野生动物保护主管部门规定。出售本条第二款、第四款规定的野生动物的，还应当依法附有检疫证明。"

对于引进野生动物的驯养繁殖，《陆生野生动物保护实施条例》第二十二条和第二十三条作出了明确的规定。第二十二条规定："从国外或者外省、自治区、直辖市引进野生动物进行驯养繁殖的，应当采取适当措施，防止其逃至野外；需要将其放生于野外的，放生单位应当向所在省、自治区、直辖市人民政府林业行政主管部门提出申请，经省级以上人民政府林业行政主管部门指定的科研机构进行科学论证后，报国务院林业行政主管部门或者其授权的单位批准。擅自将引进的野生动物放生于野外或者因管理不当使其逃至野外的，由野生动物行政主管部门责令限期捕回或者采取其他补救措施。"第二十三条规定："从国外引进的珍贵、濒危野生动物，经国务院林业行政主管部门核准，可以视为国家重点保护野生动物；从国外引进的其他野生动物，经省、自治区、直辖市人民政府林业行政主管部门核准，可以视为地方重点保护野生动物。"

(五) 野生动物经营利用的管理规定

我国法律严格监管野生动物的经营利用。《野生动物保护法》第二十八条规定："禁止出售、购买、利用国家重点保护野生动物及其制品。因科学研究、人工繁育、公众展示展演、文物保护或者其他特殊情况，需要出售、购买、利用国家重点保护野生动物及其制品的，应当经省、自治区、直辖市人民政府野生动物保护主管部门批准，并按照规定取得和使用专用标识，保证可追溯，但国务院对批准机关另有规定的除外。"该法还规定了，利用野生动物及其制品的，应当以人工繁育种群为主，有利于野外种群养护，符合生态文明建设的要求，尊重社会公德，遵守法律法规和国家有关规定。该条第一款为一般性限制条款，是指任何人都不得在未经批准的情况下，出售、购买和利用国家重点保护野生动物及其制品，但基于本条第二款规定的特殊原因提出申请，并已取得有关野生动物保护主管部门批准的除外。文中的野生动物及其制品，均指野生动物的活体、死体、任一身体部分(包括器官、组织、血液、毛皮、鳞、骨骼、卵等)、排泄物、遗留物、分泌物及上述任一部分经加工后的制成品。第二款中的其他特殊情况，是指除科学研究、人工繁育、公众展示展演、文物保护原因之外，对保护野生动物种群、开展公益宣传、医学研究等具有特殊重要意义的行为。有关野生动物保护主管部门在接到有关申请后，应对该出售、收购、利用行为进行严格审核把关，审核内容包括但不限于该物种或制品来源是否合法、该出售收购利用行为是否会对野生动物保护造成不利影响等，待审核无疑义后方可对该行为予以许可。对于根据有关规定应当采取标识管理的，还应予以配发标识，以保障野生动物或者其制品可追溯。

《陆生野生动物保护实施条例》对野生动物的经营利用作了相关的补充规定。该条例第二十七条规定:"县级以上各级人民政府野生动物行政主管部门和工商行政管理部门,应当对野生动物或者其产品的经营利用建立监督检查制度,加强对经营利用野生动物或者其产品的监督管理。对进入集贸市场的野生动物或者其产品,由工商行政管理部门进行监督管理;在集贸市场以外经营野生动物或者其产品,由野生动物行政主管部门、工商行政管理部门或者其授权的单位进行监督管理。"

(六)野生动物进出口管理规定

我国法律规定,运输、携带、寄递国家重点保护野生动物或者其产品出县境的,必须经省、自治区、直辖市政府野生动物行政主管部门或者国务院规定的批准机关批准;出口国家重点保护野生动物或者其产品的,进出口中国参加的国际公约所限制进出口的野生动物或者其产品的,必须经国务院野生动物行政主管部门或者国务院批准,并取得国家濒危物种进出口管理机构核发的允许进出口证明书。海关凭允许进出口证明书、检疫证明查验放行。涉及科学技术保密的野生动物物种的出口,按照国务院有关规定办理;禁止出售、购买、利用允许进出口的证明书。非法进出口野生动物或者其产品的,由海关、公安机关、海洋执法部门依照法律、行政法规和国家有关规定处罚;构成犯罪的,依照刑法追究刑事责任。

三、野生动物资源管理采取的主要措施

我国对野生动物资源已采取了重要的管理措施,如建立自然保护区、支持人工繁育、规范狩猎行为、严厉打击滥捕滥杀行为等,均对野生动物资源的保护起到了相当重要的作用。尽管在管理进程中存在些许阻碍因素,但我国政府以及相关部门一直在努力改进。

(一)建立自然保护区

对特定野生物种建立自然保护区予以保护和管理,是对野生动物资源的有效管理。《野生动物保护法》第十二条规定,国务院野生动物保护主管部门应当会同国务院有关部门,根据野生动物及其栖息地状况的调查、监测和评估结果,确定并发布野生动物重要栖息地名录。省级以上人民政府依法划定相关自然保护区域,保护野生动物及其重要栖息地,保护、恢复和改善野生动物生存环境。对不具备划定相关自然保护区域条件的,县级以上人民政府可以采取划定禁猎(渔)区、规定禁猎(渔)期等其他形式予以保护。截至 2020 年年底,全国已建各类自然保护区 2 750 处,总面积 1.47 亿公顷,其中自然保护区陆地面积约占国土面积的 15%,国家级自然保护区 474 处,总面积 1 亿公顷,农村生态示范建设 3 229 个。并有 34 个自然保护区被联合国教育、科学及文化组织列入"国际生物圈自然保护网",82 个自然保护区被列入《国际重要湿地名录》。截至 2020 年年底,全国生态文明建设示范市、县 262 个。自然保护区可称为野生动物的基因库,建立自然保护区,对其进行有效管理是保护野生动物的有效方式。然而在自然保护区中,应以保护为主要目的,不应过度地开发和利用所管理的资源。在管理的过程当中,也应注意适当保障自然保护区的收益,从而实现自然保护区长期稳定的发展。

(二)支持人工繁育野生动物

支持人工繁育野生动物,促进野生动物养殖业的不断发展,也是有效管理我国

野生动物资源的重要措施。我国法律明确规定了国家依法保障从事野生动物的人工繁育活动。这可以有效地减轻野生物种的贸易压力，一定程度上可以规范人们非法猎捕、买卖、走私野生动物的行为。我国还对人工繁育复壮的野生动物采取再引入的措施，改变了一些濒危物种趋于灭亡的窘境。然而目前我国野生动物养殖业的主要目的还是开发和利用，并非维持野生动物物种的多样性，且现阶段我国对野生动物养殖业的管理水平还不高，应该采取有效措施严格管理野生动物养殖业，加大对它的监督力度。

(三) 规范狩猎行为

狩猎行为一直是开发利用野生动物的一种重要方式，它可以调节野生动物物种的数量。如果某种野生动物的狩猎数量较大，那么该野生物种的死亡率就会出现相应的提高，一定程度上可以减少其他野生动物的竞争压力。从人类管理和利用野生动物资源开始至今，狩猎动物管理一直是主要的工作内容。许多西方国家已形成了相对健全的狩猎动物管理制度。我国十分关注狩猎业的发展，目前已建设了 100 余家狩猎场，为我国的狩猎经济创造了可观的经济利润。然而任何一种行为都不能肆意进行，狩猎产业应该逐渐走向法治化管理。公民在猎捕非国家重点保护野生动物时，必须在有限猎捕量管理内持有狩猎证，持枪猎捕的，还应取得持枪证；狩猎时必须依照狩猎证规定的种类、数量、地点、工具、方法和期限进行猎捕。合理的狩猎行为是受法律保护的，为进行贸易而非法猎捕野生动物的行为，我国法律已经规定了严格的法律责任。这种违法的狩猎行为以及贸易行为，加剧了我国某些珍贵野生物种面临的濒危局面，各级政府应进一步加强管理。与此同时，地方政府和行政部门应根据当地具体的野生资源和经济发展情况，平衡狩猎收益，规范狩猎行为。

(四) 政府政策的引导

政府政策的正确引导有助于国家实现对野生动物资源的管理。政府制定相关政策可以吸引社会力量共同致力于野生动物的保护和管理，还可以通过宣传教育加强公众对野生动物资源的认知，提高公民保护野生动物的意识，改变野生动物消费者的消费观念，一定程度上减少了野生动物资源的非法贸易，从而有利于实现国家对野生动物资源的有效管理。各政府部门还可通过严格执法、加强相关违法活动打击力度、规范狩猎行为、记录当地野生动物工作等措施，管理并保护我国珍贵的野生物种，实现野生动物资源的可持续发展。

第六节　野生动物资源的利用

一、我国野生动物资源的利用情况

野生动物作为生态环境中的重要资源，为人类的生存发展提供了宝贵的物质基础。随着人类社会的发展，人们开发和利用野生动物资源的意识不断增强，开始不断地从野生动物身上获取利益。目前，我国通过对野生动物的利用，如制成药材、工艺制品、毛皮大衣，用于旅游观光等，创造了可观的经济价值，对促进国民经济的发展方面具有重要作用。我国野生动物资源主要有以下几种用途：

(一) 药用

人类利用野生动物制作药材的历史悠久。迄今为止，野生动物仍是重要的药材来源。我国野生动物资源种类丰富，有上千余种野生动物可制成珍贵的传统药材，如麝香、蛇毒等。中医药典记载："蛇性温、归肝、脾二经，治诸风虚症、疱、疮、顽癣。"《本草纲目》记载，蛇胆有清肝明目、去脂降压等功效，蛇鞭有壮阳补肾、填精益髓、强身固体的功效，蛇酒有通栓降压、舒筋活络、祛除肿痛风湿的功效。现代科学表明，蛇毒可以治疗瘫痪、心肌坏死、小儿麻痹症，同时还可缓解病人产生的剧烈疼痛。野生鹿茸入药可以治疗心律不齐、高血压，促进长期不易愈合的溃疡、骨折和伤口的愈合，提高机体的工作能力，改善睡眠质量，降低肌肉的疲劳。海马具有补肾壮阳、调气止血、散结消肿、止咳平喘的作用，入药可治疗阳痿、妇女难产、淋巴结核、甲状腺肿等疾病。有关数据显示，目前世界已有 500 余种海洋动物可以提取抗癌药物。可以说，野生动物的存在与人类的健康与发展紧密联系，我国野生动物资源丰富，对医药事业的稳步发展具有重要意义。然而，过度地利用导致了我国目前野生动物药材资源的枯竭。

(二) 其他用途

野生动物资源对皮革业的发展也具有重要作用。野生动物的毛皮用于制作皮衣、皮包、皮鞋，如貂皮大衣、鳄鱼皮包等，都是人们的钟爱之物。野生动物还可以制作成工艺制品，一些企业以野生动物的部分身体组织为原料，制作成精美的手工制品和家居制品等，用于出口，给国家带来巨大的利润。目前，我国大量动物园饲养野生动物，用于游客观赏和娱乐，促进了我国旅游业的发展。调查显示，大部分外国人在获取旅游签证进入我国时，愿意购买价值约 12 美元的"大熊猫保护印花"，仅此一项，每年可以为大熊猫保护获得约 57 000 万美元的经费。此外，野生动物在我国还用于科学研究，一些工厂以野生动物作为工作原料，研制麻醉剂等，促进我国医疗事业的发展。

然而，由于我国野生动物种类丰富、用途广泛，一些野生动物缺乏替代品，往往会造成野生动物资源的过度利用。应避免野生动物资源的过度开采，在一些领域需要利用野生动物时，尽量寻找替代品，合理适当地支持以保护为目的的人工繁育野生动物，改善野生动物资源急剧锐减的窘境。

二、野生动物资源利用与保护的关系

发展是当今世界的主题之一。要实现野生动物资源长期协调稳定的发展，就要正确地认识和处理该资源利用与保护的关系。我国一直注重野生动物资源的保护。然而，保护的最终目的是人类能够更好地、可持续地利用野生动物。为了保护而保护必然会造成资源的巨大浪费；但合理地利用野生动物则是对野生动物资源有效地保护。由此可以看出，野生动物的利用与保护既是对立的，又是统一的，二者相辅相成、相互影响、互相制约。人类不能片面地强调利益，过度开发利用野生动物资源，这种违背自然规律的做法必然会给人类带来威胁和损失。

野生动物的保护和利用是一个互相矛盾、互相依赖、互相促进、互相转化的对立统一体。野生动物资源属于可再生资源，可以通过野生动物自身的生长和繁殖来改变资源的总量。人类可以循环地开发和利用野生动物资源，但是任何行为都应该有度，超过一定的限度必然会带来危害。当过度开发和利用野生动物资源，而野生动物的再生无法满足利用时，必然导致野生动物资源总量的缩减，严重则会使野生动物资源濒临灭绝或永远灭失。但是也不能只讲保护，如果人类过分注重保护某些可再生资源，而利用远远少于资源的再生，不仅会制约人类经济以及社会文明的发展，还可能导致可再生资源的泛滥，而最终威胁人类的生存。因此，应充分认识利用与保护之间的关系，坚持适度原则，合理利用野生动物资源，在利用中加以保护，促进野生动物资源的可再生能力，并且在保护中加以利用，实现野生动物的价值及人类的进步，做到统筹兼顾，实现野生动物资源的持续再生和经济社会的持续发展，切实保障人与自然的可持续发展。

三、野生动物资源利用应遵循的原则

野生动物资源的利用必须遵循一定的原则，否则利用不当会导致资源的浪费和短缺，严重则会影响生态的平衡与发展。

(一)合理利用的原则

任何一种资源的存在和发展都对生态系统的平衡产生重要的影响。野生动物资源作为生态系统中不可或缺的珍贵资源，更加需要人类对其进行合理的开发和利用。野生动物资源虽然具有可再生性，然而即使是对可再生资源，人类在开发利用的过程中，也应该注意适度、适量，同时要提高资源的利用率，确保开发利用与资源的生长更新相适应。如果过度地开发利用野生动物资源，导致某些野生物种灭绝，那么不管人类再进行多少努力，都很难挽回过度利用所造成的损失。因此，在开发利用野生动物资源时，必须遵循合理利用的原则，要注重长远利益而非眼前利益。

(二)利用与保护相结合的原则

当今世界注重生态和谐发展，在利用自然资源时，人类往往将其与保护紧密联系起来，利用与保护是相辅相成、相互影响、互相制约的。利用与保护相结合原则是野生动物资源利用应当遵循的一项重要原则，以利用为最终目的，应将保护优先。积极保护野生动物，降低野生动物的患病率和死亡率，维持野生动物资源种类和总量丰富，从而更好地实现利用的目的。只有将利用与保护相结合，才算得上是对野生动物资源的合理使用，人们不能因眼前而忽略长远，因小失大。只有将利用与保护相结合，才能促进野生动物资源潜力的进一步发挥，做到既满足当代人享有该资源带来的持久性利益，又能满足后代对该资源的需要，才能有利于野生动物资源的可持续利用，帮助恢复和改善自然环境。

(三)用养结合的原则

人工繁育野生动物一直是保障野生动物资源丰富、物种多样的有效措施。人类如果只开发利用而不人工繁育野生动物，那么将可能导致野生动物资源的枯竭。可以根据地区对某些特定物种的利用要求，确定繁育物种以及数量，以促进野生动物的供需平衡。将利用与驯养繁殖相结合，可以减轻野生动物的贸易压力，以及缓解

一些珍贵野生物种濒危的严峻形势。遵循用养结合的原则应注意因地制宜、综合统筹等，促使野生动物资源能够最大限度地发挥价值，保障野生动物资源可持续利用的实现。

(四)利用有偿原则

野生动物资源的利用还应考虑经济、社会等其他方面的因素，而利用有偿原则一定程度上有助于人们权衡利弊，科学合理地利用野生动物资源。野生动物资源的利用应遵循利用有偿的原则，在开发和利用该资源时，给予当地政府或地区居民一定的补偿，有利于规范人们的行为，鼓励人们提高资源的利用率，减少不必要的资源浪费。另外，将资源利用者所缴纳的资金投入野生动物自然保护区、狩猎业、养殖业等相关行业上，有助于野生动物保护与管理事业进一步发展，还能产生可观的经济效益，最终达到经济、社会、生态效益的有机统一。

第七节　野生动物福利

一、野生动物福利的概念

由于经济和社会的快速发展，人类受利益驱使不断地从大自然中获取资源，环境污染现象严重。要解决这些问题，实现人与自然和谐发展，必须重视生物多样性的保护。随着人类社会文明的进步以及人类自身素质的提高，人类越来越意识到动物同人类一样，具有高兴、恐惧等心理，同样需要尊重和保护。"动物福利"一词因此提出。当今世界，动物福利观念已深入人心。而作为动物中的重要组成成员，野生动物的福利同样受到人类的广泛重视。

动物福利最早由美国学者休斯(Hughes)于1976年提出，他理解的动物福利是指保证农场饲养的动物与它的生长环境协调一致和生理完全健康的状态。动物福利实质上是指确保动物健康舒适地生活。动物福利的提出不仅尊重和保障了动物的权利，有利于维持生态平衡，也是人类自身素质提高和人类文明进步的表现。动物福利是可持续发展的必然选择，是和谐社会的必然要求。

二、野生动物福利立法的必要性

野生动物资源是生态系统的重要组成部分，它为人类的生存和发展提供了较高的生态价值、经济价值、科学价值等。随着动物福利观念深入人心，野生动物福利也吸引了世界的广泛关注。野生动物福利水平较高时，能够保障野生动物健康地生长，降低野生动物死亡率，从而保障生物物种多样性，维持生态系统平衡。另外，能够保障社会公共卫生安全，促进人类健康以及人与自然可持续发展。如果野生动物福利水平较差，不仅会给人类经济社会带来巨大损失，破坏生态平衡，影响人类的生存和发展。但目前仍有一些人受利益的驱使，不合理地开发和利用野生动物资源，滥捕、滥杀野生动物的现象依然存在。因此我们需要认真研究野生动物福利问题，努力提高野生动物的福利水平。

(一)维持生态平衡的必然要求

维持生态平衡是当今世界的主题之一，而野生动物福利的提出是维持生态平衡的必然要求。野生动物在自然界中扮演着重要的角色，它影响着整个食物链和食物网健康的有序发展，对整个食物网和生态网起着重要的连接作用，从而有利于保障生态系统处于平衡状态。野生动物资源是世界上不可缺少的重要资源，如果野生动物资源灭失，则会导致生态的破坏，必将会危及人类的生存与发展。然而，野生动物资源随着人类不合理的开发和利用以及野生动物生存环境遭到不同程度的破坏，许多野生物种濒危灭绝，严重威胁着食物链的正常运行，影响并制约生态系统的平衡发展。人类作为自然界最高等的动物，具有较高的能动性，应不断地通过实践提高野生动物福利水平，切实有效保护野生动物的健康生长与繁殖，促进生态系统的平衡与稳定。

(二)有利于保障社会公共卫生安全

野生动物的福利水平影响社会公共卫生安全。提高野生动物福利水平，确保它们享有舒适的生存环境，保持其天性，使它们能够健康地生存和繁殖，可以减少野生动物疾病的传播，降低死亡率。人类同野生动物生存在共同的自然界中，二者联系紧密。野生动物的疾病可通过空气、水等自然条件传染到人类和其他物种上。如果野生动物感染疾病或非正常死亡，它们所产生的细菌和毒素通过种种途径广泛传播，必然会威胁社会的公共卫生安全。因此，提高野生动物福利水平对保障社会公共卫生安全意义重大，不断增强和完善野生动物福利势在必行。

(三)有利于实现人类的健康与可持续发展

人类同现在所说的野生动物同属生态系统的重要成员。野生动物资源的存在与发展直接影响人类的生存与发展，它对人类以至整个生态系统的作用不容小觑。人类不断地开发和利用野生动物资源，从野生动物身上获利，促进了人类经济发展，但与此同时，野生动物资源的总量和种类上不断减少，一些物种濒临灭绝。野生动物的福利问题就显得尤为重要，提高野生动物福利水平，创造条件促使野生动物健康地生长与繁殖，改变一些珍贵野生动物所处的濒危现状是重中之重。我们不能一味地对某种资源索取，饮鸩止渴只会使情况变得更糟。只有不断地提高野生动物的福利水平，才能实现人类的健康与可持续发展。

三、野生动物福利的主要内容

国际上已经提出了确保动物福利的 5 项标准(即动物福利的基本内容)：动物享有不受饥渴的自由，享有生活舒适的自由，享有不受痛苦伤害和疾病的自由，享有生活无恐惧、悲伤感的自由，享有表达天性的自由。这 5 项内容的提出主要针对饲养动物的福利，然而野生动物与饲养动物均属动物，它们都具有高兴、恐惧等心理活动，同样需要生理和心理上更高层次的保护。因此，野生动物也应同饲养动物一样享有福利，但野生动物长期生长在野外，保持着天性，野生动物福利的内容并不能完全以国际上动物福利的标准而定。

①不受饥渴的自由。野生动物生长在野外，它们的饮食和饮水并不能由人类直接提供，而是通过优胜劣汰的方式从大自然当中获取。然而人类不断地捕杀野生动物，

破坏野生动物的生存环境，导致了野生动物食物种类上和数量上的急剧减少，野生动物栖息地的水资源遭到污染，无法满足一些野生动物的饮食和饮水需要。这就要求人类应合理地开发利用野生动物资源，保证野生动物享有充足的食物和清洁的饮用水，使野生动物免受不必要的饥渴痛苦。

②生活舒适的自由。野生动物生在野外，它们会根据自身的习性和特点来选择栖息地。生活舒适包括适宜的温度、湿度、光照、居住空间等客观条件和符合生物学特性的活动时间、活动方式等要件。人们在追求发展的同时，破坏了野生动物原本舒适的生活条件。例如，对森林树木的乱砍滥伐，造成了土地的荒漠化，一些动物因无法生存而迁移，有的甚至失去生命。正是人为因素的影响，剥夺了野生动物舒适生活的自由。人类应积极采取措施保障野生动物享有舒适的生活环境，严厉打击破坏野生动物生存环境的行为，提高野生动物的福利水平。

③不受痛苦伤害和疾病的自由。野生动物的生存遵循着物竞天择、适者生存的法则，由于野生动物长期生长在野外，不像饲养动物那样能够得到人类的照顾，在日常生活中不可避免地受到损伤或感染某种疾病。而人类在猎捕野生动物时，也会造成野生动物的痛苦伤害，一些毒箭、捕杀用的铗子还会导致野生动物一定程度上的感染，这都给野生动物的生理和心理带来威胁。保障野生动物免受痛苦伤害和疾病感染，也是野生动物福利的范畴。

关于生活无恐惧和悲伤感的自由。野生动物同样具有恐惧、悲伤等情感。从一些图片和纪录片上可以看见，野生动物遭受捕杀、生存环境遭受破坏所表现的痛苦表情，有的动物会流泪，有的动物会嘶吼。而人类则对此负有重要的责任。人类的猎杀、制造噪声、滥伐树木等行为，给野生动物带来了对生存无尽的恐惧感和悲伤感。野生动物福利不仅应包括野生动物生理上的福利，还应包括心理上的福利，因此，保障野生动物免受对生活不必要的恐惧感和悲伤感，也是野生动物福利所应关注的内容。

④表达天性的自由。野生动物与饲养动物不同，饲养动物经人工的长期喂养失去了本来的一些习性，而野生动物始终保持着天性。相对来讲，野生动物的行为比饲养动物受到的限制少。但人类的活动在一定程度上也限制了野生动物表达天性的自由，这也属于野生动物福利的内容。

四、野生动物福利的保障措施

野生动物福利在世界上已受到广泛关注，其水平的不断提高是通过人类的干预方能实现的。人类在保障野生动物福利上发挥着重要的作用。然而人类通过实施某种行为提高一些动物福利的水平，却可能导致其他动物福利的降低。因此，提高某种野生动物福利水平时，要做到保障野生动物整体福利以及整个生态中其他动物福利的均衡发展。保障野生动物福利可以通过人类创造有利条件、改善不利条件或减少消极的生产活动、建立自然保护区、将野生动物再引入等措施来实现。

野生动物生长在环境复杂的野外，相对于饲养动物与人类接触较少，在福利的保障事实方面不如饲养动物容易。生长和繁殖是野生动物最基本的需要，然而生长和繁殖需要充足的食物和水资源以及适宜的环境作为保障。人类虽然对大自然中的野生动物难以控制，但仍然可以创造一定有利条件或改变不利条件，促进野生动物的生长与繁殖,如人类的投资为某种野生动物创造良好的栖息环境。

人类的生产活动对野生动物的生存有着很大的影响,一般来讲,人类在日常生活和工业生产中会产生大量的有害物质,不合理地向自然界中排放废水、废气、固体废物等有害物质,对野生动物的生存环境和栖息环境带来的不良影响巨大。人类生产的一切物质还可直接威胁某些动物的生存,导致一些野生动物食物的丰富度不够和中毒等现象。这些不良的人类生产活动违背了野生动物福利的要求,然而人类可以适当减少这些活动,对废水、废气、固体废物等有害物质经处理后再排放,减少直接作用于动物的有毒、有害物质,加强环境的监测和保护,从而达到保障野生动物福利的目的。

保障野生动物福利还可以通过划定自然保护区的方式实现。对特定物种划定自然保护区可以减少人类生产活动对其产生的不利影响,且保护区的管理者和饲养员具有较强的专业性,懂得特定野生物种的生活习性和需要,可以降低野生物种的疾病发病率和死亡率,提高受保护物种的福利。多年来,我国已为若干特定物种划定了自然保护区,最大限度地保障了受保护物种的福利,与此同时,还平衡了其他物种的福利要求,促进了整体动物福利水平的提高。

把人工饲养复壮的濒危野生动物再引入适合它们生长的生态环境当中,是对濒危物种福利水平的显著提高。但是对生态系统中其他物种则迥然不同:对于处于同一个营养级上的物种,减少了天敌的压力,但提高了资源竞争强度;而对于营养级较低的物种,则增加了捕食压力。因此,在引入的过程中,还应考虑具体的对生态系统中其他物种的影响,否则有可能造成外来物种侵犯原有物种的现象,反而威胁整体的生态系统中动物福利的提高。

由此可知,生态系统中的野生动物也应受到人类的尊重和保护,人类可以通过自身的实践来提高野生动物的福利。只有野生动物的福利得到了保障,才能实现人与自然的和谐与可持续发展。

第八节 野生动物保护相关国际公约

当今世界,野生动物的保护已成为共识,人们逐渐意识到野生动物资源的重要性和面临危机。各国开始通过不断努力保护生物物种的多样性,越来越多的国际公约得以签订,共同致力于野生动物保护事业。目前,国际上签订的有关野生动物的国际公约主要有:1971年签订的《湿地公约》、1973年签订的《濒危野生动植物种国际贸易公约》、1979年签订的《保护野生动物迁徙物种公约》、1992年签订的《生物多样性公约》等。

一、《濒危野生动植物种国际贸易公约》

从广义上讲,濒危物种泛指珍贵、濒危或稀有的野生动植物;从野生动植物管理学角度讲,濒危物种是指《濒危野生动植物种国际贸易公约》附录所列物种及国家和地方重点保护的野生动植物。濒危物种可以分为绝对濒危物种和相对濒危物种两类。绝对濒危物种是指濒危物种在相当长的一个时期内野生种群数量较少,存在灭绝危险。相对濒危物种是指某些濒危物种的野生种群绝对数量并不太少,但相对于同一类别的其他物种来说却很少；或者是指某些濒危物种，在另外一些国家或地区可能并不被认为是濒危物种。狭义上的濒危物种是指由滥捕、盗猎、环境破坏、数量稀少、栖地狭窄等原因导致有灭绝危险的物种。一个关键物种的灭绝可能破坏当地的食物链，造成生态系统的不稳定，并可能最终导致整个生态系统的崩解。

《濒危野生动植物种国际贸易公约》又称《华盛顿公约》，1975 年 7 月正式生效。至 2021 年 10 月底，共有 183 个缔约国。经国务院批准，我国于 1980 年 12 月 25 日加入该公约。

该公约还是一个国际公约组织，其呼吁各缔约国对某些物种的贸易形式加以限制，并以文件引证方式记载该物种的贸易情形。可以看出，该公约并不反对濒危物种的贸易。该公约的宗旨是通过各缔约国政府间采取有效措施，促使世界各国之间加强合作，控制国际贸易活动，有效地保护野生动植物资源。

该公约将其管辖的物种分为 3 类，分别列入 3 个附录，并采取不同的管理办法，附录一包括所有受到和可能受到贸易影响而有灭绝危险的物种，附录二包括所有目前虽未濒临灭绝，但如果对其贸易不严加管理，就可能变成有灭绝危险的物种，附录三包括成员国认为属其管辖范围内，应该进行管理以防止或限制开发利用，而需要其他成员国合作控制的物种。除遵守本公约的各项规定之外，各成员国均不允许对附录一、附录二、附录三所列物种标本进行贸易。

该公约要求各国对野生动植物进出口活动，必须依规定签发许可证和证明书。公约分别对 3 个附录中的物种的进出口规定了必须交验相关许可证和证明书。还明确规定出口许可证只用于出口，并自签发之日起半年内有效；每个出口许可证或证明书应载有公约所规定的必要内容；许可证副本不得代替原本随意使用；交付每批标本，均应备有单独的许可证或证明书；任一标本的进口国管理机构，应注销并保存出口许可证或再出口证明书，以及有关该标本的进口许可证；各成员国应采取措施尽量防止无权发证者进行伪造。

该公约规定了成员国为执行公约而采取的措施，公约第八条第一款规定："成员国应采取相应措施执行本公约的规定，并禁止违反本公约规定的标本贸易，包括下列各项措施：处罚对此类标本的贸易，或者将其没收，或两种办法兼用；规定对此类标本进行没收或退还出口国。"第三款规定："成员国应尽可能保证物种标本在贸易时尽快地通过一切必要手续。各成员国还须保证所有活标本，在过境、扣留或装运期间，得到妥善照管，尽量减少伤亡、损害健康，或少遭虐待。"

秘书处是该公约的主要机构，由联合国环境规划署执行主任筹组，负责成员国大会的日常处理工作。在合适的方式和范围内，可取得在技术上有能力保护、保持和管理野生动植物方面的政府间的或非政府的，国际或国家的适当机构和组织的协助。它的主要职责是：为成员国的会议作出安排并提供服务；履行根据本公约第十五条和第十六条的规定委托给秘书处的职责；根据成员国大会批准的计划，进行科学和技术研究，从而为执行本公约作出贡献，包括对活标本的妥善处置和装运的标准以及识别有关标本的方法；研究成员国提出的报告，如认为必要，则要求他们提供进一步的情况，以保证本公约的执行；提请成员国注意与本公约宗旨有关的任何事项；定期出版并向成员国分发附录一、附录二、附录三的最新版本，以及有助于识别这些附录中所列物种标本的任何情报；向成员国会议提出有关工作报告和执行本公约情况的年度报告，以及会议上可能要求提供的其他报告；为执行本公约的宗旨和规定提出建议，包括科学或技术性质情报的交流；执行成员国委托秘书处的其他职责。

该公约还规定了公约的修改程序，公约第十七条规定，公约的修改需要满足以下条件：秘书处至少三分之一成员国提出的书面要求，可召开成员国大会特别会议，审议和通过本公约的修正案，且应经到会并参加投票的成员国三分之二多数通过；秘书处至少应在会前九十天将建议的修正案的案文通知所有成员国；自三分之二的成员国向公约保存国政府递交接受该项修正案之日起的六十天后，该项修正案即对接受的成员国开始生效。

二、《保护野生动物迁徙物种公约》

《保护野生动物迁徙物种公约》又称《波恩公约》，于1983年12月1日生效。

该公约规定的迁徙物种是指野生动物任何物种或其次级分类的全部种群或该种群在地理上彼此独立的任何部分，它们中相当大的部分周期性地可预见地穿越一个或多个国家管辖的边界。

该公约旨在保护陆地、海洋和空中的迁徙物种的活动空间范围，是为保护通过国家管辖边界以外野生动物中的迁徙物种而订立的国际公约。该公约规定：应订立具体的国际协定，以处理有关迁徙物种养护和管理问题；设立科学理事会就科学事项提供咨询意见；在两个附录中分别列出了濒危的迁徙物种和须经协议的迁徙物种。

该公约第二条规定了基本原则：缔约方承认保护迁徙物种的重要性和范围国在任何可能的和适当的时候为此目的，而协议采取行动，特别关注保护状况不利的迁徙物种，为保护这些物种和它们的栖息地单独或合作采取适当的和必要的步骤的重要性；缔约方承认采取行动避免任何迁徙物种变成濒危物种的必要性；应促进、支持与迁徙物种有关的研究，并为此进行合作，努力为迁徙物种提供及时的保护，缔结有关保护迁徙物种内容的协定。

缔约方大会是本公约的决策机关，应制定并在审查后调整本公约的财务规章，并在其每次会议上审查本公约的执行情况。公约设有科学委员会，就有关科学问题提供咨询意见。秘书处由联合国环境规划署执行主任充任，处理日常会议的筹备工作，促进缔约各方之间、缔约方与其他组织之间的联络等。秘书处可在合适的方式和范围内，取得在技术上有能力保护、保持和管理野生动物方面的政府间或非政府的、国际的或国家的适当机构和组织的协助。

该公约保护的迁徙物种分别列在两个附录当中。附录一列入的是濒危的迁徙物种，迁徙物种生境国家应对濒危的迁徙物种加以严格保护。附录二列入的是处于不利的保护状况的迁徙物种和需要国际协定来保护和管理的迁徙物种，以及其保护状况将因根据国际协定进行的国际合作而明显改善的迁徙物种。附录二没有规定成员国承担保护的义务，但指导各成员国与其合作并进一步签订有关协议。

三、《生物多样性公约》

生物多样性是指所有来源的活的生物体中的变异性，这里的来源包括陆地、海洋和其他水生生态系统及其所构成的生态综合体等。生物的多样性包括：物种内部的多样性、物种之间的多样性和生态系统的多样性。生物多样性是维持生态平衡的必要条件。

《生物多样性公约》是一项保护地球生物资源的国际性公约。截至2021年10月，该公约的谛约国有196个。我国于1992年6月签署该公约，并于1992年11月批准加入。2021年10月，联合国《生物多样性公约》第十五次缔约方大会(COP15)在云南昆明举行，大会通过了《昆明宣言》，为全球生物多样性治理注入政治推动力。

该公约第一条明确了公约的主要目标，即保护生物多样性，生物多样性组成部分的持续利用，公平合理分享利用遗传资源而产生的惠益以及其他形式的利益。

依照联合国宪章和国际法的原则，该公约规定各国具有按照其环境政策开发其资源的主权权利，同时亦负有责任，确保在它管辖或控制范围内的活动，不至于对其他国家的环境或国家管辖范围以外地区的环境造成损害。

《生物多样性公约》缔约方大会是全球履行该公约的最高决策机构，它由批准公约的各国政府(包括地区经济一体化组织)组成，一切有关履行《生物多样性公约》的重大决定都要经过缔约方大会的通过。此外，大会还下设了以下机构：

1. 秘书处

设在加拿大的蒙特利尔，与联合国环境规划署紧密联系。主要职能是组织会议、起草文件、协助成员国履行工作计划、与其他国际组织合作、收集和提供信息、执行缔约方会议可能规定的其他职责。

2. 科学、技术和工艺咨询附属机构(SBSTTA)

SBSTTA是由来自成员国相关领域的专家组成。主要职能是向缔约方大会提供科学和技术问题建议。例如，提供关于生物多样性状况的科学和技术评估意见；就有关保护和持续利用生物多样性的科学方案以及研究和开发方面的国际合作提供咨询意见；结合当代技术、加以创新，提供相关技术产生和转让的途径和方法咨询意见等。

3. 全球环境基金

发展中国家在开展与公约有关活动时可以从公约的财务机制中获得资助，如全球环境基金会。全球环境基金在对全球环境具有重大作用的领域促进国际合作并提供资助，即生物多样性的丧失、气候改变、臭氧层耗竭和国际水资源的衰竭4个领域。从设立以来，全球环境基金已为100多个国家的生物多样性项目提供大量资金资助。2021年10月15日，在云南举办的COP15上36家中资银行业金融机构、24家外资银行及国际组织共同发表《银行业金融机构支持生物多样性保护共同宣示》，进一步加强生物多样性保护支持力度，致力于推动建立全球范围生物多样性与金融伙伴关系，充分探索和开发银行业金融机构投资生物多样性潜力，发挥金融支撑作用，实现生态友好、可持续、绿色、包容的发展，构建人与自然和谐共生的地球家园。

该公约第六条至第十四条还对生物多样性的保护和持续利用方面的措施作出了规定。第六条规定了保护和持续利用方面的一般措施，即每一缔约国都应为保护和持续利用生物多样性制定国家战略、计划或方案，尽可能将生物多样性的保护和持续利用列入有关计划、方案和政策内。第七条规定了查明与监测对保护和持续利用生物多样性至关重要的生物多样性组成部分，以及对保护和持续利用生物多样性产生或可能产生重大不利影响的过程和活动种类。第八条规定了就地保护的内容，建立保护区系统或需要采取特殊措施以对生物多样性地区进行就地保护，管制或管理保护区内外对保护生物多样性至关重要的生物资源，以确保这些资源得到保护和持续利用。第九条规定了最好在生物多样性组成部分的原产国采取措施移地保护这些组成部分，并且应当进行合作，在发展中国家建立和维持移地保护设施提供财政和其他援助。第十条关于生物多样性组成部分的持续利用，规定了缔约国在国家决策过程中应尽可能地考虑到生物资源的保护和持续利用，采取措施以避免或尽量减少对生物多样性的不利影响；在生物多样性已减少的退化地区支助地方居民规划和实施补救行动。第十一条规定缔约国应尽可能并酌情采取对保护和持续利用生物多样性组成部分起鼓励作用的经济和社会措施。第十二条规定了缔约国在查明、保护和持续利用生物多样性及其组成部分的措施方面建立和维持科技教育和培训方案，并为该教育和培训提供资助以满足发展中国家的特殊需要。第十三条规定了促进和鼓励对保护生物多样性的重要性及所需要的措施的理解，并通过大众传播工具进行宣传和将这些题目列入教育大纲；酌情与其他国家和国际组织合作制定关于保护和持续利用生物多样性的教育和公众意识方案。第十四条规定了对有可能对生物多样性产生严重不利影响的拟议项目进行环境影响评估，并采取措施避免或尽量减轻这种影响，鼓励国际交流及国际合作。

该公约还明确指出其与其他公约之间的关系，第二十二条规定了该公约的规定不得影响任何缔约国在任何现在国际协定下的权利和义务，除非行使这些权利和义务将严重破坏或威胁生物多样性；缔约国在海洋环境方面实施本公约不得抵触各国在海洋法下的权利和义务。

此外，该公约还规定了遗传资源的取得，技术的取得和转让，信息交流、技术与科学合作，生物技术的处理及其惠益的分配，争端的解决方式等内容。

四、《湿地公约》

湿地与森林、海洋并称全球三大生态系统，是价值最高的生态系统。根据《湿地公约》的定义，湿地是指天然或人工、长久或暂时的沼泽地、泥炭地或水域地带，带有静止或流动的淡水、半咸水或咸水水体，包括低潮时水深不超过6米的水域。而水禽是指从生态学角度看以湿地为生存条件的鸟类。

1971年2月，来自18个国家的代表在伊朗南部海滨小城拉姆萨尔签署了一个旨在保护和合理利用全球湿地的公约——《湿地公约》，致力于通过国际合作，实现全球湿地保护与合理利用。目前，《湿地公约》已成为国际重要的具有较大影响力的自然保护公约之一，现有169个缔约国。我国于1992年加入该公约。该公约的宗旨是通过各成员国之间的合作加强对世界湿地资源的保护及合理利用，以实现生态系统的持续发展。

该公约规定，缔约国应指定其领土内适当湿地列入公约规定的名录中，选择列入名录的湿地，应根据国际意义来考虑，在指定或修改列入名录的湿地时，应考虑其对保护、管理和合理使用迁徙水禽所负的国际责任；各缔约国应制订和执行规划，以促进对列入名录的湿地的保护，并尽可能地合理使用其领土内的湿地；缔约国应在湿地建立自然保护区，不论该湿地是否已列入名录，以促进对湿地和水禽的保护，并采取充分措施予以看管；缔约国应就履行公约规定的义务相互协调，同时应努力协调和支持就保护湿地及其动植物所制订的政策和条例。

　　该公约设立缔约国会议，以检查和促进这项公约的实施。常务办事处至少每三年召开一次缔约国会议。世界自然保护联盟(IUCN)执行本公约规定的常务办事处职责，秘书处设在瑞士格朗世界自然保护联盟总部，并且在世界各个大洲具有分支机构。各成员国必须严格履行公约。

第四章

野生植物保护法

第一节 概 述

一、野生植物的概念

野生植物是指在自然状态下生长且无法证明为人工栽培的植物，可分为藻类、菌类、地衣、苔藓、蕨类和种子植物。我国法律上所要保护的野生植物，则是指原生地天然生长的珍贵植物和原生地天然生长并具有重要经济、科学研究、文化价值的濒危、稀有植物。

野生植物可以按照国家重点保护野生植物和地方重点保护野生植物进行分类。其中，列入《国家重点保护野生植物名录》而被采取特别措施加以保护的植物称为国家重点保护野生植物。而除了国家重点保护野生植物以外，由各省、自治区、直辖市保护的野生植物称为地方重点保护野生植物。

二、我国野生植物保护现状

我国幅员辽阔，自然环境复杂，拥有从寒带至热带的各类森林、荒漠、湿地、草原和海洋生态系统，孕育着丰富的野生植物资源，是世界上植物种类最丰富的国家之一。据统计，我国有高等植物 36 000 多种，占世界种数的 12% 以上。其中，苔藓植物约有 2 200 种，占世界种数的 9.1%；蕨类植物有 2 200~2 600 种，约占世界种数的 22%；有裸子植物 10 科 34 属约 250 种，分别占世界现存裸子植物科、属和种数的 66.6%、41.5% 和 37.8%，我国是世界上裸子植物最丰富的国家；被子植物约有 328 科 3 123 属 30 000 种，分别占世界科、属和种数的 75%、30% 和 10%。

但是，由于我国野生植物的生长地被大规模侵占，许多物种被超强度采挖，致使资源锐减、生境退化、分布区域萎缩、物种濒危程度加剧。据统计，我国高等植物濒危或临近濒危的物种数量达 4 000~5 000 种，数量占高等植物总数的 15%~20%，濒危或临近濒危状况明显高于世界平均水平。

截至 2019 年，全国已有国家级自然保护区 474 处，其中林业系统管理的有 94 处。另外，全国还建立了 3 548 处森林公园，面积 1 864 多万公顷。全国自然保护区保护了我国 90% 的陆地生态系统类型、85% 的野生动物种群和 65% 的高等植物群落。130 多种珍贵树木的主要栖息地、分布地通过保护区得到了较好保护。

　　野生植物资源的可持续利用需要得到保护。目前，很多野生植物濒临灭绝，资源几近枯竭。例如，胡桃(*Juglans regia*)野生种资源在我国仅见于新疆伊犁河谷的两个分布点；人参(*Panax ginseng*)仅见于东北的一些零星地点；玫瑰(*Rosa rugosa*)在我国也只分布于辽宁南部海岸、岛屿及山东烟台等地；黄连(*Coptis chinensis*)仅见于陕西南部、湖北西部和四川东部的一些地区；银杏(*Ginkgo biloba*)的野生居群较为确定的分布是在浙江西北部的天目山。

第二节　野生植物资源的保护

一、我国野生植物资源保护立法概况

　　我国保护野生植物的立法工作起步较早，伴随着经济社会的发展，经过 70 余年的努力而逐步形成发展起来。1950 年中央人民政府公布《稀有生物保护办法》，标志着新中国的野生植物保护工作开始起步。第一届全国人民代表大会第三次会议在 1956 年 6 月召开，在此次大会上通过了《关于划定天然禁伐区，保护自然植被以供科学研究需要》的提案，同年国务院批准在广东鼎湖山建立全国第一个自然保护区，标志着我国野生植物保护工作步入了新阶段。

　　党的十一届三中全会以后，我国野生植物保护事业步入了一个新的发展时期，保护野生植物法律体系初步形成，执法力度不断加强。1996 年，国务院公布了《野生植物保护条例》，结束了野生植物保护工作无法可依的历史。全国人大和国务院先后颁布实施了《森林法》《森林和野生动物类型自然保护区管理办法》《自然保护区条例》和《野生植物保护条例》等一系列法律法规；各省份也颁布了野生植物保护相关法规，各级地方人大、政府制定了相应的配套法规和规章，初步形成了以《野生植物保护条例》为核心的、比较完善的法律法规体系。

二、我国野生植物资源保护的主要法律规定

(一)关于保护对象的规定

　　《野生植物保护条例》第二条指出，该条例所保护的野生植物，是指原生地天然生长的珍贵植物和原生地天然生长并具有重要经济、科学研究、文化价值的濒危、稀有植物。

　　根据这项规定，所要保护的野生植物必须是原生地天然生长的，经人工引种、人工繁育和栽培的都不在该条例保护的范围之内。例如，原生地天然生长的银杏、水杉属于必须保护的野生植物，而栽种的银杏、水杉就不属于保护的对象。另外，受保护的必须是珍贵植物或有重要价值的濒危、稀有物种，普通的、常见的野生植物(杂草之类)不在保护之列。

(二)关于野生植物资源保护重点的规定

　　《野生植物保护条例》把野生植物分为国家重点保护野生植物和地方重点保护野生

植物两大类。

1. 国家重点保护野生植物

国家重点保护野生植物分为一级和二级两个级别，由国务院野生植物行政主管部门商同国务院环境保护、建设等有关部门制定名录，并报国务院批准后公布。

第一批国家重点保护野生植物名录经国务院批准后，于1999年8月由主管野生植物的国家林业局、农业部发布。自1999年名录发布以来，我国野生植物保护形势发生了很大变化，部分濒危野生植物得到有效保护，濒危程度得以缓解；部分野生植物因生境破坏、过度利用等原因，濒危程度加剧。因此，现行有效的名录是由国家林业和草原局、农业农村部调整后经国务院批准于2021年8月7日公布并实施的。其中包括一级重点保护野生植物54种和4类，如蕨类植物中的光叶蕨、荷叶铁线蕨和所有种的水韭属植物，裸子植物中的红豆杉属、苏铁属、巨柏、银杏、水松、水杉等，被子植物中的美花兰、珙桐、曲茎石斛、望天树、单性木兰、华盖木等；二级重点保护野生植物401种和36类，如蕨类中的苏铁蕨、对开蕨，裸子植物中的红桧、金钱松、白豆杉等，被子植物中的慈姑、蕉木、楠木、野大豆、降香、厚朴、雪白睡莲、水曲柳、野菱、茴香砂仁，真菌类的虫草、松口蘑等。藻类中的发菜由二级调为一级。

2. 地方重点保护野生植物

地方重点保护野生植物是指《国家重点保护野生植物名录》中没有列入，而被列入省级人民政府制定的地方重点保护野生植物名录，由省、自治区、直辖市加以保护的野生植物。

(三) 关于野生植物资源保护方针的法律规定

《野生植物保护条例》第一条规定，立法的目的是"为了保护、发展和合理利用野生植物资源，保护生物多样性，维护生态平衡"。其中最主要的目的是维护生态平衡，而不是为了利用。要维护生态平衡，就必须保护生物多样性，首先要对野生植物资源加强保护；没有保护，就没有发展的基础、利用的前提。利用要强调合理，否则就会造成野生植物资源的破坏，就不可能有永续的利用。例如，发菜、甘草、麻黄疯狂采挖造成的生态破坏就是沉痛的教训。

该条例第三条规定："国家对野生植物资源实行加强保护、积极发展、合理利用的方针。"

三、野生植物管理体制及各级政府和主管部门的职责

《野生植物保护条例》第八条规定："国务院林业行政主管部门主管全国林区内野生植物和林区外珍贵野生树木的监督管理工作。国务院农业行政主管部门主管全国其他野生植物的监督管理工作。国务院建设行政部门负责城市园林、风景名胜区内野生植物的监督管理工作。国务院环境保护部门负责对全国野生植物环境保护工作的协调和监督。国务院其他有关部门依照职责分工负责有关的野生植物保护工作。县级以上地方人民政府负责野生植物管理工作的部门及其职责，由省、自治区、直辖市人民政府根据当地具体情况规定。"

国家对野生植物资源实行加强保护、积极发展、合理利用的方针，保护依法开发

利用和经营管理野生植物资源的单位和个人的合法权益，鼓励和支持野生植物科学研究、野生植物的就地保护和迁地保护。在野生植物资源保护、科学研究、培育利用和宣传教育方面成绩显著的单位和个人，由人民政府给予奖励。

县级以上各级人民政府有关主管部门应当开展保护野生植物的宣传教育，普及野生植物知识，提高公民保护野生植物的意识。野生植物行政主管部门应当定期组织国家重点保护野生植物和地方重点保护野生植物资源调查，建立资源档案。在国家重点保护野生植物物种和地方重点保护野生植物物种的天然集中分布区域，应当依照有关法律、行政法规的规定，建立自然保护区；在其他区域，县级以上地方人民政府野生植物行政主管部门和其他有关部门可以根据实际情况建立国家重点保护野生植物和地方重点保护野生植物的保护点或者设立保护标志。

野生植物行政主管部门及其他有关部门应当监视、监测环境对国家重点保护野生植物生长和地方重点保护野生植物生长的影响，并采取措施，维护和改善国家重点保护野生植物和地方重点保护野生植物的生长条件。由于环境影响对国家重点保护野生植物和地方重点保护野生植物的生长造成危害时，野生植物行政主管部门和有关单位对生长受到威胁的国家重点保护野生植物和地方重点保护野生植物应当采取拯救措施，保护或者恢复其生长环境，必要时应当建立繁育基地、种质资源库或者采取迁地保护措施。

四、重点保护野生植物级别的划分与管理

《野生植物保护条例》第十条规定，规定保护的野生植物分为两大类，一类是国家重点保护野生植物，另一类是地方重点保护野生植物。国家重点保护野生植物又分为国家一级保护野生植物和国家二级保护野生植物。地方重点保护野生植物是指国家重点保护野生植物以外，由省、自治区、直辖市保护的野生植物。

国家一级保护野生植物是指我国特有的、具有较为重要的科研、经济或文化价值的一些濒危野生植物。所谓濒危植物，是指该植物的生存范围已经很小，面临着灭绝的危险。《野生植物保护条例》规定，国家重点保护野生植物名录由国务院林业行政主管部门、农业行政主管部门商国务院环境保护、建设等有关部门制定，报国务院批准公布。地方重点保护野生植物名录，由省、自治区、直辖市人民政府制定并公布，报国务院批准公布。地方重点保护野生植物的管理办法，由省、自治区、直辖市人民政府确定。

1999 年 8 月 4 日，国务院批准《国家重点保护野生植物名录（第一批）》，1999 年 9 月 9 日国家林业局、农业部发布实施。该名录是《野生植物保护条例》的配套文件，后经不断调整，国务院于 2021 年 8 月 7 日批准实行现行有效名录。

我国对国家一级保护野生植物的管理非常严格，严禁任何单位和个人采摘和砍伐一级保护植物，包括它们的根、茎、叶、花、果实和种子等。如因科学研究、人工培育、文化交流等特殊需要，采集国家一级保护野生植物的，应当按照管理权限向国务院林业行政主管部门或者其授权的机构申请采集证；或者向采集地的省、自治区、直辖市人民政府农业行政主管部门或者其授权的机构申请采集证。

对于国家一级保护野生植物，国家严禁出口。如果确因科学研究、国事活动或对

外贸易等原因，需要出口国家一级保护野生植物的，应当按照管理权限经国务院林业行政主管部门批准，或者经进出口者所在地的省、自治区、直辖市人民政府农业行政主管部门审核后报国务院农业行政主管部门批准，并取得国家濒危物种进出口管理机构核发的允许进出口证明书或者标签。海关凭允许进出口证明书或者标签查验放行。一级保护野生植物的出口管理，同样也包括了它们的根、茎、叶、花、果实和种子等。

国家二级保护野生植物是指我国稀有的、在科研或经济上有重要价值的一些临危或渐危植物。所谓临危或渐危植物，是指该植物分布的范围正在逐渐缩小，种群数量下降很快，如不采取措施就会面临灭绝的危险。我国现行公布的纳入二级保护野生植物有401种，其中绝大多数是我国珍贵的树种，共95种，尤其是重要的用材树种，如水曲柳、楠木，是优质的家具用材之一；还有很多是珍贵的药材树种，如白豆杉、厚朴等。

国家二级保护野生植物是我国重要的种质资源，国家规定要严格控制采伐。采集国家二级保护野生植物的，必须经采集地的县级人民政府野生植物行政主管部门签署意见后，向省、自治区、直辖市人民政府野生植物行政主管部门或者其授权的机构申请采集证。

国家二级保护野生植物，国家严格控制出口。如果确实需要出口国家二级保护野生植物的，应当按照管理权限经国务院林业行政主管部门批准，或者经进出口者所在地的省、自治区、直辖市人民政府农业行政主管部门审核后报国务院农业行政主管部门批准，并取得国家濒危物种进出口管理机构核发的允许进出口证明书或者标签。海关凭允许进出口证明书或者标签查验放行。国家二级保护野生植物的出口管理，同样也包括了它们的根、茎、叶、花、果实和种子等。

除了国家公布的一级、二级保护野生植物之外，省级林业主管部门也可以根据本地的实际情况，确定地方保护野生植物的种类，采取特殊的措施给予保护。

总之，国家将植株极少、野生种群极小、分布范围窄且处于濒临灭绝的物种；具有重要经济、科学或文化价值的濒危种或稀有种；重要作物的野生种群和有遗传价值的近缘种；有重要经济价值但因过度开发利用导致野外资源急剧下降、生存受到威胁或严重威胁的物种，都纳入了重点保护野生植物行列。

五、野生植物的采集管理

《野生植物保护条例》第九条规定："国家保护野生植物及其生长环境。禁止任何单位和个人非法采集野生植物或者破坏其生长环境。"

该条例第十六条规定："禁止采集国家一级保护野生植物。因科学研究、人工培育、文化交流等特殊需要，采集国家一级保护野生植物的，应当按照管理权限向国务院林业行政主管部门或者其授权的机构申请采集证；或者向采集地的省、自治区、直辖市人民政府农业行政主管部门或者其授权的机构申请采集证。采集国家二级保护野生植物的，必须经采集地的县级人民政府野生植物行政主管部门签署意见后，向省、自治区、直辖市人民政府野生植物行政主管部门或者其授权的机构申请采集证。采集城市园林或者风景名胜区内的国家一级或者二级保护野生植物的，须先征得城市园林或者风景名胜区管理机构同意，分别依照前两款的规定申请采集证。采集珍贵野生树木或者林区内、草原上的野生植物的，依照森林法、草原法的规定办理。野生植物行政主管部门发放采集证后，应当抄送环境保护部门备案。采集证的格式由国务院野生植物行政主管部门制定。"

该条例第十七条规定："采集国家重点保护野生植物的单位和个人，必须按照采集证规定的种类、数量、地点、期限和方法进行采集。县级人民政府野生植物行政主管部门对在本行政区域内采集国家重点保护野生植物的活动，应当进行监督检查，并及时报告批准采集的野生植物行政主管部门或者其授权的机构。"

该条例第二十三条规定："未取得采集证或者未按照采集证的规定采集国家重点保护野生植物的，由野生植物行政主管部门没收采集的野生植物和违法所得，可以并处违法所得 10 倍以下的罚款；有采集证的，并可以吊销采集证。"第二十六条规定："伪造、倒卖、转让采集证、允许进出口证书或者有关批准文件、标签的，由野生植物行政主管部门或者工商行政管理部门按照职责分工收缴，没收违法所得，可以并处 5 万元以下的罚款。"违反《野生植物保护条例》规定，构成犯罪的，依法追究刑事责任。

六、野生药材资源的管理

野生药材资源是指具有医用、药用价值的野生植物资源，包括野生动植物支撑的原材料和它们的初级制成品。野生药材资源对医药行业有着十分重要的意义。据统计，人类使用的药物中有一半以上直接或间接地来源于野生动植物。如中药基本上来源于野生动植物；即使西药，很多的药品也是首先从植物或动物中分离获得，再对其化学成分进行研究后才由人工合成生产的。

我国的野生药材资源实行双重管理体制，即实行国家医药管理部门与国家野生动植物管理部门共同管理的制度。国家野生动植物管理部门对野生药材的采猎进行管理；而国家医药管理部门则要求申请采药证，对采集猎物是否能够用于药品生产进行鉴定，并对药品的生产过程进行管理。根据《野生药材资源保护管理条例》(1987 年 10 月 30 日国务院发布)，国家对野生药材资源实行保护、采猎相结合的原则，并创造条件开展人工种养。研究证明，能够用于医药生产的野生动植物就是国家的野生药材资源，我们必须采取切实的措施加以保护。保护是为了能够有更多的药材资源可以利用。所以，我们要在保护的基础上合理地开发和利用野生药材资源。开发和利用野生药材资源的关键在于拥有足够的资源供应，最好的办法就是进行人工种养，扩大栽培面积。绝大多数野生动植物都可以创造条件进行人工种养。例如，号称"中药之王"的人参，是国家二级保护野生植物，近年来，我国东北的很多地方进行了人工栽培，取得了良好的经济效益和社会效益。

我国将野生药材资源分为两种类型：国家重点保护类型和非国家重点保护类型。国家对不同类型的野生药材资源采取的管理措施也不相同。非国家重点保护类型的野生药材资源，往往种群数量较多，经济价值和药用价值都不是很高，因此管理的措施相对来讲不是很严格，一般采取采药证与普通采伐证或狩猎证相结合的管理制度。

七、野生植物的出售、收购管理

《野生植物保护条例》规定，出售、收购国家二级保护野生植物的，必须经省、自治区、直辖市人民政府野生植物行政主管部门或者其授权的机构批准。

违反《野生植物保护条例》规定，出售、收购国家重点保护野生植物的，由工商行政管理部门或者野生植物行政主管部门按照职责分工没收野生植物和违法所得，可以并处违法所得 10 倍以下的罚款。违反《野生植物保护条例》规定，构成犯罪的，要依法追究刑事责任。

八、野生植物的进出口管理

出口国家重点保护野生植物或者进出口中国参加的国际公约所限制进出口的野生植物的，应当按照管理权限经国务院林业行政主管部门批准，或者经进出口者所在地的省、自治区、直辖市人民政府农业行政主管部门审核后报国务院农业行政主管部门批准，并取得国家濒危物种进出口管理机构核发的允许进出口证明书或者标签。海关凭允许进出口证明书或者标签查验放行。国务院野生植物行政主管部门应当将有关野生植物进出口的资料抄送国务院环境保护部门。禁止出口未定名的或者新发现并有重要价值的野生植物。

国家禁止出口未定名的或者新发现并有重要价值的野生植物。非法进出口野生植物的，由海关依照海关法的规定处罚。伪造、倒卖、转让采集证、允许进出口证明书或者有关批准文件、标签的，由野生植物行政主管部门或者工商行政管理部门按照职责分工收缴，没收违法所得，可以并处 5 万元以下的罚款。违反《野生植物保护条例》规定，构成犯罪的，要依法追究刑事责任。

第三节　林木种质资源的保护

一、林木种质资源的概念、特征及意义

林木种质资源是指林木遗传多样性资源和选育新品种的基础材料，包括森林植物的栽培种、野生种的繁殖材料，以及利用上述繁殖材料人工创造的遗传材料。林木种质资源的形态包括植株、苗、果实、籽粒、根、茎、叶、芽、花、花粉、组织、细胞、DNA、DNA 片段等。它具有有限性、潜在性和易灭性的特点。

管理并保护林木种质资源的意义：第一，林木种质资源是遗传多样性的载体，是物种多样性和生态系统多样性的基础，是维持一国生态平衡的关键；第二，林木种质资源是林业产业实现稳产、高产、优质、高效的可靠保障，是林业生产力发展的基础性和战略性资源；第三，保护管理林木种质资源开发利用的程度和水平，是考量一个国家保护生物多样性、延续森林多样性、维持林业的可持续发展的重要指标，在林业生态体系和林业产业体系建设中有着举足轻重的作用。总之，强化保护和科学合理开发利用林木种质资源，不仅关系国家的生态安全和可持续发展，更关系人类的生存条件和经济利益，是为子孙后代造福的重大工程。

二、林木种质资源的监督管理

国家林业和草原局负责全国林木种质资源的保护和管理工作，具体工作由其所属

的林木种苗管理机构负责。

省、自治区、直辖市人民政府林业主管部门负责本行政区域内林木种质资源的保护和管理工作，具体工作由其所属的林木种苗管理机构负责。国家扶持林木种质资源保护工作。县级以上人民政府林业主管部门应当采取有效措施，加强林木种质资源保护管理工作。

县级以上人民政府林业主管部门应当积极组织开展林木种质资源科学研究，培训林木种质资源专门技术人员，提高林木种质资源保护管理工作水平。

国家林业和草原局和省、自治区、直辖市人民政府林业主管部门应当组织林木种质资源普查，建立健全林木种质资源档案。

林木种质资源普查结果等数据资料，应当作为制定林木种质资源保护发展方案、制定和调整可供利用的林木种质资源目录的依据。

全国林木种质资源普查方案由国家林业和草原局制定；地方林木种质资源普查方案由省、自治区、直辖市人民政府林业主管部门制定。

三、林木种质资源的收集

禁止采集或者采伐国家重点保护的天然林木种质资源。因科学研究、良种选育、文化交流、种质资源更新等特殊情况需要采集或者采伐的，除按照有关法律法规的规定办理采集或者采伐批准文件外，还应当依法办理审批手续。采集或者采伐国家林木种质资源库内的林木种质资源，申请人应当向国务院林业主管部门提交《采集或者采伐林木种质资源申请表》及申请说明，说明内容应当包括采集或者采伐的理由、用途、方案等；国务院林业主管部门应当自受理之日起20个工作日内作出审批决定，并出具《采集或者采伐林木种质资源许可表》；不予审批的，应当书面告知申请人并说明理由。

采集或者采伐国家林木种质资源库以外的林木种质资源，应当经省级林业主管部门批准，批准结果报国家林业和草原局备查。

县级以上人民政府林业主管部门应当根据保护林木种质资源的需要，有计划地组织收集林木种质资源。收集林木种质资源的单位和个人，应当建立原始档案并完整保存档案资料。原始档案记载的内容和格式由国家林业和草原局统一规定。因工程建设、自然灾害等特殊情况使林木种质资源受到威胁的，县级以上人民政府林业主管部门应当及时组织抢救性收集。

四、种质资源的鉴定、登记和保存

国家林业和草原局和省、自治区、直辖市人民政府林业主管部门应当组织有关专家对收集的林木种质资源进行鉴定。进行林木种质资源鉴定应当严格执行国家标准和行业标准。

国家林业和草原局和省、自治区、直辖市人民政府林业主管部门应当对经过鉴定的林木种质资源或者经批准从境外引进的林木种质资源进行登记。林木种质资源登记实行全国统一编号，编号方法由国家林业和草原局规定。任何单位和个人不得更改或者另行编号。

国家林业和草原局建立国家林木种质资源库，根据需要保存具有重要价值或者珍贵的林木种质资源。省、自治区、直辖市人民政府林业主管部门可以建立林木种质资源库、林木种质资源保护区或者林木种质资源保护地，根据需要保存乡土树种、地方主要造林树种等林木种质资源。

县级以上人民政府应当分情况采取原地保存或者建立异地保存库、设施保存库等方式，保存林木种质资源，保障国家和地方林木种质资源库、保护区和保护地正常运转和种质资源安全。异地保存库和设施保存库的林木种质资源应当按照有关规定进行定期检查和检测，及时更新和补充。

国家林业和草原局和省、自治区、直辖市人民政府林业主管部门应当根据林木种质资源普查结果及鉴定和保存情况，公布可供利用的林木种质资源目录。

林木种质资源的保存应执行《林木种质资源保存原则与方法》(GB/T 14072—1993)，实行以保护濒危树种不灭绝并得以适当发展和种的遗传基因不丢失并满足利用为目的的原则，对林木群体采用以原地保存为主(指将种质资源在原生地进行栽培保存，又称就地保存)，异地保存(指将种质资源迁出原生地栽培保存，又称迁地保存)和离体保存(指将种质资源的种子、花粉及根、穗条、芽等繁殖材料，离开母体进行贮藏)并举的保存方法。保存对象包括：树种的种源群体；部、省级复选评审出的各种林木的优良单株、优良品种；经过遗传改良获得的抗性强的品质优良系、无性系；列入国家级和省级保护的珍贵、稀有、濒危树种，以及引种成功的树种。

五、种质资源的利用

利用从林木种质资源库获取的林木种质资源，申请植物新品种权或者其他专利权的，应当事先与林木种质资源管理单位签订协议，并分别报省、自治区、直辖市人民政府林业主管部门或者国家林业和草原局备查。

利用林木种质资源库林木种质资源的单位和个人，应当与林木种质资源库管理单位签订协议，按照协议要求承担反馈利用信息的义务。

禁止采集或者采伐国家重点保护的天然林木种质资源。因科学研究、良种选育、文化交流、种质资源更新等特殊情况需要采集或者采伐的，除按照有关法律法规的规定办理采集或者采伐批准文件外，还应当按照《林木种质资源管理办法》第十九条第二款、第三款的规定办理审批手续。

采集或者采伐国家林木种质资源库内的，申请人应当向国家林业和草原局提交《采集或者采伐林木种质资源申请表》及申请说明，说明内容应当包括采集或者采伐的理由、用途、方案等；国家林业和草原局应当自受理之日起20个工作日内作出审批决定，并出具《采集或者采伐林木种质资源许可表》；不予审批的，应当书面告知申请人并说明理由。

采集或者采伐国家林木种质资源库以外的，应当经省、自治区、直辖市人民政府林业主管部门批准，批准结果报国家林业和草原局备查。

国家林业和草原局和省、自治区、直辖市人民政府林业主管部门应当建立林木种质资源信息数据库，开展林木种质资源动态监测。

国家对林木种质资源享有主权。任何单位和个人向境外提供林木种质资源的，应当经国家林业和草原局批准。

　　向境外提供或者从境外引进林木种质资源的，应当按照以下程序办理审批手续：向国家林业和草原局提交《向境外提供林木种质资源申请表》或者《从境外引进林木种质资源申请表》及其说明；从境外引进林木种质资源的，应当提交引进林木种质资源的用途证明和试验方案材料；向境外提供林木种质资源的，应当提供相关的项目或者协议文本；为境外制种引进林木种质资源的，应当提交对外制种协议文本；国家林业和草原局应当自受理之日起 20 个工作日内作出审批决定，并出具《向境外提供林木种质资源许可表》或者《从境外引进林木种质资源许可表》；不予审批的，应当书面告知申请人并说明理由。

　　从境外引进林木种质资源的，应当依法办理检疫审批手续。从境外引进转基因林木种质资源的，应当按照国家林业和草原局公布的《开展林木转基因工程活动审批管理办法》的有关规定办理。

　　向境外提供的林木种质资源属于国家重点保护野生植物，从境外引进或者向境外提供的林木种质资源属于中国参加的国际公约所限制进出口的野生植物的，除按照《林木种质资源管理办法》第二十一条、第二十二条、第二十三条的规定办理外，还应当按照国家野生植物保护法律法规或者中国参加的国际公约的有关规定办理进出口审批手续。

　　从境外引进林木种质资源的单位和个人，应当自林木种质资源引进之日起一年之内，向所在地省、自治区、直辖市人民政府林业主管部门提供适量的种质材料，经其登记后移交林木种质资源库保存，并将有关材料报送国家林业和草原局备查。

第四节　植物新品种的保护

一、植物新品种的概念及特征

　　植物新品种是指经过人工培育的或者对发现的野生植物加以开发，具备新颖性、特异性、一致性和稳定性并有适当命名的植物新品种。植物新品种须具有以下特点：

(一) 新颖性

　　新颖性是指申请品种权的植物新品种在申请日前该品种繁殖材料未被销售，或者经育种者许可，在中国境内销售该品种繁殖材料未超过 1 年；在中国境外销售藤本植物、林木、果树和观赏树木品种繁殖材料未超过 6 年，销售其他植物品种繁殖材料未超过 4 年。对《植物新品种保护条例》施行前首批列入植物品种保护名录的，以及《植物新品种保护条例》施行后列入植物品种保护名录的属或者种的植物品种，自名录公布之日起 1 年内提出品种权申请，经育种人许可，在中国境内销售该品种的繁殖材料不超过 4 年的，视为具有新颖性。

(二) 特异性

　　特异性是指申请品种权的植物新品种应当明显区别于在递交申请以前已知的植物品种。申请品种权的植物新品种应当至少有一个特征明显区别于在递交申请以前已知的同种植物的其他相同品种。为了获得保护，一个植物新品种在与类似品种相比时，必须具有重要的、明确的和不变的特征。"重要"的特征是指品种相互间的差别要明显，

"明确"的特征是指对品种的描述要清楚,"不变"的特征是指地域的变化对该品种特征的影响不会太大。

(三)一致性

一致性是指申请品种权的植物新品种经过反复繁殖(除可以预见的变异外),其相关的特征或者特性一致。申请品种权的植物新品种经过繁殖后,除因有性繁殖或无性繁殖而引发的可以预见的变异外,属于同一品种的所有个体在生物学、形态学性状方面表示出的特征或者特性都能相对一致,就可认定为其具有一致性。

(四)稳定性

稳定性是指申请品种权的植物新品种经过反复繁殖后或者在特定繁殖周期结束时,其相关的特征或者特性保持不变。例如,为了确保植物新品种具有相对稳定的遗传特性,法国对农作物种子的田间观测一般为 2~3 轮的繁殖。每一个物种有 2 个具有代表性的观测点,以排除土壤与气候对植物品种的影响。

(五)有适当的名称

即申请品种权的植物新品种与相同或者相近的植物属或者种中已知品种的名称相区别。

二、品种权的内容和归属

《植物新品种保护条例》所称的繁殖材料是指整株植物(包括苗木)、种子(包括根、茎、叶、花、果实等)以及构成植物体的任何部分(包括组织、细胞)。

《植物新品种保护条例》第七条所称的职务育种是指:在本职工作中完成的育种;履行本单位分配的本职工作之外的任务所完成的育种;离开原单位后 3 年内完成的与其在原单位承担的本职工作或者分配的任务有关的育种;利用本单位的资金、仪器设备、试验场地、育种资源和其他繁殖材料及不对外公开的技术资料等所完成的育种。除前款规定情形之外的,为非职务育种。

《植物新品种保护条例》所称完成植物新品种育种的人、品种权申请人、品种权人,均包括单位或者个人。两个以上申请人就同一个植物新品种在同一日分别提出品种权申请的,植物新品种保护办公室可以要求申请人自行协商确定申请权的归属;协商达不成一致意见的,植物新品种保护办公室可以要求申请人在规定的期限内提供证明自己是最先完成该植物新品种的证据;逾期不提供证据的,视为放弃申请。

中国的单位或者个人就其在国内培育的植物新品种向外国人转让申请权或者品种权的,应当报审批机关批准。

转让申请权或者品种权的,当事人应当订立书面合同,向审批机关登记,并由国家林业和草原局予以公告。转让申请权或者品种权的,自登记之日起生效。

《植物新品种保护条例》第十一条规定,有下列情形之一的,审批机关可以作出实施植物新品种强制许可的决定:为满足国家利益或者公共利益等特殊需要;品种权人无正当理由自己不实施或者实施不完全,又不许可他人以合理条件实施的。

三、授予品种权的条件

授予品种权的,应当符合《植物新品种保护条例》第十三条至第十八条和《植物新品种保护条例实施细则(林业部分)》第二条的规定，授予品种权的植物新品种，是指符合《植物新品种保护条例》第二条规定的林木、竹、木质藤本、木本观赏植物(包括木本花卉)、果树(干果部分)、木本油料、饮料、调料及木本药材等植物品种。

《植物新品种保护条例》规定，对该条例施行前首批列入植物品种保护名录的和该条例施行后新列入植物品种保护名录的属或者种的植物品种，自名录公布之日起 1 年内提出的品种权申请，经育种人许可，在中国境内销售该品种的繁殖材料不超过 4 年的，视为具有新颖性。

有下列情形之一的，不得用于植物新品种命名：违反国家法律、行政法规规定或者带有民族歧视性的；以国家名称命名的；以县级以上行政区划的地名或者公众知晓的外国地名命名的；同政府间国际组织或者其他国际知名组织的标识名称相同或者近似的；属于相同或者相近植物属或者种的已知名称的。

四、品种权的申请和受理

中国的单位和个人申请品种权的，可以直接或者委托代理机构向审批机关提出申请。中国的单位和个人申请品种权的植物品种，如涉及国家安全或者重大利益需要保密的，申请人应当在请求书中注明，植物新品种保护办公室应当按国家有关保密的规定办理，并通知申请人；植物新品种保护办公室认为需要保密而申请人未注明的，按保密申请办理，并通知当事人。

外国人、外国企业或者其他外国组织在中国提出品种权申请和办理其他品种权事务的，应当委托代理机构办理。

申请人委托代理机构向审批机关申请品种权或者办理其他有关事务的，应当提交委托书，写明委托权限。

申请人为两个以上而未委托代理机构代理的，应当书面确定一方为代表人。

申请人申请品种权时，应当向植物新品种保护办公室提交请求书、说明书以及符合《植物新品种保护条例实施细则(林业部分)》第十九条规定的照片各一式两份。

《植物新品种保护条例》第二十一条所称的照片，应当符合以下要求：有利于说明申请品种权的植物品种的特异性；一种性状的对比应在同一张照片上；照片应为彩色；照片规定为 8.5 厘米×12.5 厘米或者 10 厘米×15 厘米。照片应当附有简要文字说明；必要时，植物新品种保护办公室可以要求申请人提供黑白照片。

品种权的申请文件有下列情形之一的，植物新品种保护办公室不予受理：内容不全或者不符合规定格式的；字迹不清或者有严重涂改的；未使用中文的。

植物新品种保护办公室可以要求申请人送交申请品种权的植物品种和对照品种的繁殖材料，用于审查和检测。申请人应当自收到植物新品种保护办公室通知之日起 3 个月内送交繁殖材料。送交种子的，申请人应当送至植物新品种保护办公室指定的保藏机构；送交无性繁殖材料的，申请人应当送至植物新品种办公室指定的测试机构。申请人逾期不送交繁殖材料的，视为放弃申请。申请人送交的繁殖材料应当依照国家有关规定进行检疫；应检疫而未检疫或者检疫不合格的，保藏机构或者测试机构不予接收。申请人送交的繁殖材料不能满足测试或者检测需要以及不符合要求的，植物新品种保护办公室可以要求申请人补交。申请人 3 次补交繁殖材料仍不符合规定的，视为放弃申请。

申请人送交的繁殖材料应当符合下列要求：与品种权申请文件中所描述的该植物新品种的繁殖材料相一致；最新收获或者采集的；无病虫害；未进行药物处理。

申请人送交的繁殖材料已经进行了药物处理，应当附有使用药物的名称、使用的方法和目的。保藏机构或者测试机构收到申请人送交的繁殖材料的，应当向申请人出具收据。保藏机构或者测试机构对申请人送交的繁殖材料经检测合格的，应当出具检验合格证明，并报告植物新品种保护办公室；经检测不合格的，应当报告植物新品种保护办公室，由其按照有关规定处理。保藏机构或者测试机构对申请人送交的繁殖材料，在申请权申请的审查期间和品种权的有效期限内，应当保密和妥善保管。

在中国没有经常居所或者营业所的外国人、外国企业或者其他外国组织申请品种权或者要求优先权的，植物新品种保护办公室可以要求其提供下列文件：国籍证明；申请人是企业或者其他组织的，其营业所或者总部所在地的证明文件；外国人、外国企业、外国其他组织的所属国承认中国的单位和个人可以按照该国国民的同等条件，在该国享有植物新品种的申请权、优先权和其他与品种权有关的证明文件。

申请人向国家林业和草原局提出品种权申请之后，又向外国申请品种权的，可以请求植物新品种保护办公室出具优先权证明文件；符合条件的，植物新品种保护办公室应当出具优先权证明文件。申请人撤回品种权申请的，应当向国家林业和草原局提出撤回申请，写明植物品种名称、申请号和申请日。中国的单位和个人将在国内培育的植物新品种向国外申请品种权的，应当按照职责分工向省级人民政府农业、林业行政部门登记。

五、品种权的审查批准

国家林业和草原局植物新品种保护办公室对品种权申请进行初步审查时，可以要求申请人就有关问题在规定的期限内提出陈述意见或者予以修正。

一件品种权申请包括两个以上品种权申请的，在实质审查前，植物新品种保护办公室应当要求申请人在规定的期限内提出分案申请；申请人在规定的期限内对其申请未进行分案修正或者期满未答复的，该申请视为放弃。

依照《植物新品种保护条例实施细则（林业部分）》第三十三条规定提出的分案申请，可以保留原申请日；享有优先权的，可保留优先权日，但不得超出原申请的范围。

分案申请应当依照该条例及本细则的有关规定办理各种手续。分案申请的请求书中应当写明原申请的申请号和申请日，原申请享有优先权的，应当提交原申请的优先权文件副本。

经初步审查符合《植物新品种保护条例》和《植物新品种保护条例实施细则（林业部分）》规定条例的品种权申请，由国家林业和草原局予以公告。自品种权申请公告之日起至授予品种权之日前，任何人均可以对不符合《植物新品种保护条例》和《植物新品种保护条例实施细则（林业部分）》规定的品种权申请向新品种保护办公室提出异议，并说明理由。

品种权申请文件的修改部分，除个别文字修改或者增删外，应当按照规定格式提交替换页。经实质审查后，符合《植物新品种保护条例》规定的品种权申请，由国家林业和草原局作出授予品种权的决定，向品种权申请人颁发品种权证书，予以登记和公告。品种权人应当自收到领取品种权证书通知之日起3个月内领取品种权证书，并按照国家有关规定缴纳第一年年费。逾期未领取品种权证书并未缴纳年费的，视为放弃品种权，有正当理由的除外。品种权自作出授予品种权的决定之日起生效。

国家林业和草原局植物新品种复审委员会(以下简称复审委员会)由植物育种专家、栽培专家、法律专家和有关行政管理人员组成。审委员会主任委员由国家林业和草原局主要负责人指定。植物新品种保护办公室根据复审委员会的决定办理复审的有关事宜。

依照《植物新品种保护条例》第三十二条第二款的规定向复审委员会请求复审的，应当提交符合国家林业和草原局规定格式的复审请求书，并附具有关的证明材料。复审请求书和证明材料应当各一式两份。申请人申请复审时，可以修改被驳回的品种权申请文件，但修改权限于驳回申请的决定所涉及的部分。复审请求不符合规定要求的，复审请求人可以在复审委员会指定的期限内补正；期满未补正或者补正后仍不符合规定要求的，该复审请求视为放弃。复审请求人在复审委员会作出决定前，可以撤回其复审请求。

第五节　野生植物保护相关国际公约

一、《濒危野生动植物种国际贸易公约》

1973年签订的《濒危野生动植物种国际贸易公约》的宗旨是通过各缔约国政府间采取有效措施，加强贸易控制，切实保护濒危野生动植物种，确保野生动植物种的持续利用不会因国际贸易而受到影响。

该公约采用对不同种类的野生物种的国际贸易按该物种的濒危程度分别予以控制的办法。2018年8月在瑞士日内瓦举行的第十八届成员国大会，修改了附录物种，它以3项附录列举了5 945种动物和32 768种植物。规定：附录一所列物种为所有受到和可能受到贸易的影响而有灭绝危险的物种；附录二所列物种为目前虽未濒临灭绝，但如果对其贸易不严加管理，以防止不利其生存的利用，就可能变成有灭绝危险的物种和为了使附录一所列某些物种标本的贸易能得到有效的控制，而必须加以管理的其他物种；附录三所列物种为任一成员国认为属其管辖范围内，应进行管理以防止或限制开发利用，而需要其他成员国合作控制贸易的物种。该公约对以上3个附录所列物种的国际贸易分别规定了管制措施，并禁止违反这些措施而进行3个附录所列物种的国际贸易。公约规定的野生生物国际贸易措施主要有出口许可证、进口许可证、再出口许可证和其他的有关证明书。对3个附录所列物种的标本的进口、出口和再出口分别规定事先获取并交验有关许可证或证明书的要求。公约对各种许可证或证明书的发放规定了详细的条件，只有满足这些条件才能获得有关的许可证或证明书。

该公约要求成员国采取措施执行公约的规定。这些措施包括处罚违反公约的贸易者，或者没收贸易标本，或既处罚又没收。公约规定各成员国为实施本公约而指定有资格代表该成员国发放许可证或证明书的管理机构，还规定各成员国指定该国有关本公约的科学机构。管理机构和科学机构的认定对有关的许可证的发放起决定性的作用。例如，有关附录一和附录二所列物种的标本的出口许可证，只有在出口国的科学机构认为该项出口不致危害该物种的生存和出口国的管理机构确认该标本的获得不违反本国有关保护野生动植物的法律时才能发放。

该公约规定设立公约秘书处，秘书处设在瑞士洛桑，其职责之一是在国际范围内监督公约的实施。秘书处根据其所获得的情报，认为附录一、附录二所列物种由于该物种的贸易而正受到不利影响，或本公约的规定没有被有效执行时，应将这种情况通知有关的成员国或者有关的缔约国所授权的管理机构；成员国在收到通知后，应尽快将有关事实通知秘书处并提出适当的补救措施；成员国提供的情况，将由下届成员国大会进行审议，大会可提出它认为合适的任意建议。

该公约规定在公约生效后至少每两年举行一次缔约国大会。缔约国大会主要职责之一是审议并通过附录一和附录二的修正案。在 1976 年 11 月在瑞士伯尔尼举行的公约第一届成员国大会上，会员国与大会决议通过了《附录一和附录二物种名单增补标准》和《将物种和其他分类单元从附录一和附录二撤销的标准》。前一标准规定附录一和附录二名单的增补必须对拟增补的生物学资料和贸易状况进行综合评价。后一标准规定在"把物种或其他分类单元从附录中撤销，或者从附录一降到附录二的标准时，应用充分的科学证据来表明该植物或动物能承受取消保护后带来的开发利用"。

该公约现已拥有 183 个成员国，其中，146 个国家已制定了本国的野生植物保护法，这些法律中 60% 以上的内容接近或完全达到公约的要求。该公约在保护野生动植物资源方面取得的成就及享有的权威和影响举世公认，已成为当今世界上最具影响力、最有成效的环境保护公约之一。

二、《生物多样性公约》

《生物多样性公约》是第一个全球性综合保护生物资源的公约。该公约对生物多样性的定义是：所有来源的形形色色生物体，这些来源除其他外，包括陆地、海洋和其他水生生态系统及其所构成的生态综合体；包括物种内部、物种之间和生态系统的多样性。

代表自然界生物多样性的资源，多数不属于人类共同财产，这些资源常常位于异国领土上，属于异国主权的范围。联合国大会曾作出决议，确立了对这些资源永久主权的原则和每一个国家自由拥有、使用和处置的决定。公约重申了国家对其生物资源的主权和根据其自己的环境政策利用这些资源的权利，并要求缔约国智力创造条件，便利其他缔约国取得遗传资源。该公约没有创设或承认自由取得这些资源的权利，因而可否取得遗传资源的决定权属于国家政府并依照国家法律形式。遗传资源的取得需经提供这种资源的缔约国事先知情同意。

然而，主权也不是绝对的、没有限制的，它必须符合该公约第六条至第九条的保护和可持续利用的要求，并且不得给其他国家或国家管辖以外的领域造成损害。公约的宣言确认，生物多样性保护是全人类的共同关切事项。该公约使用了"共同关切"，而没有使用"人类共同遗产"，说明公约没有将生物资源的管理向海底矿产资源那样国际化，没有一个国际管理机构对生物资源的取得进行管理。

(一) 公约目标

该公约第一条规定："本公约的目标是按照本公约有关条款从事保护生物多样性；持久使用其组成部分以及公平合理分享由利用遗传资源而产生的惠益，实现手段包括遗传资源的适当取得及有关技术的适当转让，但需顾及这些资源和技术的一切权利，以及提供适当资金。"可见公约的主要目标有两个：保护生物多样性，持久使用其组成部分；公平合理分享由利用遗传资源而产生的惠益。"持久使用"是指使用生物多样性组成部分的方式和速度不会导致生物多样性的长期衰落，从而保持其满足今世后代的需要和期望的潜力。从这个定义看，持久使用是一种不扰乱生态平衡的使用。但这个定义过于笼统，没有说明如何对某种资源进行管理，也没有说明如何协调现在和将来的需要。因此，避免生物多样性的长期衰落就决定于各国环境保护方面的法律如何实施。这样，各国在制定发展政策时，就有可能违背持久使用的目标。

(二) 基本原则

《生物多样性公约》确认，依照联合国宪章和国际法原则，各国具有按照其环境政策开发其资源的主权权利，同时亦负有责任，确保在其管辖或控制范围内的活动，不致对其他国家的环境或国家管辖范围以外地区的环境造成损害。除了这一条款外，公约还在其他条款中重申国家对本国自然资源的开发和利用的主权权利。例如，该公约第十五条第一款规定："确认各国对其自然资源拥有的主权权利，因而可否取得遗传资源的决定权属于国家政府，并依照国家法律形式。"该公约确认国家对其自然资源的主权权利，反映了发展中国家维持自身利益、希望平等参与国际生物资源保护的愿望。

三、《国际植物保护公约》

《国际植物保护公约》(International Plant Protection Convention, IPPC) 是 1951 年联合国粮食及农业组织(FAO)通过的一个有关植物保护的多边国际协定，1952 年生效。1979 年和 1997 年，FAO 分别对 IPPC 进行了两次修改，1997 年新修订的植物保护公约尚未生效。国际植物保护公约由设在联合国粮食及农业组织植物保护处的 IPPC 秘书处负责执行和管理，目前，签约国为 177 个，我国于 2005 年加入该公约。

《国际植物保护公约》的目的是确保全球农业安全，并采取有效措施防止有害生物随植物和植物产品传播和扩散，促进有害生物控制措施。《国际植物保护公约》为区域和国家植物保护组织提供了一个国际合作、协调一致和技术交流的框架和论坛。由于认识到 IPPC 在植物卫生方面所起的重要作用，WTO/SPS 协定规定 IPPC 为影响贸易的植物卫生国际标准(植物检疫措施的国际标准, ISPMS)的制定机构，并在植物卫生领域起着重要的协调一致的作用。

四、《国际植物新品种保护公约》

《国际植物新品种保护公约》是 1961 年 12 月 2 日制定的，是保护植物育种者权益的重要国际协定。该公约旨在通过协调各成员国之间在植物新品种保护方面的政策、法律和技术，确保各成员国以一整套清晰、明确的原则为基础，对符合新颖性、特异性、一致性和稳定性要求的植物新品种的育种者授予知识产权，承认其育种成就，保护其合法权益。

该公约的基本原则：第一，各缔约方认为，无论是发展本国农业，还是保护育种者的权利，保护植物新品种至为重要；第二，各缔约方意识到承认和保护育种者权利所导致产生的若干特殊问题，尤其是出于公共利益的要求对自由行使这种权利的限制；第三，各缔约方认为对许多国家极为重视的这些问题，应根据统一和明确的原则各自加以解决。

对于植物新品种受保护的权利和保护的范围规定如下：①授予育种者权利的作用是在对受保护品种的在诸如有性或无性繁殖材料之类的进行下处理时，应事先征得育种者同意：以商业销售为目的之生产；提供出售；市场销售。无性繁殖材料应被认为包括整株植物。在观赏植物或切花生产中，观赏植物或其植株部分作为繁殖材料用于商业目的时，育种者的权利可扩大到以一般销售为目的而不是繁殖用的观赏植物或其植株部分。②育种者可以根据自己指定的条件来授权。③利用品种作为变异来源而产生的其他品种或这些品种的销售，均无须征得育种者同意。但若为另一品种的商业生产重复使用该品种时，则必须征得育种者同意。④根据本国法律，或第29条所述特别协定，任何联盟成员国均可对某些植物属或种给予育种者大于第一款规定的保护权，特别是可延伸到已在市场销售的产品。授予这种权利的联盟成员国，对其他授予同等权利的联盟成员国的国民以及在这些联盟成员国定居或设有办事机构的自然人和法人的利益可以给予限制。

第五章

自然保护区法

第一节　概　述

一、自然保护区的概念

《自然保护区条例》所指的自然保护区是指对有代表性的自然生态系统、珍稀濒危野生动植物物种的天然集中分布区、有特殊意义的自然遗迹等保护对象所在陆地、陆地水体或者海域，依法划出一定面积予以特殊保护和管理的区域。由此可知，自然保护区是特殊区域的规划方式，通过法律和其他的有效手段对生态环境和自然资源进行特殊的保护和管理。自然保护区是依照法定程序批准建立，并受到特殊保护的区域。它既是构成整体生态环境的重要环境因素，也是对于自然生态系统、珍稀物种、自然遗迹等保护对象的一种严格的约束形式。自然保护区分为广义的自然保护区和狭义的自然保护区。

广义的自然保护区是指依照国家法律、法规规定建立的、对其进行特殊的保护和管理的自然保护区域的总称，不仅包括狭义的自然保护区，还包括风景名胜区、自然遗迹地、国家公园等各种保护区域。狭义的自然保护区，即严格意义上的自然保护区，与风景名胜区、自然遗迹地、国家公园等其他特殊保护区域不同，是指具有代表性的以保护和管理特殊生态系统、珍稀濒危物种分布区、自然遗迹等保护对象为目的而划定的自然保护区。1994年，世界自然保护联盟(IUCN)颁布的《保护区管理类型指南》中的自然保护区定义为："主要致力于生物多样性和有关自然和文化资源的管护，并通过法律和其他有效手段进行管理的陆地或海域。"该指南将自然保护区严格划分为自然保护区、自然遗迹、国家公园、栖息地或者物种管理区、保护景观、海域景观、资源管理保护区6类。这是广义的自然保护区，代表了国际上对自然保护区概念的一般观点。我国法律规定的自然保护区是狭义的自然保护区，本书所称的自然保护区，仅指狭义的自然保护区。

二、建立自然保护区的重要意义

自然保护区既是一个天然的整体生态环境的博物馆，又是珍稀濒危野生动植物种的基因库。它既是保护生物多样性和野生动植物的家园，又是人类保护丰富的自然资源，维持生态平衡的重要基地，也是开展自然科学探索和研究的天然实验室。因此，建设完备的自然保护区体系应视作国家生态环境保护事业的重要工作，是国家可持续发展不可或缺的关键因素。

自然保护区的建立对我国的经济、社会、生态、文化、科学都具有重要的价值意义。

首先，自然保护区的建立有利于保护和改善具有代表性的生态资源，维护生态结构和生态平衡。自然保护区的建立和合理管理，使被人为干扰的生态环境、许多重要的野生动植物资源以及完整的生态系统得到有效的保护，在保持水土、改善环境、维持生态平衡等方面具有重要作用，也为维护生态安全和经济社会的发展提供重要保障。

其次，自然保护区的建立有利于保护和保存珍稀动植物物种基因，保护我国丰富的物种资源和生物多样性，保障国家经济发展的需求。作为基因资源最大的天然贮存库，自然保护区为珍稀濒危野生动植物种建立了一个良好的庇护场所，为人类保存物种基因和其赖以生存的自然环境提供了保障，有助于珍稀濒危动植物物种的保护和繁衍，具有巨大的经济价值和其他潜在价值。随着现代生物技术的不断发展，野生动植物的物种基因已成为全球各国争夺的焦点，而基因资源将关系一个国家的未来发展。因此，建立自然保护区，有利于加强对野生动植物基因的保护与利用，是国家可持续发展战略的重要组成部分。

再次，自然保护区作为生态系统的天然"本底"，是科学研究的天然实验室，它的建立和保护有利于开展宣传、教育和科研等工作。由于自然保护区的天然性、代表性和长期性等特点，为研究生态特性、生态系统的自然过程和珍稀野生动植物提供了科研、实验和观测的基地，对自然环境长期演变的监测以及珍稀物种的繁殖驯化等方面提供了有利条件，为开展生态教育和实践活动提供场所。

最后，自然保护区的建立有利于营造社会主义生态文明社会，促进人与自然的和谐共存。自然保护区拥有自然环境和生态环境的原始之美，其良好的生态环境和丰富的珍稀物种是先进文化的物质载体，成为开展生态学教育、宣扬人与自然和谐相处的重要场所，也成为普及自然科学知识、开展科学研究的重要基地。

三、我国自然保护区的发展历程与现状

(一)我国自然保护区的发展历程

在我国古代，历代帝王的禁猎区、园囿和庙宇园林等，虽然主要为统治者提供享乐和宗教神权服务，但都是具有自然保护区性质的自然保护区雏形。而现代意义上的自然保护区是在新中国成立后逐步建立和发展的，其发展经过以下几个时期：

1. 初始发展时期

1956年第一届全国人大第三次会议上，代表们提出建议建立自然保护区。同年10月第七次全国林业会议上，根据全国人大提案，提出了《狩猎管理办法(草案)》和《天然森林禁伐区(自然保护区)划定草案》。这些代表提案和后期提出的草案，揭开了我国建立自然保护区的序幕。1956年，我国第一个自然保护区——鼎湖山自然保护区在广东肇庆建立。之后，我国先后在海南尖峰岭、福建万木林、广西花坪、云南西双版纳、吉林长白山、黑龙江丰林等地，陆续建立了20多个自然保护区，填补了我国自然保护

区发展中的空白。截至 1965 年，黑龙江、吉林、陕西、四川、云南和广东等省相继规划了本地区的自然保护区。全国各地已经建立了自然保护区和禁猎区 70 多个，其中自然保护区 32 个。这一时期建立的自然保护区多以保护森林和野生动物为主要目的，区划范围相对较小，但却为以后自然保护区事业的进一步发展奠定了基础。

2. 停滞缓进时期

20 世纪 60 年代中后期至 70 年代后期，我国刚刚起步的自然保护区事业停滞不前，有些自然保护区甚至遭到破坏和撤销。1973 年，全国自然保护区仅存十几个。在这一时期，我国也曾颁布了一些有关恢复自然保护区的法规，如《自然保护区管理暂行条例(草案)》等，但总体处于发展缓慢时期。

3. 快速发展时期

改革开放以来，国家的各项工作逐步走上正轨，自然保护区事业也劫后重生。伴随着改革开放的热潮，自然保护区区划数量和覆盖地区迅速增多，与自然保护区相关的法律法规也不断颁布实施。自 1979 年林业部等八部委下达《关于自然保护区管理、规划和科学考察工作的通知》后，全国的自然保护区建设和管理工作逐步走向正轨。到 1982 年，我国正式建立的自然保护区共有 119 个，遍布 23 个省份，地跨寒温带、温带、暖温带、亚热带及热带等所有自然地带，面积达 4 081 935 公顷，占全国土地面积的 0.4%。到 1989 年年初，全国自然保护区已逾 600 个，面积超过国土面积的 3%，至此，除上海市，全国 30 个省份都建有自然保护区。自 1994 年《自然保护区条例》颁布，以及国家一系列生态建设工程实施之后，自然保护区的建设和管理有了更直接的法律依据和政策支持，促进了自然保护区的蓬勃发展。截至 2020 年年底，全国共建立国家级自然保护区 474 个。自然保护区在涵养水源、保持水土、保护生物多样性等方面发挥了重要作用。

(二) 我国自然保护区现状

我国自然资源丰富，为自然保护区建设提供了天然的有利条件。根据国家生态环境部统计，截至 2020 年年底，全国自然保护区总数为 2 750 个，总面积 1.47 亿公顷，其中自然保护区陆地面积约占国土面积的 15%，国家级自然保护区 474 个，面积约 1 亿公顷，并有 34 个自然保护区被联合国教科文组织列入"国际生物圈自然保护网"，82 个自然保护区被列入《国际重要湿地名录》。

1. 我国自然保护区类型丰富

我国的自然保护区建设多以林业系统为主，也有许多野生动植物，特别是珍稀濒危野生动植物依靠自然保护区得到有效保护。改革开放以来，我国还建立草原生态系统、湿地生态系统、地质地貌等类型的自然保护区，让我国 90% 的陆地生态系统、45% 的天然湿地、85% 以上的珍稀野生动植物物种，特别是 65% 的珍稀濒危野生动植物的野外种群得到有效保护。并且目前我国自然环境最纯净、自然遗产最珍贵、自然景观最优美、生物多样性最丰富、生态功能最重要的区域，都存在于自然保护区中，保护区类型丰富。

2. 我国自然保护区分布遍及全国

我国的自然保护区按其保护价值和重要程度分为国家级和地方级，地方级又分为省(自治区、直辖市)及市、县各级。国家级自然保护区的建立需要国务院批准,地方级自然保护区的建立,由自然保护区所在地方人民政府自然保护区行政主管部门提出申请,经地方级自然保护区评审委员会评审后,由省(自治区、直辖市)人民政府环境保护行政主管部门进行协调并提出审批建议,报省(自治区、直辖市)人民政府批准,并报国务院环境保护行政主管部门和国务院有关自然保护区行政主管部门备案。目前,我国 30 个省(自治区、直辖市)都建立了程度不同、数量不等的自然保护区。在数量上,主要集中在广东、云南、内蒙古、黑龙江等省份;在面积上,主要集中在西藏、新疆、青海等西部地区。

我国的自然保护区虽已初具规模,但相对于发达国家来说仍存有一定差距,在保护区的建设和管理方面仍需进一步完善。

我国的自然保护区在地理分布上主要呈现大分散、小集中的特点,数量超过三分之二的自然保护区位于东部季风区,多数集中在亚热带地区。温带地区的自然保护区主要分布在东北地区的森林山地,热带地区的自然保护区多集中在海南岛和云南西双版纳,新疆和西藏等地广人稀的省份建立了大面积的自然保护区,西藏自然保护区的面积位居全国首位。经过几十年的发展,几十个自然保护区列为世界生物圈保护区,如四川的黄龙、九寨沟,黑龙江的丰林等。我国拥有一批享誉世界的自然保护区,无论是世界海拔最高的保护区——珠穆朗玛自然保护区,美丽与残酷并存的可可西里自然保护区,还是大熊猫的家园——卧龙自然保护区,这些优秀的自然保护区是世界环境保护的重要部分。

第二节　自然保护区立法的发展

一、我国自然保护区立法的发展

自 1956 年我国建立第一个自然保护区——鼎湖山自然保护区开始,自然保护区的功能和作用逐渐为国人所认识。自然保护区的立法已形成了一定的体系,制定了一些比较有效的法律和管理措施。自然保护区立法经历了以下 4 个发展阶段:

1. 自然保护区立法产生阶段(1956—1966)

新中国成立后,我国的自然保护区建设事业伴随着林业建设的发展而逐步开展起来,这一时期的相关立法仅有一些部门规章和规范性文件。1956 年 9 月,有关学者在第一届全国人民代表大会第三次会议上提出了《请政府在全国各省(区)划定天然林禁伐区,保护自然植被以供科学研究的需要》的 92 号提案。该提案指出:"应在各省(区)划定若干自然保护区,为国家保存自然景观,不仅为科学研究提供据点,而且为我国极其丰富的动植物种类的保护、繁殖及扩大利用创造有利条件,同时对爱国主义的教育将起着积极作用。"1956 年 10 月,林业部提交了《关于天然森林禁伐区(自然保护区)划定草案》,提出了自然保护区的划定办法、划定对象和划定地区,该草案标志着我国自然保护区立法的开端。在这一时期正式颁布的与自然保护直接相关的规范性文件有:《国务院关于积极保护和合理利用野生动物资源的指示》(1962 年 9 月颁布)、《森林保护条例》(1963 年 5 月由国务院颁布)、《林业部关于开展狩猎事业的指示》(1959 年 2 月颁布)等。这一时期是自然保护区立法的启蒙时期，立法内容单调，浮于表面且欠缺一定的科学性，但是这一时期的立法却提出了一些基本原则和要求，对当时的自然保护区建设和保护具有一定的指导和促进作用，为之后的自然保护区立法工作打下了坚实的基础。

2. 缓慢发展阶段(1966—1977)

这一期间，自然保护区立法工作处于相对停滞的状态。

进入 20 世纪 70 年代后，由于环境逐渐恶化，生态问题日益凸显，加上当时经济发展的需要，环境保护被逐步提到党中央和国务院的议事日程上来，与此紧密相关的自然保护区事业及其立法也出现了转机。这一时期，产生了一系列与自然保护区有关的法规和其他规范性文件，如《关于保护和改善环境的若干规定(草案)》(1973 年)、《森林采伐更新规程》(1973 年)、《关于保护、发展和合理利用珍贵树种的通知》(1975 年)、《关于开展冬季狩猎生产的联合通知》(1975 年)、《关于加强大熊猫保护工作的紧急通知》(1976 年)等。此外，自然保护区立法的发展还有一个重要表现，全国第一次环境保护工作会议提出了《自然保护区法规(草案)》。这是我国第一个综合性的自然保护区法规，虽然这个草案还很不成熟，也未能正式提交国务院审批，但该草案的提出标志着我国建立完善的自然保护区法律体系的工作的起步。总的来说，我国自然保护区立法在这一时期并没有取得实质上的进展。

3. 较快发展阶段(1978—1993)

党的十一届三中全会提出，要建立健全社会主义法制的重大方针，1978 年，《宪法》首次将环境保护工作列入国家基本国策，自然保护区建设和立法重新焕发生机，并获得了较快发展。

1979 年 2 月，国务院颁布《水产资源繁殖保护条例》，在第二章中提出了保护对象与采捕的原则，规定了应重点保护的 89 种水生动植物；第三章中提出禁渔区和禁渔期的规定。

1979 年 10 月，林业部等八部委联合发布了《关于加强自然保护区管理、区划和科学考察工作通知》，这是当时我国唯一的一个关于自然保护区工作的综合性文件。

1985 年，经国务院批准，林业部公布实施了《森林和野生动物类型自然保护区管理办法》。该管理办法颁布在《自然保护区条例》之前，对自然保护区的执法工作起着十分重要的参照作用。《森林法》《环境保护法(试行)》和《野生动物保护法》也是这一时期颁布的，这些法律均对自然保护区的保护和管理作了规定。

4. 快速发展阶段(1994 至今)

1994 年 10 月，我国颁布了《自然保护区条例》(最新于 2017 年 10 月修订)，对自然保护区的建设、管理和相关措施作了全面详细的规定。该条例的颁布标志着我国自然保护区立法走向成熟，为建立现行的自然保护区法律体系奠定了坚实的基础。随后颁布的《地质遗迹保护管理规定》《海洋自然保护区管理办法》《自然保护区土地管理办法》《水生动植物自然保护区管理办法》等是对《自然保护区条例》的进一步细化和补充。另外，随着国家对自然保护区法律法规的不断完善，各省(自治区、直辖市)根据《自然保护区条例》也制定了本省(自治区、直辖市)的《自然保护区管理办法》，如《四川省自然保护区管理办法》《黑龙江省丰林国家级自然保护区管理条例》等。

在这一时期的自然保护区立法工作中，初步建立了比较系统的自然保护区法律体系，丰富了自然保护区的保护和管理措施。总体上来看，我国的自然保护区立法工作在这一时期有了长足的进步，并逐渐趋向于形成全国性的、统一的、综合性的自然保护区法律体系。

二、国外自然保护区立法的发展概况

从黄石公园——美国 1872 年建立的世界第一个国家公园建立开始，发展至今全球 10 万个自然保护区，世界各国均十分重视自然保护区的立法和建设，有些国家已经制定了比较系统和全面的法律体系。例如，美国颁布了《国家公园基本法》，为国家公园的建立和管理提供依据和指导，并配有单行法律和对其国家特定的国家公园进行立法，如《黄石国家公园法案》等；英国于 1949 年通过了第一部关于自然保护区的法律——《国家公园与乡土利用法》，初步建立了国家公园的管理体制和与土地所有人签订管理契约的管理模式，并依照此法令成立了国家公园委员会管理国家公园事务；日本在 1931 年和 1957 年分别颁布《国立公园法》和《自然公园法》，并形成了该国的国家公园体系，在 1972 年颁布《自然环境保全法》这部综合性的法律，用于规范自然环境的保护。此外，许多个国家缔结了具有普遍约束力的全球性环境保护公约，如《保护世界文化和自然遗产公约》《濒危野生动植物种国际贸易公约》《联合国生物多样性公约》等。

综合各国自然保护区立法的情况，各个国家均通过法律的形式规范了自然保护区的建立和管理制度，为有效管理和保护提供了有效保障。这些经验为我国自然保护区的立法和管理提供了许多值得借鉴的地方，体现在以下方面：

①法律效力较高，立法层次分明。自然保护区发展水平较高的国家形成的法律体系相对比较完善，在制定有关自然保护区的基本法和专门法的基础上，制定与基本法配套的法律和行政法规等，其法律层次和法律地位都比较高，便于有效地开展自然保护区的建立和管理工作。

②管理体制合理，立法操作有效。这些国家的法律明确规定了不同层次的政府部门或管理机构管理不同级别和不同类型的自然保护区，各级政府和管理机构依法行使职权、履行其相应义务。同时，各国力争设立可操作性较强的法律，便于执法。各国的管理体制各具特色，都是基于各国实际情况设立的，是值得我国借鉴的管理制度。

第三节　自然保护区的确认

一、自然保护区的设立条件

自然保护区的设立是为了明确自然保护区法律地位的行为。自然保护区的设立条件，是指法律规定的建立自然保护区，享有相应的法律保护地位的保护对象和自然区域所必须具备的条件或资格，包括自然条件和社会经济条件。自然条件主要是指保护对象和自然区域的多样性、物种稀有性和代表性等；社会经济条件主要是指土地权属情况、人类活动影响、宣传教育用途等。

《自然保护区条例》第十条规定，凡具有下列条件之一的，应当建立自然保护区：

①典型的自然地理区域、有代表性的自然生态系统区域以及已经遭受破坏但经保护能够恢复的同类自然生态系统区域。

②珍稀、濒危野生动植物种的天然集中分布区域。

③具有特殊保护价值的海域、海岸、岛屿、湿地、内陆水域、森林、草原和荒漠。

④具有重大科学文化价值的地质构造、著名溶洞、化石分布区、冰川、火山、温泉等自然遗迹。

⑤经国务院或者省、自治区、直辖市人民政府批准，需要予以特殊保护的其他自然区域。

值得注意的是，有些情况下具备以上条件的保护对象或自然区域不一定可以划入自然保护区的区划范围。这是因为有的自然保护区与当地政府或周边社区利益冲突，如国家或地方的经济建设需要对当地自然资源进行开发和利用、周边社区居民的生产生活需要限制自然保护区的建立。

另外，《自然保护区条例》第十五条还对自然保护区的撤销和变更作出了规定："自然保护区的撤销及其性质、范围、界线的调整或者改变，应当经原批准建立自然保护区的人民政府批准。任何单位和个人，不得擅自移动自然保护区的界标。"

尽管我国对自然保护区的设立条件、撤销和变更等都作出了相应的规定，但在实施过程中仍然存在问题，对设立条件的表述内容不太准确、缺少解决我国土地权属问题的具体有效措施等，还需要进一步完善自然保护区相关的法律法规建设。

二、自然保护区的设立程序

按照《自然保护区条例》的规定，我国自然保护区的设立分为以下 3 个步骤：

(一) 申请

《自然保护区条例》第十二条规定，国家级自然保护区的建立，由自然保护区所在省、自治区、直辖市人民政府或者国务院有关自然保护区行政主管部门提出申请；地方级自然保护区的建立，由自然保护区所在县、自治县、市、自治州人民政府或者省、自治区、直辖市人民政府有关自然保护区行政主管部门提出申请。跨两个以上行政区域的自然保护区的建立，由有关行政区域的人民政府协商一致后提出申请。

(二) 评审和审批

我国的自然保护区建设的评审工作，均由国家设立的自然保护区评审委员会负责，国家级和地方级自然保护区的建立，均需要经过国家级或者地方级自然保护区评审委员会的评审后，报国务院环境保护行政主管部门或者省、自治区、直辖市人民政府环境保护行政主管部门进行协调并提出审批建议。在实际工作中，我国对自然保护区的设立有一个普遍的特点，即各类型的自然保护区经过各级自然保护区评审委员会评审后，还需要经过环保部门评审委员会的再次评审。

(三) 批准

自然保护区设立的批准，是指法律授权的机关依据法律规定确认，符合自然条件和社会经济条件的保护区对象及其周边一定地区取得自然保护区形式的过程。批准建立自然保护区的机关或部门一般是由法律规定的机关，部门级别越高，建立的自然保护区的地位就越高。

在经过评审和审批之后，国家级自然保护区需报国务院批准，地方级自然保护区需报省、自治区、直辖市人民政府批准，并报国务院环境保护行政主管部门和国务院有关自然保护区行政主管部门备案。建立海上自然保护区，须经国务院批准。

三、自然保护区的分类

我国根据自然保护区的保护对象和自然保护区相关法律的调整对象，将自然保护区分为以下 3 个类别 9 个类型：

(一)自然生态系统类自然保护区

这一类别的主要保护对象是指由具有一定代表性、典型性和完整性的生物群落和非生物环境共同组成的生态系统，主要包括森林生态系统自然保护区、草原与草甸生态系统自然保护区、荒漠生态系统自然保护区、内陆湿地和水域生态系统自然保护区、海洋和海岸生态系统自然保护区 5 个类型。

(二)野生动植物类自然保护区

这一类别的主要保护对象为野生动植物种群，特别是珍稀、濒危物种种群及其生存环境，主要包括野生植物自然保护区和野生动物自然保护区 2 个类型。

(三)自然遗迹类自然保护区

这一类别的自然保护区保护对象是具有特殊意义的自然地质遗迹和古生物遗迹，主要包括地质遗迹自然保护区和古生物遗迹自然保护区 2 个类型。

四、自然保护区的功能区划

自然保护区的功能区划是根据主要保护对象及其周围环境的特点，为了实现自然保护区保护对象被充分地、有效地保护，为了满足保护和科研等工作的其他需要，对自然保护区进行的区域划分，从而充分发挥保护区的各种功能，并针对各个区域特点设定不同的保护管理重点。按照《自然保护区条例》的规定，我国自然保护区一般划分为核心区、缓冲区和实验区 3 个具有不同功能的区域。

(一)核心区

《自然保护区条例》第十八条规定："自然保护区内保存完好的天然状态的生态系统以及珍稀、濒危动植物的集中分布地，应当划为核心区。"主要依据保护对象的分布及生存需求环境状况，划定核心区的地理位置和范围。

在自然生态系统类型自然保护区中，森林生态系统类型的自然保护区核心区主要包括：典型森林植被的集中分布区、森林群落种类较多的区域、某些次生林和灌丛等区域；湿地生态系统类型自然保护区的核心区主要包括：湿地类型最典型的区域、重点保护的野生动植物集中分布区域等，尤其是野生动物的集中繁育区、迁徙区或者洄游区。在集中分布的时间段中，也应将核心区以外重点保护对象相对集中的区域划分为季节性核心区。

在野生动植物类型自然保护区中，野生动物类型自然保护区的核心区主要包括：重点保护区的野生动物及其栖息地集中分布区、野生动物种类较多的区域，尤其是野生动物的巢穴区、繁殖区、觅食区、潜在活动区等；野生植物类型自然保护区的核心区主要包括：重点野生植物及其生活环境集中分布区、野生植物种类繁多的区域等。

(二) 缓冲区

《自然保护区条例》第十八条规定："核心区外围可以划定一定面积的缓冲区，只准进入从事科学研究观测活动。"外界干扰因素的类型和影响程度用来确定缓冲区的地理位置和范围。

在自然生态系统类自然保护区中，森林生态系统类型的自然保护区的缓冲区主要包括：核心区外围典型森林植被的相对集中分布区、森林野生动物迁移通道等区域；湿地生态系统类型自然保护区的缓冲主要包括：核心区外野生动植物相对集中分布区、野生动物迁徙或洄游通道等区域。

在野生动植物类自然保护区中，野生动物类型自然保护区的缓冲区主要包括：重点保护野生动物及其栖息地的相对集中分布区、保护对象的潜在栖息地等区域；野生植物类型自然保护区的缓冲区主要包括：重点保护野生植物及其生活环境相对集中分布的区域、植物植被种类相对较多的区域等。

(三) 实验区

《自然保护区条例》第十八条规定："缓冲区外围划为实验区，可以进入从事科学试验、教学实习、参观考察、旅游以及驯化、繁殖珍稀、濒危野生动植物等活动。"在自然保护区的核心区和缓冲区划定之后，其他区域为实验区，并根据自然保护区管理和发展以及科研教育等的需要，确定实验区内的生态旅游区域、宣传教育区域、科学研究区域、生产经营区域、居民生活办公区域等。

第四节　自然保护区内自然资源的权属

自然资源是人类社会生存和发展的物质基础，自然保护区是保护自然资源的重要平台。自然资源是有限的，而人类对自然资源的需求是无限的，随着人类社会经济的快速发展，自然保护区内自然资源的保护和开发利用之间的矛盾日益凸显，解决其权属问题是保护和开发利用自然资源、管理自然保护区的前提条件和重要保障。

一、自然保护区内的自然资源

自然保护区是受人类特殊保护的区域，自然保护区内的自然资源是指在一定的时间、地点条件下能够产生经济价值的、以提高人类当前和将来福利的自然环境因素和条件的综合体。自然资源是天然存在的，在一定的条件下能够产生经济价值，满足人类的需要，具有整体性、可用性、有限性、区域性，既包括土地资源、水资源、矿产资源、生物资源等实体性资源，也包括太阳能、气候、食物链等非实体性资源。根据自然保护区自然资源的定义，自然资源可分为如下 5 个类别：

①自然保护区生物多样性资源。包括基因资源、生物个体资源、生物物种资源、种间关系资源。

②自然保护区环境资源。包括自然保护区特殊的地质地貌、土地资源、光能资源、

水资源、空气资源。

③自然保护区景观资源。包括地貌景观、气象景观、生物景观、江河景观、人文景观等资源。

④自然保护区自然文化遗产资源。包括民俗、民风、民居、方言、宗教等资源。

⑤自然保护区中的无形资源。包括与自然保护区有关的，以非实体形式存在的自然资源。

二、自然保护区内资源权属概况

我国现行的自然保护区内自然资源权属主要包括两方面的内容：所有权和使用权。我国法律规定，自然保护区内的自然资源属于国家或集体所有，自然资源实行有偿使用制度，公民、法人或其他社会组织依据法律规定取得保护区内自然资源的使用权。

(一)所有权

自然资源的所有权是所有人依法拥有自然资源，表现为占有、使用、收益、处分这4种权能。我国自然资源所有权的主体是国家或者集体，自然保护区内自然资源所有权的客体则是森林、矿藏、山岭、水流等自然资源。我国自然保护区内自然资源的所有权按所有权主体不同分为国家所有权和集体所有权，自然资源所有权主体不同，其所有权取得的方式也不同。相对于资源的国家所有权，集体所有权不包含矿藏资源所有权和水资源所有权。

国家所有权的取得有3种方式：

①法定取得。国家根据相关法律直接取得的自然资源所有权。

②强制取得。国家考虑社会公共利益，凭借其依法享有的权利，采取强制手段取得自然资源所有权。

③自然取得。由原自然资源新产生的资源的所有权。

集体所有权的取得也有3种方式：

①法定取得。集体或组织根据相关法律规定取得的自然资源所有权。

②自然取得。指从原自然资源新产生的资源的所有权。

③开发利用取得。集体或组织利用自然资源新产生的自然资源的所有权。

我国自然资源的所有权严禁转让，但是自然资源所有权主体可能因为所有权主体的变化、行政调整等原因变更，也可能因为自然和人为原因终止。

(二)使用权

自然资源的使用权是指单位或个人依法对国家所有或集体所有的自然资源进行使用并获取相应利益的权利。相比所有权，自然资源的使用权主体更广泛，几乎所有单位或个人都可以成为自然资源使用权的主体。自然保护区内自然资源的使用权内容受所有权和环境保护生态规律的制约，不是无限使用的。

自然资源使用权可以按不同标准、不同角度进行分类。按使用权客体，即自然资源的类别，可以分为土地资源使用权、森林资源使用权、草原资源使用权、水资源使用权、海洋资源使用权、矿产资源使用权、野生动植物资源使用权等；按自然资源的所有权主体，可以分为国有自然资源使用权和集体自然资源使用权；按使用期限，可分为有期限使用权和无期限使用权。

自然保护区内自然资源使用权的取得有以下 4 种方式：

①国家确认。自然资源的实际使用人依法向法律规定的国家机关申请登记，并核发使用权证。

②国家授予。单位或个人向法定的国家机关提出申请，国家机关依法将被申请的自然资源的使用权授予申请人。

③使用人转让。单位或个人通过自然资源使用权的买卖、出租等形式取得自然资源使用权。

④开发利用。单位或个人依法通过开发利用活动取得的自然资源的使用权。

自然资源使用权的变更，是指自然资源使用权的主体或者内容发生变化。使用权变更的主要原因：主体的合并或分立、使用权的转让、主体破产、合同内容变更等，也会因为自然原因和开发利用完毕终止。

三、自然保护区内资源权属存在的问题

自然资源的所有权和使用权，是广大社会关系主体与自然资源客体的桥梁和纽带。然而，我国相关的法律未对自然保护区内自然资源的所有权和使用权作出详细的规定，导致了自然保护区内的自然资源权属问题一直是影响保护区内自然资源配置和开发利用、产生利益纠纷的重要原因。

(一) 部门法立法缺乏整体性

现行的自然资源单行法中都对自然保护区内自然资源的所有权归属、权属争端和侵权争议等法律制度作出了规定，但是各单行立法之间协调性不足，部门法律之间交叉重复，缺乏整体性。例如，对土地、矿产资源、野生动物、森林自然资源的所有权除在《宪法》第九条、第十条中有明确规定外，还分别在《土地管理法》第九条、《矿产资源法》第三条、《野生动物保护法》第三条、《森林法》第十四条等作出了相关规定。

同时，各单行法调整对象及范围之间存在不同程度的交叉和重复，造成执法力度不足。例如，土地资源由《土地管理法》《森林法》《草原法》等多部法律来调整，其中内容交叉和重复部分多次出现。

(二) 保护区内资源所有权的内容规定不明确

我国现行的是自然资源的国家所有制和集体所有制的二元所有制结构，我国的自然保护区内的自然资源所有权也同样如此。这种所有制结构符合我国社会主义公有制基本制度。自然保护区内的自然资源是关系国民经济和人民生活水平的重要生产资料，是保证国民经济稳步发展的物质基础，也是关系国计民生的基本保障，基于这样的原因，我国对自然资源的所有权实行国家垄断，然而在实际工作中自然保护区内自然资源的所有权却存在诸多问题。

我国现有的自然保护区，在其自然资源划归自然保护区之前，有的是国家所有，有的是集体所有；土地性质有的是农用地，有的是草地或林地，甚至是土地法规定的未利用地；自然保护区的所在位置，有的是在一个县市，有的跨越几个县市。而当自然保护区划定以后，这些自然资源的权属包括土地所有权、使用权等都需要进行变更，

行政管理区划、土地用途和农民承包权也需要重新进行梳理和改变。如果法律对这些权属归类不明确，势必造成利益争夺的后果，影响自然保护区的可持续发展。

我国现行的法律对自然保护区的范围和管理部门作了规定，同时考虑了周边社区居民的生产生活，但并未对保护区内的土地、森林、草原、景观等自然资源的所有权归属作出规定，也没有对自然资源的所有权、使用权的变更进行规范。另外，自然资源归国家所有的，不同级别政府之间的权利界限难以确定；自然资源归集体所有的，集体所有权行使主体也不统一，造成自然资源浪费和国有资产流失，同时会引起保护区与社区的矛盾。

(三)自然保护区中公权行使与私权使用的冲突

《农村土地承包法》规定，承包土地的经营权，任何组织和个人不得侵犯。然而，《自然保护区条例》第二十六条至第二十八条的规定，在很大程度上限制了周边社区居民的生产生活。如该第二十六条规定："禁止在自然保护区内进行砍伐、放牧、狩猎、捕捞、采药、开垦、烧荒、开矿、采石、挖沙等活动。"这条规定禁止了居民在核心区、缓冲区、实验区的全部生产经营活动，这与实际不相符，也违反了《农村土地承包法》的规定。

一些自然保护区把农民的山林、耕地、捕鱼场所划入区划范围，而根据法律规定，在不移民的情况下禁止居民从事砍柴、捕鱼、采药等活动，这是非常不合理，也不具有操作性。尤其当农民对土地享有合法承包权时，这种限制与农民利益相冲突，有可能使农民失去谋生手段。

四、自然保护区内的土地权属

自然保护区所有权指的是自然保护区内自然资源的归属，自然资源大多依附于土地而存在，因此，保护区内自然资源的归属主要体现为土地的权属问题。土地是一种具有财产和自然资源双重属性的自然资源，这就对土地的管理工作提出了更高、更复杂的要求。土地既然是一种自然资源，那么它同样也具有所有权和使用权。

土地所有权是指土地所有人依法对土地占有、使用、收益、处分的权利。自然保护区中的土地所有权分为国家所有和集体所有。土地所有权不能买卖，但集体所有的土地，在公共利益需要的情况下，可以依法将所有权转换为国家所有。

土地使用权是指国家机关、企事业单位、农民集体和公民个人，以及三资企业，凡具备法定条件的，依照法定程序或依约定对国有土地或农民集体土地所享有的占有、利用、收益和有限处分的权利。土地的使用权具有相对独立性，它依法可以进行流转，而且它经常与土地所有权相分离。因为土地所有权不允许买卖，因此，在实际工作中，土地使用权对自然保护区的管理和保护工作的影响更大。

土地使用权的获得按照所付出的代价，可以分为无(低)偿使用和有(足)偿使用。前者使用权范围较窄，后者的使用所受限制较小。

自然保护区管理是对依法划定的区域和保护对象进行特殊的保护与管理，而自然保护区管理中最关键的部分莫过于对自然保护区土地权属的管理，因为它决定了土地的开发和利用。适当的土地权属关系，对自然保护区的开发和利用起着至关重要的作用。

(一)我国自然保护区土地权属现状

我国自然保护区中的土地所有权,有的归国家所有,有的归集体所有,有的归国家和集体混合所有。在国有土地建立自然保护区,国家可以使用行政手段划拨自然保护区的土地使用权,但是在集体所有土地上建立自然保护区,因为关乎周边社区及居民等各方面利益,情况比较复杂。

我国自然保护区的土地使用权情况可分为自然保护区获得全部土地使用权、自然保护区获得部分土地使用权、自然保护区完全没有获得土地使用权。但在实际工作中,自然保护区的土地使用权问题因涉及多方的利益协调,情况复杂并且往往存在争议。

自1994年《自然保护区条例》颁布实施以来,我国自然保护区不断发展壮大,数量和面积不断增长,但是在我国自然保护区的建立和管理过程中,很多保护区管理部门并没有获得保护区内土地的所有权和使用权,已经获得的有时也存在有关土地权属问题的争端。因此,完善土地权属管理对自然保护区的建设和管理有着决定性的作用。

(二)我国自然保护区土地权属存在的问题

1. 自然保护区边界不清

我国的自然保护区在建立时大多存在没有细致划定界限、边界不清等问题,导致自然保护区与周边社区存在土地权属争端,进而使自然保护区规划不易得到落实,增加保护区管理工作的难度,同时也使自然保护区与周边社区协调方面产生困难,最终影响自然保护区的有效管理和长期发展。

2. 土地权属与权益不对应

土地资源作为一种财产,是获得生产经营成果的前提,自然保护区的土地所有者和使用者都应该从中获得相应的收益。但在我国的自然保护区土地权属中,所有者和使用者的权益并不对应,有些保护区尤其是集体土地上建立的自然保护区,有的管理相对严格,影响了土地的使用,或者即便能够有效使用,但由于生态效益为全民所有,周边社区的居民不能从中获得全部的经济利益。这是周边居民对自然保护区建立和管理有抵制情绪的原因之一。

3. 土地管理权与土地所有权和使用权的关系不协调

自然保护区中的土地管理权是国家为了自然保护区的有效保护和管理所赋予行政主体的一种管理职权。管理权是一种公共管理权力,不应该影响土地所有权和使用权的正常行使。但是,我国的土地管理权与土地所有权和使用权之间并不处在最佳的关系层面上。有些自然保护区行使管理权时对周边社区居民的生产生活等活动进行了限制,并且只给予非常低的补偿,使土地使用权人的利益受到损失。另外,由于当地政府对自然保护区进行过度开发,有些自然保护区管理机构无法进行管理工作,影响了自然保护区的发展。

第五节　自然保护区的保护

在自然保护区的建立和发展过程中,对自然保护区内的自然生态系统、珍稀濒危野生动植物、自然遗迹等保护对象进行特殊保护是行政管理部门的首要工作。因为保护是基础，是发展和利用的前提。物种一旦灭绝就不能再生，自然环境一旦遭到破坏就难以恢复，尤其是自然保护区中最具典型的生态系统和珍稀濒危野生动植物更需要严加保护。只有自然资源得到良好保护，才具备利用和发展的物质基础和前提条件。

一、法律对自然保护区的保护工作进行规范

为了使自然保护区的保护工作更加规范，《自然保护区条例》对以下内容作出了规定：

(一)对自然保护区内的人为活动进行限制

对自然保护区内人为活动的限制，在我国的立法中有明确的规定。《自然保护区条例》第二十五条规定，在自然保护区内的单位、居民和经批准进入自然保护区的人员，必须遵守自然保护区的各项管理制度，接受自然保护区管理机构的管理。《自然保护区条例》还指出，除法律、行政法规另有规定的情况，禁止在自然保护区内进行采石、开矿、开垦、放牧、狩猎、采药、砍伐等一系列人为活动。

《自然保护区条例》第三十一条规定，外国人进入自然保护区，应当事先向自然保护区管理机构提交活动计划，并经自然保护区管理机构批准；进入国家级自然保护区的，应当经省、自治区、直辖市环境保护、海洋、渔业等有关自然保护区行政主管部门按照各自职责批准。进入自然保护区的外国人，应当遵守有关自然保护区的法律、法规和规定。由此可见，自然保护区内限制了人为的一些活动，居民、单位等开展与自然保护区相关活动的，都应严格遵守相关规定，配合管理机构对自然保护区进行充分的管理和维护。

(二)对参观、旅游活动的限制

自然保护区参观、旅游活动管理的首要任务是确立保护区管理局对该保护区参观、旅游的开发与管理权属。

《自然保护区条例》第二十九条规定，在自然保护区的实验区内开展参观、旅游活动的，由自然保护区管理机构编制方案，方案应当符合自然保护区管理目标。在自然保护区组织参观、旅游活动的，应当严格按照前款规定的方案进行，并加强管理；进入自然保护区参观、旅游的单位和个人，应当服从自然保护区管理机构的管理。严禁开设与自然保护区保护方向不一致的参观、旅游项目。

自然保护区内的参观和旅游活动既要提倡，又要适当限制，才能更有效地保护我们的自然保护区。因为，首先，建立自然保护区的宗旨是保护典型的有代表性的生态系统、野生动植物物种和地质遗迹等。教育宣传活动应保证在不对自然保护区造成有害影响的前提条件下，按照自然保护的要求规范和约束旅游者的活动，有效地进行环境教育与科普宣传工作。其次，自然保护区管理部门可以把旅游收入用于自然保护区建设与保护，弥补国家投入的不足，促进事业的发展。

(三)对自然保护区建设生产设施等的管理

《自然保护区条例》第三十二条规定，自然保护区的核心区和缓冲区内，不得建设任何生产设施。在自然保护区的实验区内，不得建设污染环境、破坏资源或者景观的生产设施；建设其他项目，其污染物排放不得超过国家和地方规定的污染物排放标准。

在自然保护区的实验区内已经建成的设施，其污染物排放超过国家和地方规定的排放标准的，应当限期治理；造成损害的，必须采取补救措施。在自然保护区的外围保护地带建设的项目，不得损害自然保护区内的环境质量；已造成损害的，应当限期治理。限期治理决定由法律、法规规定的机关作出，被限期治理的企业事业单位必须按期完成治理任务。

这样的保护管理规定，对自然保护区内的生产经营进行了一定的限制，防止过度开发造成的资源破坏。

(四) 自然保护区内污染防治与处理

《自然保护区条例》第三十三条规定，因发生事故或者其他突然性事件，造成或者可能造成自然保护区污染或者破坏的单位和个人，必须立即采取措施处理，及时通报可能受到危害的单位和居民，并向自然保护区管理机构、当地环境保护行政主管部门和自然保护区行政主管部门报告，接受调查处理。

环境污染是对自然保护区的致命伤，对于污染的防治与处理应及时、有效，减少因污染带来的损失。

二、保护应与发展相协调

在自然保护区的管理和建设中，只顾及保护或者只顾及发展，都是不符合可持续发展理念的。只有秉承既注重生态保护又协调经济发展的可持续发展观，才能更加有效地管理好我国的自然保护区。

保护和利用是辩证统一的关系。自然保护区的保护是基础，自然保护区的利用是目的；保护自然资源是为了更好地利用自然资源，而利用自然资源是为了更好地保护它们。

自然保护区的保护可以促进生物资源的生长繁衍，使生态系统良性循环和能量流动加快，增强资源可持续利用的能力，为利用资源奠定基础。但是，对自然保护区的利用是一把双刃剑，有利的开发利用可以增加保护区的资金来源，不利的保护可能造成环境的破坏和经济的损失。

因此，我们要全面认识保护和利用的关系。通过实施科学有效的管理，实现"保护带利用，利用促保护"的良性循环，使自然保护和经济发展协调共进。

第六节　自然保护区的管理

自然保护区管理是完成保护目标的具体手段和措施。自 1956 年我国第一个自然保护区建立以来，我国逐步形成了自然保护区独特的管理体制和管理制度，对自然保护区进行全面管理。

一、自然保护区管理的法律依据

我国自然保护区管理的主要依据是 1985 年林业部颁布的《森林和野生动物类型自然保护区管理办法》(以下简称《管理办法》)和《自然保护区条例》。1985 年之后，许多省、自治区、直辖市根据《管理办法》制定了相应的自然保护区管理办法或管理细则，

1994 年之后，各省、自治区、直辖市人民政府又制定了有关自然保护区管理的地方性法规，如黑龙江省发布了《自然保护区条例实施办法》等。

二、自然保护区的管理主体及其职责

为了有效地管理自然保护区，《自然保护区条例》第二十一条规定了各级自然保护区的管理主体：国家级自然保护区，由其所在地的省、自治区、直辖市人民政府有关自然保护区行政主管部门或者国务院有关自然保护区行政主管部门管理。地方级自然保护区，由其所在地的县级以上地方人民政府有关自然保护区行政主管部门管理。有关自然保护区行政主管部门应当在自然保护区内设立专门的管理机构，配备专业技术人员，负责自然保护区的具体管理工作。

在实际工作中，绝大部分的国家级自然保护区和部分地方级自然保护区已经设立了专业专门的有关保护区的行政管理机构，有些还配有一套比较完善的保护区管理体系以及管理办法，如 1983 年建立的云南高黎贡山国家级自然保护区，设立了局、所、站三级管理机构，并成立了保山管理局，在对自然保护区的管理中起到了重要作用。

《自然保护区条例》还对管理主体的主要职责作出了阐述，主要有以下几点：首先，管理机构要贯彻执行国家在自然保护区方面的法律法规和方针政策，并制定针对各自区域内的各项管理制度，统一高效地管理自然保护区；其次，通过长期调研，建立自然资源档案，定期组织环境监测；再次，积极协助有关部门开展自然保护区的科学研究工作；最后，对自然保护等知识进行宣传教育，适当组织参观、旅游等活动。

三、我国自然保护区的管理体制

按照《自然保护区条例》规定，我国自然保护区管理体制主要包括：分类管理、分级管理、分区管理和共管制度等。

(一) 分类管理

自然保护区的分类型管理，是根据自然保护区中主要保护对象的特点，对生态系统自然保护区、野生生物类和自然遗迹类三大类别和其中分出的 9 个类型进行区别保护，从而使保护区的管理工作更具有针对性和专业性。

由于自然保护区的类型不同，我国也规定了分部门管理的制度来配合自然保护区的分类型管理。如林业部门一般建设与发展森林、湿地、野生动植物等的自然保护区，海洋部门一般建设与发展海洋和海岸生态系统类型保护区，自然资源部门一般多建设与发展自然遗迹等自然保护区。

(二) 分级管理

我国对自然保护区的保护采用中央与地方分级管理制度，充分带动地方政府的参与积极性。

《自然保护区条例》第十一条规定："自然保护区分为国家级自然保护区和地方级自然保护区。"

国家级自然保护区是指在国内外具有科学上的重大国际影响或者有特殊科学研究

和文化价值的自然保护区。地方级自然保护区是指除国家级自然保护区外，其他具有典型意义的或者具有重要科学研究和文化价值的自然保护区。地方级自然保护区按照各省、自治区、直辖市人民政府的规定，分为省、市、县自然保护区。

在自然保护区的管理中，分级管理制度应遵循《自然保护区条例》所规定的内容，国家级自然保护区，由保护区所在的省、自治区、直辖市人民政府下设的自然保护区行政主管部门或国务院下设的自然保护区行政主管部门进行管理；地方级自然保护区，交由其所在地的县级以上地方人民政府自然保护区行政主管部门管理。

国家对国家级自然保护区的管理和建设给予一定的资金补助，但是对于地方级自然保护区的管理，国家是没有经费支持的，其建设和管理所需的费用，主要由自然保护区行政主管部门、地方人民政府负责。

这种分级管理制度一方面保证了自然保护区的日常管理工作的顺利开展；另一方面又减少了主管部门过多而影响自然保护区的管理效力的情况，同时又能充分发挥各级地方政府在自然保护区保护中的重要地位。但是我国现行的对自然保护区资金支持的规定，由于自然保护区的建设和管理经费渠道较少并且不稳定，使许多自然保护区的建设和管理长期以来缺少财政支持，管理工作开展相对比较困难。

(三) 分区管理

一般情况下，自然保护区具有很多种功能，为了各种功能在保护区里可以得以充分地发挥，对保护区实行分区管理制度。我国的自然保护区实行分区管理制度，其目的是对自然保护区内的区域划分出不同的管理和保护重点，为保护对象密集区提供更有效的保护和管理条件。分区管理制度既在某种程度上有效保护了区内典型的生态系统及野生动植物，又兼顾了国家发展和公民科研教育的需要，使得自然保护区事业与国家其他事业得以全面协调可持续的发展。

《自然保护区条例》第十八条规定："自然保护区可以分为核心区、缓冲区和实验区。"

自然保护区的核心区内是禁止任何单位和个人进入的。按照《自然保护区条例》的规定，如果对科学研究有特殊需要的，必须进入核心区才能完成的科学研究观测、调查活动，相关方应当事先向自然保护区管理机构提交活动的申请和计划，并经自然保护区管理机构批准；如果该核心区为国家级自然保护区的核心区，则应当经省、自治区、直辖市人民政府有关自然保护区行政主管部门批准。如果在划定核心区之前有居民居住，必须要迁出，并由所在地的地方人民政府妥善安置。

自然保护区的缓冲区只准进入从事科学研究观测活动，禁止开展旅游和生产经营活动，对于从事科学研究的活动，相关法律法规进行了严格的规范。《自然保护区条例》第二十八条规定："禁止在自然保护区的缓冲区开展旅游和生产经营活动。因教学科研的目的，需要进入自然保护区的缓冲区从事非破坏性的科学研究、教学实习和标本采集活动的，应当事先向自然保护区管理机构提交申请和活动计划，经自然保护区管理机构批准。从事前款活动的单位和个人，应当将其活动成果的副本提交自然保护区管理机构。"

自然保护区的实验区可以进入从事科学试验、教学实习、生态旅游等活动，并由法律法规对以上活动进行了严格的规定和限制。《自然保护区条例》第二十九条规定：

"在自然保护区的实验区内开展参观、旅游活动的，由自然保护区管理机构编制方案，方案应当符合自然保护区管理目标。在自然保护区组织参观、旅游活动的，应当严格按照前款规定的方案进行，并加强管理；进入自然保护区参观、旅游的单位和个人，应当服从自然保护区管理机构的管理。严禁开设与自然保护区保护方向不一致的参观、旅游项目。"

自然保护区的分区管理制度有利于政府和主管部门对保护工作有的放矢，对于保护区具体情况具体分析，对自然保护区进行灵活的保护和利用。现如今，自然保护区的分区管理制度已被世界各国普遍利用，被公认为是提高自然保护区管理效率和扩大功能最有效的管理手段之一。

（四）共管制度

共管，即合作管理，是指涉及保护区管理中的主管部门、当地居民、研究机构这些不同利益相关群体，建立起来的相互合作的伙伴关系，共同参与到保护区管理方案的决策、实施和评估的过程当中，研究和解决保护区管理所面临的不同利益群体之间存在的问题。它是自然保护区与其周边相互协调、相互带动的有效手段，是保护自然保护区内的自然资源和自然资源可持续利用的有效途径。

社区共管是指自然保护区周边的社区对特定的自然资源的保护、规划和利用具有一定的职责，同时也是指周边社区在持续性利用自然资源时的态度与保护区的保护总目标相一致。

1. 共管制度的依据

①周边社区对自然保护区具有资源依赖性。在相对偏远或者生态环境相对原始的自然保护区中，由于当地居民生产力水平有限，经济结构单一，造成周边居民对于资源的过度依赖。因此，自然保护区的建设和管理必须尊重这些居民的意见。

②社区居民对自然保护的认识比较积极。当地居民由于长期在周围生产生活，对保护环境有着非常丰富的经验，他们在生活实践中也积累了乡土文化知识，对自然保护区内的自然资源有着独特的见解。因为对环境的变迁及其后果有着切身的体会，居民们的一些价值观念与我们保护的目的相一致。

③自然保护区的建立对社区的日常生活和发展带来影响。自然保护区的建立虽然使当地自然资源的保护更加系统化，使周围社区维持了优良的生态环境和景观，但从另一方面讲，自然保护区的管理给当地居民的生产生活带来一定的限制，甚至造成一定的负面影响，居民的利益受到损失。保护区的共管，为居民提供了部分自主选择生活环境的权利。

2. 共管制度的特点

①共管是一种管理自然资源多元化的方式。它综合了不同利益群体的参与者，最终共同达到保持环境的目标，使自然资源可以可持续利用，并确保利益的公平分享。

②共管是政治和文化进步的过程。自然保护区的共管制度体现了在自然资源管理过程中的民主性和公平性，是政治和文化进步的表现。

③共管是一个复杂又长期的过程。在这个过程里，各利益相关方可能经常出现矛盾点，但是通过多方共同努力，不断尝试出最有利的管理途径。

3. 共管制度的意义

《中国自然保护区发展规划纲要(1996—2010 年)》中指出，动员全社会一切有利条件、有能力部门、社会团体、企事业单位及个人共同参与自然保护区建设事业。自然保护区共管制度的重要性可见一斑。开展自然保护区的共管制度有以下几方面的意义：

①可以将社区内的自然资源划入整个保护体系中，提高保护对象的多样性和系统性。在国内外自然保护区案例中，保护区与社区的地理面积相互交错是非常常见的现象，如果在这一情形下将社区所占的自然资源排除在自然保护区管理范围之外，势必会对保护区内完整的生态环境系统造成破坏，失去了建立自然保护区的意义。采取共管制度管理保护区，可以在协助社区发展的同时，把社区的自然资源在一定程度上划入自然保护区的保护体系中，达到更有效地保护自然资源的目的。

②社区参与自然资源的管理能够有效地缓解保护造成的与当地社区的对立关系。共管制度将当地社区变被动为主动，使当地社区既是管理者又是资源可持续的使用者。通过共管制度，有效地使保护区的开发和使用相协调发展。

③共管制度为当地社区的日常生活和发展提供帮助。在共管制度实施过程中，相关行政管理部门可以帮助社区找到合理使用自然资源和发展当地经济的有效途径，促进当地社区的发展。共管制度还为当地社区居民带来了工作机会，并在参与管理的过程中增强生态环境保护意识和生物多样性保护意识。

四、自然保护区的日常管理

自然保护区的管理工作，包括国家的宏观管理和自然保护区的日常管理工作。国家对自然保护区管理的落实都必须经过各自然保护区的日常管理来实现，因此，自然保护区的日常管理工作显得尤为重要。

(一) 自然保护区管理机构的设置

1. 设置自然保护区管理机构的意义

保护区的日常管理工作通过自然保护区的管理机构来执行，管理机构是贯彻落实国家自然保护区建设和管理方针政策的最直接、最基层的组织管理部门。因此，建立健全自然保护区管理机构是保护区管理工作有效开展的重要保证之一。

2. 设置自然保护区管理机构的依据

《自然保护区条例》第二十一条规定："国家级自然保护区，由其所在地的省、自治区、直辖市人民政府有关自然保护区行政主管部门或者国务院有关自然保护区行政主管部门管理。地方级自然保护区，由其所在地的县级以上地方人民政府有关自然保护区行政主管部门管理。有关自然保护区行政主管部门应当在自然保护区内设立专门的管理机构，配备专业技术人员，负责自然保护区的具体管理工作。"

《森林和野生动物类型自然保护区管理办法》中也对管理机构的设置作出了规定。该办法规定，自然保护区的管理机构的设置和人员配备，应注意精干，人员编制、管理经费、基建投资等都要经过主管部门的批准后，分别纳入国家和省、自治区、直辖市的工作计划，由林业部门统一安排。

然而，在实际的自然保护区管理工作中，管理机构的设置和管理却找不到详细的规定，给实际管理工作带来一定的困难，对自然保护区日常工作的开展造成影响，致使管理机构的设置依然存在机构性质不统一、机构级别不规范、机构责权不对等、人员配备不合理等诸多问题。

(二) 自然保护区的日常管理制度

自然保护区的管理机构是国家整个宏观管理制度的执行者，而自然保护区日常管理制度则是管理机构有效开展管理工作的根本保障。因此，制定科学完善的自然保护区日常管理制度正在逐渐被人们重视。

自然保护区日常管理制度的制定应该坚持科学性、针对性、前瞻性和系统性的四大原则，对保护区的基本管理制度、财务物资管理制度、保护区应急预案等其他管理制度作出详细的规定。

①基本管理制度主要规定了自然保护区行政管理部门的工作原则、岗位职责、资源的保护及管理办法等。

②财务物资管理制度主要规定了保护区管理和发展过程中资金的投入及使用情况，还包括机构的财务管理制度。

③应急预案主要规定了在自然保护区中对可能会产生的森林火灾、旅游冲突等突发事件制定紧急处置预案，确保将自然保护区的损失降到最小。

④其他管理制度主要是对社会治安、安全生产、科研工作、野外安全防护等作出详细规定。

第七节　自然保护区与其他特殊保护区域的协调

一、"风景名胜区"等其他特殊保护区域概念

(一) 风景名胜区

我国文化历史悠久，因此形成了许多各具特色的风景名胜区。在我国，风景名胜区不属于自然保护区的范畴，它是除了自然保护区以外的其他特殊保护区域。《风景名胜区条例》第二条规定："本条例所称风景名胜区，是指具有观赏、文化或者科学价值，自然景观、人文景观比较集中，环境优美，可供人们游览或者进行科学、文化活动的区域。"

由此可以看出，风景名胜区是国家宝贵的自然和历史文化遗产，具有很强的社会公益性，对于风景名胜区的保护是按照批准的规划实施的，是一种具有法律效力的保护措施。风景名胜区既具有一定的观赏性，又具有文化和科学价值，是国家划定的供人们游览、休息或进行科学文化活动的法定区域。

(二) 国家公园

在我国，国家公园同样也被视为除自然保护区以外的其他特殊保护区域。根据世界自然保护联盟（IUCN）第十届全会第一号决议规定，国家公园是具有一定面积的区域，具有以下特点：

①国家公园包括一个或多个生态系统，通常不受或很少受到人类居住、生活、开发的影响。国家公园内的物种具有科学、教育等方面的特殊价值，或者是具有高度的美学价值的自然景观。

②国家采取一定措施，在国家公园整个区域内禁止人类的占有和开发利用活动，切实保护该区域内的生态环境、地貌及具有美学价值的景观，以此保证国家公园达到设立的目的。

③国家公园的旅游观光活动必须以科研、教育及文化陶冶为目的，并得到国家有关部门的批准后方可进行。

(三) 地质遗迹

根据《地质遗迹保护管理规定》第三条规定："本规定中所称地质遗迹，是指在地球演化的漫长地质历史时期，由于各种内外动力地质作用，形成、发展并遗留下来的珍贵的、不可再生的地质自然遗产。"地质遗迹反映地质历史的物理、化学条件以及环境的变化，是人类认识地质现象、推测地质环境演变的重要依据，是人们研究地质历史的主要实体。地质遗迹是不可再生的，遭到破坏将不可恢复，因此也就失去了研究地质作用过程和形成原因的原始资料。

我国自然保护区相关的立法与其他特殊保护区域的立法相对而言比较成熟，1994年《自然保护区条例》发布和实施以来，已经形成包括《海洋自然保护区管理办法》《森林和野生动物类型自然保护区管理办法》等法律法规在内的法律体系。其他特殊保护区的立法主要有：1994年实施的《森林公园管理办法》、1995年发布的《地址遗迹保护管理规定》、2006年实施的《风景名胜区条例》等。

但是，我国包括自然保护区在内的各类对于特殊保护区域相关的立法仍存在不足，现行的法律法规对保护区的建设、保护和管理尚不完善，缺乏一套完整、系统的法律框架，很多规定也缺乏可操作性，地质公园、湿地公园等多种类型保护区的立法仍有欠缺。

二、与其他特殊保护区域的协调

在我国，自然保护区与风景名胜区、国家公园、地质遗迹等其他特殊保护区域有着截然不同的概念、建设条件、管理措施，因此，对它们之间进行合理的规划、区分、管理是保证各类保护区域相协调发展的前提条件。

①区分规划和建立方面的不同。例如，建立自然保护区，主要是考虑被保护的自然生态系统及物种多样性是否具有代表性和必要性，自然保护区都具有保护物种基因库的重要科研价值。相比而言，建立风景名胜区的主要依据是自然、人文景观是否奇特、罕见、美观，是否能吸引游客参观。两类保护区不能混淆规划，否则不利于保护区的管理。

②区分保护区的管理制度和经营方式的不同。自然保护区应最大限度地发挥保护作用，维持生态平衡，保护区内的自然资源，开展参观、旅游活动，仅能在保护区内经批准规划的旅游区范围内开展教育宣传为主的生态旅游。而风景名胜区、国家公园等其他保护区则可在能够充分利用保护区内资源，保证区域资源完整性的前提下进行开发和利用，吸引游客。

③区分各类保护区的使用价值方面的不同。自然保护区应以保护和维护保护区内自然资源为主，而风景名胜区、国家公园、地质遗迹等保护区应在保证不被开发、建设和利用的前提下吸引游客观赏、进行科学研究。

因此，保护区内无法实现的生态旅游、科学研究和宣传教育等活动可以适当分散到风景名胜区、国家公园、地质遗迹等其他特殊保护区区域。

第八节　自然保护区与当地社区的协调

《自然保护区条例》第十八条规定，自然保护区分为核心区、缓冲区、实验区：核心区禁止任何单位或个人进入；缓冲区只准从事科学研究观测活动；实验区可以进入从事科学实验、教学实习、参观考察、旅游以及驯化、繁殖珍稀、濒危野生动植物等活动。

当地社区指生活在保护区内和保护区实验区外围与保护区地理位置毗邻的以自然村为主的农村社区。根据《自然保护区条例》规定，保护区核心区的居民要迁出自然保护区；在缓冲区和实验区的居民根据保护区的管理办法，确定是否迁出。

一、自然保护区与当地社区的关系

自然保护区的建立与当地社区的发展是相互统一的，自然保护区的建立与当地社区的发展是有机整体，构成生态与社会经济的复合系统，相互作用。自然保护区的建立有利于保护生态系统多样性，有利于资源的引进和利用，有利于提高当地社区的知名度，有利于当地社区的改革，有利于改善当地社区的发展环境。当地社区居民参与自然保护区的建设和管理，可以降低社区直接利用自然资源的程度，减少对自然保护区的破坏，促进自然保护区的和谐发展。

自然保护区的建立与当地社区的发展是相互制约的。自然保护区的划界减少了当地社区可用土地等资源，改变当地社区的原有生产方式和文化传统，而新的替代方式未形成，造成当地社区居民生活习惯、文化传统的改变；由于经济来源减少，部分社区居民不得不采取非法手段，开发利用自然保护区内资源，对自然保护区的生态系统造成一定程度上的破坏，降低了自然保护区的发展。

二、自然保护区与当地社区协调发展的必要性

我国生物多样性保护的目标不仅要建立和完善全国自然保护区网络，保护特殊生境和生态系统，而且要寻求生物多样性保护与生物资源持续利用相协调的途径，重点解决保护区的发展与当地社区居民生产生活与开发的矛盾。

(一) 自然保护区发展的要求

自然保护区并不是孤立的，而是与周围的社会经济系统高度相关，构成生态和社会经济复合系统的统一整体。当地社区居民群众的生存与发展也是自然保护区健康发展的重要保障。自然保护区发展必须与地方经济、居民生产生活协调统一，自然资源的适度开发利用必须统筹安排，才可能实现保护区的生物多样化保护、科学管理和生态环境整体和谐，也符合自然保护区可持续发展的理念。

(二) 当地社区发展的要求

随着经济发展和人口增长，当地社区对自然资源的需求日益增加。保护区的自然

资源既是保护对象，也是当地社区经济发展、社会进步的基础。自然保护区的建立影响当地经济社会发展、居民生存和传统文化延续。自然保护区的建立必须遵循开发利用与保护增值并重的原则，既满足生物多样性保护的要求，也尊重当地社区的权利。自然保护区与当地社区发展相协调，应当强调对当地社区发展的推动作用，引导合理开发利用保护区的自然资源，促进保护区人与自然的和谐共生，是当地社区发展的要求。

(三)人与自然和谐共生的要求

自然保护区与当地社区协调发展是人与自然和谐共生的必然要求。如果人与自然没有建立和谐的关系，就会影响人与人之间、人与社会之间和谐关系的建立；如果生态环境受到严重破坏、人们的生产生活环境恶化、经济发展与资源的矛盾尖锐，那么人与人之间、人与社会之间的和谐就难以实现。自然保护区发展中非常关键的问题就是没有处理好保护区保护与当地社区发展的矛盾，没有协调好整体生态效益与居民利益的关系。

自然保护区是以保护特定生物和生态系统而建立的区域，要求免于或减少受到人类活动的干扰，从而保持它的完整和延续性。当地社区有发展的需求和权利，并且对区内自然资源的利用有历史沿革性，完全将人地隔离，既不符合社会发展的基本规律，又不利于和谐关系的建立。因此，必须遵循自然生态规律和社会发展规律，必须建立自然保护区和当地社区的和谐发展模式，减少对自然资源的破坏，解决保护与发展的矛盾，适应建设资源节约型、环境友好型社会的要求。

三、自然保护区与当地社区协调发展的法律困境

法律是自然保护区发展的重要保障，现行的自然保护区相关法律法规主要有《自然保护区条例》《自然保护区土地管理办法》《森林和野生动物类型自然保护区管理办法》《海洋自然保护区管理办法》等，其中最重要的《自然保护区条例》是自然保护区专门的综合性立法，属于行政法规。随着经济社会的发展，现行法律法规在保护区的管理中的不足日益凸显，特别是保护区与社区协调发展方面存在以下困难：

(一)立法层次低

我国没有自然保护区基本法，最重要的《自然保护区条例》也属于行政法规，层次较低，不能从更高层次保障自然保护区与当地社区的协调发展。单项法规均由相应的资源管理部门起草，缺乏统一的原则和宏观的设计，各单项法规之间存在冲突，强调对自然保护区资源的保护，不能有效协调自然保护区与当地社区的关系。

(二)立法目标单一

《自然保护区条例》第一条规定："为了加强自然保护区的建设和管理，保护自然环境和自然资源，制定本条例。"立法目的单一，没有将保护生态多样性列入其中，没有体现环境保护多元化和促进社会可持续发展的要求，有时造成自然保护区的发展忽略当地社区的利益，不利于人与自然和谐共生。

(三)法律制度不健全

现行自然保护区法律只规定了自然保护区与当地社区协调发展的原则，并未规定

详细的执行条款，不具有操作性。保护区建设过程中，当地社区居民的安置问题无法可依，缺乏生态补偿方面的相关法律。

四、国外自然保护区与当地社区协调发展模式

自然保护区管护与当地社区发展的难题是因为没有处理好国家生态公益与局部私益的关系，因此，要解决这一工作难题，就要权衡保护区与社区居民的不同诉求，理顺国家权利和个体权利的关系，改变传统的封闭管理模式，改善同当地社区的关系，考虑社区生存和发展需求，提高社区居民的生态保护意识，促使其共同参与自然保护事业。国外在这方面的研究和实践积累了比较丰富的经验。

(一) 社区共管模式

社区共管是 20 世纪八九十年代以来，在国际社会兴起的一种管理自然资源的模式。该模式鼓励当地社区居民参与自然保护区自然资源的保护和管理。1976 年，联合国粮食及农业组织首次将"社区林业"引入林业计划，社区林业在世界范围内得到广泛应用，对世界森林生态管理发挥了积极作用。社区共管模式提倡保护好自然保护区内的资源，强调保护区内及周边社区对资源的合理使用要求，减少当地社区对保护区的排斥。与隔绝人类干扰的"堡垒式"封闭管理相比，社区共管是一种开放的管理模式。

澳大利亚是世界上最早实施保护区社区参与共管模式的国家之一，其中以卡卡杜和乌鲁鲁国家公园共管模式为典型，以解决国家公园建立与当地土著居民的矛盾。20 世纪 70 年代之后，澳大利亚政府归还先前国家公园占有的土著居民的传统领地，但要求必须由政府和土著居民代表共同管理国家公园，并签订长达百年的租约以延续国家公园的政策和管理。澳大利亚的共管模式在进行生物多样性保护的同时延续当地居民的传统价值，并参考和借鉴当地社区的传统生态知识与经营管理模式来经营和管理。

(二) 伙伴协作模式

加拿大政府在协调土著居民与国家公园的土地权属问题时创立了伙伴协作模式，即由当地居民和联邦及地方机构共同管理自然保护区。自然保护区的管理工作强调对生态完整性的维护，这种完整应当与当地社区、土地所有者的需要和期望相一致。因此，加拿大实行的伙伴协作模式不仅减小政府的工作压力，也为当地社区的经济社会发展提供了有力的支持和政策保障。根据加拿大 1982 年《宪法法案》，土著居民享有土地所有权，政府建立国家公园首先要解决土地权属问题，与当地社区居民商议，明确公园界线、土地附加物价值分配、土地交接时间、传统可更新资源收获、公园规划和管理合作等事项。伙伴协作模式明确了各合作方的权利和义务，有助于调动有关方面的积极性，督促责任方有效实施管理。

(三) 管理契约模式

自然保护区管理契约模式是英国具有代表性的管理模式。英国大部分土地为私人所有，因此，政府在自然保护区土地的管理模式上遵循自愿原则，当私人所有的土地被划为自然保护区时，将由自然保护委员会作为管理者与相关土地所有权人签订管理契约，以此约束土地所有人或使用人的行为，而所有人或使用人应当依约采取不破坏自然保护功能的利用方式，对土地实施经营和管理。管理契约模式不仅能充

分发挥土地所有人在自然保护区维护方面的积极性，给当地居民特别是农民以选择的余地，也能解决保护区建立可能引起的权属纠纷，避免在保护区与社区之间产生矛盾和冲突。

第九节　自然保护区相关国际公约

自然保护区是履行国际公约、开展国际交流与合作的重要载体。我国自 20 世纪 80 年代开始就积极参与各种国际保护行动，并签署了多项国际公约，主要有：1981 年签署的《濒危野生动植物种国际贸易公约》、1985 年签署的《保护世界文化和自然遗产国际公约》、1992 年加入的《湿地公约》、1992 年签署的《生物多样性公约》等，我国还是《濒危野生动植物种国际贸易公约》《湿地公约》的常务副主席国，这些都对我国的自然保护区的发展起到了重要作用。

一、《保护世界文化与自然遗产公约》

《保护世界文化和自然遗产公约》是国际上三大栖息地公约之一，是确认"最好的地理环境点"，即地球上最突出的自然与文化景点的唯一国际合法条约，有人甚至将其比作自然界的诺贝尔奖。该公约除履行对各国公共遗产价值区域认定的责任外，还尊重各成员国的国家主权。它具有选定世界遗产和通过国际合作来确保这些区域受到保护两个基本任务。

缔结《保护世界文化和自然遗产公约》既是尊重世界文化和自然遗产的一种体现，又会督促我国对于特殊区域保护工作的开展。因为，政府必须做到先于国际社会对保护工作负起责任来，并确保以最高的标准实施保护工作。这就要求我们既要尽快加强国家在保护区方面的立法，又要对现行的政策进行严格遵守和贯彻。

世界遗产的认定会通过世界遗产基金对存在问题的保护区，尤其是在发展中国家的保护区提供帮助，使之达到世界遗产标准要求。

二、《生物多样性公约》

为保护珍稀动植物物种，20 世纪 70 年代国际社会签署了《濒危野生动植物种国际贸易公约》等一系列保护物种资源的条约。随着科学研究的进步，人们进一步认识到保护物种首先需要保护动植物的生存环境，即保护物种赖以生存的生态系统和物种之间的生态过程，以及保护物种的基因库。我国是最早加入《生物多样性公约》的国家之一。

该公约是一项有法律约束力的公约，旨在保护濒临灭绝的动植物，最大限度地保护地球上的多种多样的生物资源，以造福于当代和子孙后代。公约有 3 个基本目标，即保护生物多样性、可持续利用生物多样性的组成部分和公平公正地分享由遗传资源产生的惠益。

该公约对保护区的建设和管理十分重视，其中第二条对保护区进行了定义，第八条也对保护区的建设提出了要求。加入公约的国家多次在大会上就保护区的议题进行磋商和讨论，并通过了关于保护区建设的一系列决定。该公约还不断推动缔约国的保护区建设工作，在陆地和海洋建立具有典型性的保护区网络，最终达到公约的目标。

三、《湿地公约》

《湿地公约》是为了保护湿地而签署的全球性政府间保护公约，其宗旨是通过各成员国之间的合作加强对世界湿地资源的保护及合理利用，以实现生态系统的持续发展。目前，该公约已成为国际重要的自然保护公约之一。

湿地是珍贵的自然资源，也是重要的生态系统，其功能是不可替代的。我国自加入该公约以来，高度重视并切实加强湿地保护与恢复工作，并成立中华人民共和国国际湿地公约履约办公室，积极履行公约规定的各项义务，全国湿地保护体系基本形成，大部分重要湿地得到抢救性保护，局部地区湿地生态状况得到明显改善，为全球湿地保护和合理利用事业作出了重要贡献。

第六章

湿地保护法

第一节　概　述

一、湿地的概念

"湿地"一词在英文中被解释为 wetlands，原意指过度湿润的土地。它以水为基本要素，控制着环境以及相连的植物和动物，表现为水体在陆地表面、邻近陆地表面或被浅水水域覆盖的陆地。世界大约 90% 的人口定居在与湿地相关联的河谷、盆地和三角洲上，湿地为人类的生存和发展提供了重要的自然资源。

"Wetland"一词最早出现在美国。1956 年美国鱼类和野生动物管理局首次提出并将湿地定义为："被暂时的、间歇性的或永久性的浅水层所覆盖的低地。"其后，世界各国从不同的角度和国情出发对湿地进行了不同的定义。1986 年英国人 E. Maltby 在其著作中称湿地是由水支配其形成、控制其过程和特征的生态系统的集合，即在足够的时间内足够的湿润使具有特殊适应性的植物或其他生物发育的地方。1988 年，加拿大国家湿地工作组在对北方泥炭地开展研究时，将湿地定义为："水淹或地下水位接近地表，或浸润时间足够长，从而促进湿成和水成过程，并以水成土壤、水生植被和适应潮湿环境的生物活动为标志的土地。"1993 年，日本学者则将湿地概括为潮湿且地下水位高、一年内至少有一段时间土壤处于饱和状态的土地。

尽管各国都在一定程度上对湿地进行定义，但是关于湿地却不存在统一的概念。现今，世界上最为权威、科学的有关湿地的叙述是 1971 年《湿地公约》对湿地的定义："湿地系指天然或人造，永久或暂时之死水或流水、淡水、微咸或咸水沼泽地、泥炭地或水域，包括低潮时水深不超过 6 米的海水区。"

我国引入"湿地"一词的时间较晚，目前关于湿地的定义是 2021 年 12 月 24 日由全国人大常委会通过，2022 年 6 月 1 日施行的《湿地保护法》中对湿地的描述："湿地是指具有显著生态功能的自然或者人工的、常年或者季节性积水地带、水域，包括低潮时水深不超过 6 米的海域，但是水田以及用于养殖的人工的水域和滩涂除外。"

二、湿地的功能与作用

当前，据估计，全球湿地面积约 12.1 亿公顷，其中湖泊占 29%，沼泽占 32%、泥炭湿地占33%，河流占6%。湿地的碳素含量却占陆地生物圈碳素总含量的35%，约为770亿吨，超过农业生态系统的150亿吨、温带森林生态系统的159亿吨以及热带雨林生态系统的428亿吨。此外，河流、湖泊、沼泽等淡水生态系统面积虽然只占地球表面积的0.8%，却拥有全球12%的动物物种，记载的淡水生物约44 000种，占全球全部已知物种的2.4%。全球记载的鱼类约22 000多种，其中淡水鱼8 400多种；淡水藻类25 000多种。并且，在全世界自由生活的原生动物中，淡水生活种类全球有5 000~6 000种。在我国内陆湿地（包含咸水湿地）中，仅高等植物就超过2 200种（含变种），哺乳动物65种，爬行动物50种，两栖类45种，鱼类1 040种，湿地鸟类约300种。调查研究表明，湿地每年提供的环境服务价值达4.9亿美元，占全球生态系统的14.7%。可见，湿地对全球生态环境的改善产生了举足轻重的影响。因而，湿地被誉为"地球之肾"。目前，我国湿地总面积约0.56亿公顷，湿地保护率达52.19%。扎实推进湿地分级管理，2019年，国家林业和草原局印发了《国家重要湿地认定和名录发布规定》，组织申报和考察论证国家重要湿地127处。实施湿地工程和补助项目387个，开展湿地生态效益补偿补助30处，安排退耕还湿2万公顷，恢复退化湿地7.3万公顷。158处国家湿地公园通过试点验收，3处晋升为国家湿地公园，国家湿地公园总数达到899处。组织开展了56处国际重要湿地生态状况监测。

（一）湿地的生态功能

湿地是由土地、水体、生物共同构成的，与外界环境有广泛联系，是内部生物链结构非常复杂的开放式生态系统，因而具有非常特殊而广泛的生态功能，包括净化水体、调节小气候、保护生物多样性等。

1. 净化水体

绝大部分湿地都与天然河道相互交错。由于人类生产生活中产生的大量废水、废弃物无节制地向河道中排放，致使许多水域严重污染。其中，绝大部分污水、污染物甚至有毒有害物质流入与河流相连接的湿地。而湿地存有大量的挺水植物、浮水植物、沉水植物、浮游动物、食腐动物、微生物等各种有益生物，通过这些生物的过滤、吸收、分解，以及化学合成与分解等作用，使进入湿地的污水、污染物得到净化，同时，将有毒有害物质或元素降解或转化为无毒无害物质甚至是有益物质，减少流经湿地流向下游的水体中有害物质的含量，达到净化水体、保护水资源的作用。

2. 调节小气候

湿地能够调节小气候。湿地的蒸腾作用可以保持当地的湿度和降水量。受全球变暖的影响，城市"热岛"效应影响着人们的生产和生活。湿地内生长着丰富的植物群落，能够吸收空气中的二氧化碳并释放氧气。与此同时，大量的降水通过树木的蒸腾和散发返还大气层，进而又以降水的形式降到周围地区，对增加局部地区的空气湿度、缩小昼夜温差、降低大气含尘量等气候调节方面都有显著作用。

3. 保护生物多样性

生物多样性指在一定时间和一定地区所有生物（动物、植物、微生物）物种及其遗传变异和生态系统的复杂性总称。湿地是一种"半水半陆"的独特生态系统。这种独特性取决于它既有陆生的动植物，也有水生的动植物，同时演化出既不同于陆生也不同于水生的湿地动植物。湿地为动植物提供了优良的生存场所。

以我国为例，据初步统计我国记录在册的湿地植物大约有 2 760 多种，其中湿地高等植物 156 科 437 属 1 380 多种，包括濒危高等植物亚热带湿地的水松、红树林中的木榄、青藏高原的芒尖薹草及三江平原的绶草等。湿地野生动物也丰富多样，我国共有湿地兽类 7 目 12 科 31 种，约占我国兽类总种数的 6.2%。其中，国家重点保护种类有 5 目 9 科 23 种，包括白暨豚、水獭，也包括麋、藏原羚以及三江平原的狼、黑熊、狍等；湿地鸟类 12 目 32 科 271 种，主要由鹤类、鹭类、雁鸭类、鸻鹬类、鸥类、鹳类等组成，其中国家一级重点保护的有 12 种，国家二级重点保护的有 44 种；爬行类 3 目 13 科 122 种，国家重点保护种类有 3 目 6 科 12 种；两栖类 3 目 11 科 300 种，主要分布于秦岭、淮河以南，其中西南地区种类繁多。脊椎和无脊椎动物同样种类繁多、资源丰富，我国现已知的蟹类有 600 余种，虾类有 300 余种。

保护生物多样性对人类的生存与发展具有重要的意义。湿地因其丰富的生态多样性、物种多样性和遗传多样性而在生物多样性上占据着无可取代的位置，保护湿地已然成为保护生物多样性的重要组成部分。

(二)湿地的经济功能

1. 提供丰富的动植物产品

湿地生态系统物种丰富、水源充足，有极其丰富的动植物资源。湿地具有较高的物质生产率，能够为当地居民提供数量可观的水生动植物产品。作为人类主要粮食之一的水稻就是典型的湿地植物。此外，湿地还提供了莲、藕、菱、芡实，以及浅海水域中的鱼、虾、蟹、贝、藻类等副食品。并且，有的湿地动植物可以入药，湿地药用植物达 200 多种，含有葡萄糖、糖苷、生物碱、乙醚油和其他生物活性物质；有的湿地植物是非常重要的工业原料，如芦苇是重要的造纸原料。

2. 提供能源

湿地不仅可以提供丰富多样的动植物产品，还可以为人类工业生产的发展提供诸多能源资源。其中，较为普遍的形式就是水电、薪柴和泥炭。资料显示，我国水能资源理论蕴藏量近 7 亿千瓦，占常规能源资源量的 40%。其中，经济可开发容量近 4 亿千瓦，年发电量约 1.7 亿千瓦时，是世界上水能资源总量最多的国家。薪材是最为古老的能源之一，也是广大农村的基本能源之一。湿地中的林草是薪材的重要组成部分，为湿地周边农村提供了主要的生活能源。此外，从湿地中直接采挖的泥炭也可用于燃烧，但是同煤炭一样，泥炭也是一种不可再生能源，过度开采泥炭也将引起严重的环境问题，并最终影响经济社会的发展。例如，卢旺达过度开采泥炭，破坏了泥炭高地，增加了高地径流。类似地，红河谷地筑坝发电也产生了一些副作用，包括阻止鱼类迴游至产卵区、增加海滨侵蚀以及改变下游海滨地区海水的含盐度等，造成的这些经济损失甚至超出了预期的开发效益。

为了节约泥炭，同时不影响湿地其他功能的开发和利用，我们应该在可持续发展理念的指导下开采泥炭。例如，在我国，泥炭仅在燃料极其缺乏的地区作为家庭燃料和工业燃料。

3. 水运

水运是重要的运输方式之一，甚至在没有天然水运航道的地方，人类为实现交通运输的目的，建造了运河，如京杭大运河和苏伊士运河。在交通运输方式多样的今天，水运依然发挥举足轻重的作用，甚至在特定的情形下，水运是唯一可行的运输方式，如尼加拉瓜太平洋滨海红树林内的运河就是当地居民唯一的交通通道。湿地开阔的水域为水运提供了便利的条件，具有重要的水运价值，沿海沿江地区的经济发展在很大程度上受此影响。我国约有10万千米的内河航道，内陆水运承担了大约30%的货运量。我国著名的湿地白洋淀，水域面积近300平方千米，白洋淀流域居民生产、生活物品的供应和农产品、湿地产品的外销均以水运为主。

(三)湿地的社会功能

1. 促进旅游业发展

湿地是各种旅游景观的重要组成部分，国内外许多的风景名胜都分布在湿地区域。以我国为例，滇池、太湖、洱海、西湖、洞庭湖、鄱阳湖等都是著名的风景区，香港米埔湿地公园、九寨沟、黄龙大草原、扎龙自然保护区、黄河河口湿地、辽河口湿地等都是湿地集中分布的区域，很多景点本身就是湿地。

湿地地区风景秀丽、环境宜人，能够满足现代人亲近自然、享受自然的渴望，促进了旅游行业的发展。草本类型的湿地可以观鸟，了解鸟类的习性；森林湿地则是欣赏珍贵濒危野生动物的最佳场所，增强人们保护野生动物的意识；浅水湿地则是垂钓者聚集的地方。因此，我们应该重视湿地的旅游休闲价值，学会尊重湿地，保护湿地。

2. 历史价值

湿地具有一定的历史价值，主要表现在人类文明的起源离不开河流的影响。众所周知，幼发拉底河和底格里斯河共同孕育了古巴比伦文明，尼罗河孕育了古埃及文明，黄河孕育了华夏文明，甚至有些湿地还保留着文化遗址。太湖是我国大中型浅水湖泊湿地的典型代表，拥有湿地面积454平方千米，已经发现200多处新石器时代以来的古文化遗址，包括马家浜遗址、崧泽文化遗址和良渚文化遗址。在马家浜遗址中发现了诸如四不像等20多种动物化石以及稻谷等，在崧泽文化遗址中发现了可人工栽培的籼稻和粳稻谷粒，在良渚文化遗址中发现了绢片、麻布、竹编等。这些发现对于同一时期人类文化活动的研究具有重要意义，可见湿地以它独特的历史魅力见证着人类文明的发展。

3. 教育科研场所

湿地是地球上生物种类最丰富的生态系统之一，是许多珍稀濒危野生动植物栖息、繁衍的场所，对开展野生动植物研究，了解和掌握野生动植物的习性，发现野生动植物生物进化和种群演替的规律具有重要意义，同时，有利于培养人们的科学探索精神，宣传尊重自然、保护自然的可持续发展理念。

(四)湿地的消极影响

事物的发展是对立统一的，湿地不仅对人类的生存和发展产生积极的影响，同样，也对人类生活和自然生态环境有着消极的作用。湿地的消极影响主要体现在以下几点：

①部分湿地，如湖泊、池塘等，由于水流相对静止，容易滋生蚊虫、苍蝇、病菌等。如果不能及时有效地采取措施，湿地可能变成疾病传播的源头。

②虽然湿地具有防洪抗旱的功能，能够在发生洪涝灾害时缓解周边的水患压力。

但是，不能忽视的是诸如悬河、地上河等湿地，水量蓄积过度反而会给附近地区带来很大的水患压力。

③湿地内生长着复杂多样的植物群落，其中不乏对人类生活、自然环境有害的植物。这些植物以排挤、缠绕、绞杀、覆盖、寄生、生化相克和传播病毒等方式严重危害了其他生物的生长生存，造成物种多样性、群落多样性或遗传多样性的显著降低，甚至丧失，对人民生活、交通运输、生态平衡、动物栖息取食、园林景观和农林业生产等造成了严重影响和损失。

三、湿地保护法概述

从法律性质上看，《湿地保护法》应为自然保护法。原因在于自然保护法是环境法体系的基本内容之一，是国家对利用自然环境和资源的行为实行控制，以保护生态系统平衡或防止生物多样性被破坏为目的而制定的法律规范的总称。自然保护法的立法宗旨强调生态系统的完整性，保护生态系统内部各要素以及各要素之间存在的生态价值。湿地生境类型众多，生长着各种生物物种，生物多样性丰富，具有巨大的生态价值。保护湿地就是保护湿地的整体生态价值，因此，湿地保护法从其性质来看属于自然保护法的范畴。

从立法目的上看，《湿地保护法》的立法目的主要体现在：第一，保护湿地内部的生态环境，维护湿地生态系统平衡。湿地生态系统在保护生态环境，促进社会经济发展方面具有重要作用，因此湿地生态系统的平衡发展对人类的生产和生活都产生不可替代的影响。第二，保护珍稀野生动植物的生存环境，维护生物多样性。第三，合理有效地开发利用湿地资源，实现湿地的可持续发展。人类社会发展到今天，许多自然资源都遭到了或多或少的破坏，其中包含了不可再生资源，人们逐渐认识到经济的发展不应以牺牲环境、破坏资源为代价，开始寻求发展经济和环境保护之间的平衡，提出了可持续发展理念。湿地是自然界最富生物多样性的生态景观之一，也是重要的自然资源，更是人类重要的生存环境之一。故而，合理开发、利用湿地资源，实现湿地的可持续发展，对人类经济社会的发展具有重要意义。

综上所述，我们可以明白《湿地保护法》主要关注湿地资源的合理开发、利用，强调在开发中保护，在保护方式上整体保护与合理利用。因此，可以将湿地保护法定义为：调整人们在开发、利用、保护和改善湿地资源的社会关系的法律规范的总称。

第二节　湿地保护立法概况

一、国外湿地保护立法概况

(一)美国

美国湿地保护立法的演变大致可以分为3个时期：湿地开发期、政策转型期、"零净损失"期。

在殖民和国家扩张时期，美国法律在一定程度上鼓励和支持人们对湿地的开垦和利用，主要体现在联邦税法、公共工程法和农业项目计划之中。在此背景下，人们不断地榨取湿地资源，过度的开发和利用导致湿地面积消减。人们开始逐渐意识到湿地对自然环境和人类生存发展的价值，为了保护湿地，美国政府于20世纪60年代开始湿地保护立法工作，同时有关湿地的科学研究也逐步发展起来，美国湿地得到了有效的保护和管理。1972年，美国颁布了《清洁水法》，这部法律对保护湿地的影响很大，可以说在该法颁布之前，美国其实没有一部以保护湿地为目的的法律。《清洁水法》规定了工程师团有关污水排放活动的法律责任，其管辖权包括湿地。该条款在很大的程度上是一条环境法。基本要旨是在通航的河道、著名的湿地进行疏浚和填方等活动要取得美国陆军工程师团的许可，此外，还应该具有环境保护局(EPA)的公告和召集公众听证会。同时，该法还规定了拨款600万元用于完成美国湿地名录。除《清洁水法》外，美国的其他法律也逐渐涉及湿地的保护与管理，例如，1972年，《海岸地区管理法》给予各州贷款以支持制定海岸地区保护规则，其中湿地保护具有优先性；《国家洪灾保险规划》通过提供联邦补贴避免在冲积平原、海岸湿地区进行开发活动。

为遏制湿地面积的下降，保护湿地资源，1987年，美国环境保护局局长李·托马斯提出了湿地"净减少量为零"的理念。这一政策的提出对湿地保护起了很大的帮助，湿地损失的速度逐年下降，湿地退化的程度也渐渐得到控制。由此美国在湿地保护方面进入了"零净损失"期。

后来，美国相继通过了若干保护湿地的农业法案，其中较为著名的是1996年和2002年通过的法案。2008年4月，美国政府的一份报告称，自2004年4月以来，美国3 600万英亩*湿地得到了恢复和保护，到2009年的"地球日"前受保护和恢复的湿地面积将新增4 500万英亩。

从湿地保护立法进程上看，美国的湿地保护立法已经取得了相当丰硕的成果，成为拥有众多湿地法规的国家之一，但是，美国联邦一级尚无一部综合性的湿地保护法。

(二) 澳大利亚

澳大利亚是世界上生物多样性最为丰富的国家和《湿地公约》的初始缔约国之一，该国政府重视湿地保护工作。澳大利亚政府的湿地保护立法开始于20世纪70年代。1974年，澳大利亚考伯格半岛的土著土地和野生动物避难所被确认为世界上第一块国际重要湿地。1975年，澳大利亚颁布施行了《国家公园和野生动物保护法》，该法对澳大利亚列入《国际重要湿地名录》的湿地保护作出了专门性的规定。此外，澳大利亚非常重视湿地保护的国际合作。1986年，澳大利亚与中国签订了《澳大利亚和中华人民共和国关于保护迁徙鸟类及其环境的政府间协定》。

澳大利亚是联邦制国家，政府由联邦政府、州政府和地方政府组成。其中联邦政府与州政府以及州政府之间具有较强的独立性，因此，为了更好地保护生态环境，联邦政府与各州政府以及地方政府订立了政府间环境协议，该协议对联邦政府与州及地方政府之间关于环境保护的职责分配、指导原则等基本问题作出了规定。就湿地保护而言，该协议要求各级政府以协商与合作的方式来实现国家的湿地保护规划，州政府和地方政府之间则主要采取直接干预的方式使各州湿地保护规划得以实施。为了提升联邦政府在湿地保护方面的作用，澳大利亚联邦政府于1997年发布了《澳大利亚联邦

---

* 1英亩≈0.4公顷。

政府湿地政策》。此政策是世界上第一部国家级湿地政策，也是澳大利亚湿地保护的重要文件。《澳大利亚联邦湿地政策》的发布开启了澳大利亚湿地保护工作的新进程，促使了联邦机构协调一致，为各级政府及其他相关者提供了共同工作的平台和框架。

随后，澳大利亚国会制定了《环境与生物多样性保护法》，标志着澳大利亚联邦环境立法的新发展。该法对澳大利亚联邦政府的环境和生物多样性保护工作了全面的规定，并重申了政府间环境协议中关于可持续发展的诸多原则。

澳大利亚关于湿地的立法保护日益成熟，有效遏制湿地消减程度，湿地资源受到有效保护，湿地公园建设日趋完善。目前，澳大利亚共有国家级重要湿地 800 余处，其中 50 余处湿地已列入《国际重要湿地名录》。

(三) 日本

在日本，湿地一般称为"干潟"，日本环境省对其的定义为：潮浸幅度在 100 米以上，潮浸面积在 1 万平方米以上的砂、碎石、沙、泥等基础地区称之为干潟。依干潟发源地，可以将其分为前浜干潟、川口干潟、潟湖干潟和河川干潟 4 类。根据日本环境省开展的自然环境保全基础调查结果，1945 年，日本存在的干潟约为 80 000 公顷，1990 年干潟面积缩减至 51 443 公顷，截至 2005 年，日本存在的干潟是 49 501 公顷。从 1945 年到 2005 年，短短 60 年间日本干潟的消减率达 40%。日本湿地面积的急剧下降，使日本政府意识到对湿地的保护已经迫在眉睫。在此背景下，采用立法的手段保护湿地无疑是最为高效便捷的。

日本中央一级的法律，除了日本《宪法》以外主要有 1973 年的《自然环境保护法》、1978 年的《鸟兽保护和狩猎法》和 1997 年的《环境影响评价法》等涉及湿地保护与管理。其中，《自然环境保护法》作为日本自然环境保护领域的基本法，自实施起到 1994 年共修订了 6 次，多处内容涉及湿地保护，包含了一些兼顾调整湿地开发、利用行为的法律规范。《鸟兽保护和狩猎法》为保护湿地及其生存在湿地的鸟兽物种设定了入猎税、狩猎登记、枪猎限定区域和鸟兽保护等制度，以控制鸟兽保护区内的狩猎活动。《环境影响评价法》将湿地填埋或排干等 12 种大规模的公共行为列入需要事前进行环境影响评价的行为，明确规定了环境影响评价的申请、调查、审批、公告以及补偿金的缴交等实体内容和具体程序，以及建设者对环境影响评价结果所应采取的措施。除此之外，这部法律还规定了公众参与制度和民事、行政诉讼的受理等事项。

为了完善中央立法，日本地方政府也根据具体实际制定了许多单行条例以加强湿地的法律保护，如《釜石市近海污染防止条例》和《国立公园管理计划》等。

目前，日本湿地保护取得了显著的成效，较低的湿地消减率印证了这一点。据日本环境省 2013 年发布的数据，截至 2012 年 8 月，日本共有 46 处湿地被列入《国际重要湿地名录》，总面积达到 13.796 8 万公顷。但不可忽视的是，日本关于湿地保护的法律规范实际上分散于众多法律之中，并不存在一部完全针对湿地保护的综合性立法，而且类似于《公有水面填埋法》等法律规范已经不适用于当前的日本国情，不利于湿地法律保护理念的传播和立法活动的进行。

二、我国湿地保护立法的发展

随着湿地的功能与价值受到世界各国的广泛关注，各国政府开始重视湿地的法律保护工作。《湿地公约》虽未强制缔约国以法律的手段保护湿地资源，但却成为各国通过立法保护湿地的一个重要转折。

我国湿地面积大、类型齐全，东至东部沿海滩涂和三江平原沼泽湿地，西至新疆帕米尔冰雪高原边缘的湖泊湿地，南至南部沿海红树林和南海珊瑚礁，北至内蒙古和新疆沙漠地区的坎儿井和内陆咸水湖，西藏还有位于海拔5千米以上的高原湖泊，以及长江中下游的两湖地区。无论从哪个方面看，我国都无愧是世界湿地大国。

1992年7月，我国正式加入《湿地公约》，标志着我国的湿地保护与利用工作发展到一个崭新的阶段。以此为界，我国对湿地的法律保护大致可以分为两个阶段。

(一)1992年之前

我国在加入《湿地公约》之前，对湿地的立法保护主要隐含在相关的环境资源法当中，例如，《土地管理法》关于"养殖水面"，《环境保护法》关于"水、草原、野生动物"，《海洋环境保护法》关于"海滨"，《农业法》关于"草原、滩涂、水流"，《渔业法》有关"内水、滩涂"，《草原法》有关"一切草原"，《水法》有关"江河、湖泊、渠道、水库"，《水污染防治法》有关"江河、湖泊、运河、渠道、水库"，《野生动物保护法》有关"珍稀水生野生动物及其生存环境"，《水产资源繁殖保护条例》有关有经济价值水生动植物赖以生存的"水域环境"，《防洪法》有关"江河、湖泊、水库、蓄滞洪区"，《河道管理条例》有关"湖泊、人工水道、行洪区、滞洪区"的规定，等等，都表现了我国对湿地的法律保护。

综上可以看出，这一时期我国湿地的法律保护具有以下两方面的特点：①各部法律虽然没有出现"湿地"的字眼，但对湿地的保护表现在对土地、水域、滩涂、草原等资源载体的保护上；②人们没有充分地认识湿地的价值与功能，对湿地的立法保护十分散乱，换而言之，还不能算作对湿地真正意义上的立法保护。

(二)1992年至今

自1992年我国加入《湿地公约》后，"湿地"作为湿地类型土地资源的综合概念开始出现在与我国湿地资源相关的部分法律和规章中。例如，《自然保护区条例》第十条规定："具有特殊保护价值的海域、海岸、岛屿、湿地、内陆水域、森林、草原和荒漠，应该建立自然保护区。"《海洋自然保护区管理办法》第二条规定，海洋自然保护区是指以海洋自然环境和资源保护为目的，依法把包括保护对象在内的一定面积的海岸、河口、岛屿、湿地或海域划分出来，进行特殊保护和管理的区域；第六条规定，具有特殊保护价值的海域、海岸、岛屿、湿地应当建立自然保护区。此外，地方政府也开始加强对湿地的立法保护，如黑龙江、辽宁、云南、广东、海南等省份在部分地方性法规或政府文件中明确将"湿地"作为保护对象。继2003年黑龙江在全国率先制定出台《黑龙江省湿地保护条例》后，江西、甘肃等10个省份也陆续通过了《江西省鄱阳湖湿地保护条例》《甘肃省湿地保护条例》等地方性法规，其法律管辖范围超过了国土面积的30%。

尽管如此，我国湿地保护现状并不乐观。2012年"世界湿地日"，中国科学院遥感应用研究所发布报告指出，30年来，我国湿地自然保护区内湿地面积总体呈下降趋势，总净减少面积8 152.47平方千米，占全国湿地总净减少量的9%。在经济快速发展、城市化进程加快的形势下，我国湿地遭受着开垦与改造、污染、泥沙淤积和水资源不合理利用等诸多威胁，湿地生态退化趋势仍在继续。一些地方湿地面积在不断减少，或面积未减少，但湿地效益和功能出现下降。大量改变湿地功能、用途等不合理的利用活动不但得不到有效控制，而且在继续加剧加重。

面对如此日益严峻的形势，我国自 2004 年开始计划制定《湿地保护条例》，其间波折重重，最终于 2013 年制定《湿地保护管理规定》。2017 年，《湿地保护管理规定》进行修改。2021 年 10 月 19 日，《湿地保护法(草案)》二次审议稿提请十三届全国人大常委会第三十一次会议审议。审议稿提高擅自占用国家重要湿地、严重破坏自然湿地等违法行为的罚款数额，加大处罚力度。审议稿提出："违反本法规定，建设项目擅自占用国家重要湿地的，由县级以上人民政府林业草原主管部门责令停止违法行为，限期拆除在非法占用的湿地上新建的建筑物、构筑物和其他设施，修复湿地或者采取其他补救措施，按照违法占用湿地的面积，处以每平方米一千元以上一万元以下罚款。"2021 年 12 月 24 日，第十三届全国人民代表大会常务委员会第三十二次会议通过《湿地保护法》，自 2022 年 6 月 1 日起施行。《湿地保护法》的立法目的是加强湿地保护，维护湿地生态功能及生物多样性，保障生态安全，促进生态文明建设，实现人与自然和谐共生。

第三节　湿地的确认与分类

一、湿地的确认

明确"湿地"概念的内涵及外延不仅是确认湿地保护立法调整对象的关键，还影响湿地保护立法的调整范围。《湿地保护法》第二条明确了湿地的含义："本法所称湿地，是指具有显著生态功能的自然或者人工的、常年或者季节性积水地带、水域，包括低潮时水深不超过 6 米的海域，但是水田以及用于养殖的人工的水域和滩涂除外。"

近些年来，各级地方政府纷纷颁布并实施相关的湿地保护条例，对湿地的法律概念作出了初步的定义，这从一定意义上为以法律形式界定湿地做了探索和铺垫。存在的主要问题是地方性湿地保护条例的效力级别低，而且含义各有不同。例如，《黑龙江省湿地保护条例》称湿地是指常年或者季节性积水、适宜动植物生存、具有一定生态功能、纳入湿地名录的地带或者水域，包括沼泽、湖泊、河流等自然湿地和库塘等人工湿地。而《甘肃省湿地保护条例》第二条则规定："本条例所称湿地是指本省境内天然或人工形成的适宜喜湿野生生物生长、具有较强生态调控功能的潮湿地域。主要包括常年和季节性沼泽地、泥炭地、盐沼地、湖泊，以及生物功能明显的水域。"此外，《西藏自治区湿地保护条例》第二条规定："本条例所称湿地，是指自治区行政区域内具有显著生态功能的自然或者人工的、常年或者季节性积水地带水域、但是水田以及用于养殖的人工的水域和滩除外。"《浙江省湿地保护条例》第三条规定："本条例所称湿地，是指天然或者人工形成、常年或者季节性积水、适宜野生生物生长、具有较强生态功能并列入县级以上人民政府保护名录的潮湿地域。"《北京市湿地保护条例》第二条规定："本条例所称湿地是指天然或者人工形成的河流、湖泊、库塘、沼泽等常年或者季节性、带有静止或者流动水体、适宜喜湿野生生物生存的地域。"《云南省湿地保护条例》

第三条规定："本条例所称湿地是指常年或者季节性积水、适宜喜湿生物生长、具有生态服务功能，并经过认定的区域。"

目前，全国各类大小湖泊消失上千，众多湿地水质逐年恶化，不少湿地生物濒临灭绝，约1/3的天然湿地存在被改变和丧失的危险。据不完全统计，从20世纪50年代以来，我国湿地开垦面积达1 000万公顷；沿海滩涂面积已削减过半，近60%的红树林丧失；三江平原的原有沼泽失去近80%；"千湖之省"湖北的湖泊锐减2/3。面对如此严峻的形势，尽快地制定全国性的湿地保护法，确认湿地的法律概念，改变现有湿地保护立法针对湿地保护的单一元素设置的局面，提高湿地保护立法的完整性、系统性、针对性和可操作性，使湿地保护立法适应社会发展的需要，满足我国生态建设的需求是保护湿地工作中的重中之重。2021年12月24日，第十三届全国人民代表大会常务委员会第三十二次会议通过《湿地保护法》，于2022年6月1日起施行。该法在《湿地公约》基础上，结合上述各地方湿地保护立法，根据我国具体国情对"湿地"进行了统一的定义，规定湿地保护法保护的对象是指具有显著生态功能的自然或者人工的、常年或者季节性积水地带、水域，包括低潮时水深不超过6米的海域，但是水田以及用于养殖的人工的水域和滩涂除外。

二、湿地的分类

(一) 整体分类

我国湿地整体上可分为两大类：天然湿地和人工湿地。其中，天然湿地32种，人工湿地10种。根据第三次全国国土调查结果，我国湿地面积为2 346.93万公顷（35 203.99万亩）。湿地是第三次全国国土调查新增的一级地类，包括7个二级地类。其中，红树林地2.71万公顷（40.60万亩），占0.12%；森林沼泽220.78万公顷（3 311.75万亩），占9.41%；灌丛沼泽75.51万公顷（1 132.62万亩），占3.22%；沼泽草地1 114.41万公顷（16 716.22万亩），占47.48%；沿海滩涂151.23万公顷（2 268.50万亩），占6.44%；内陆滩涂588.61万公顷（8 829.16万亩），占25.08%；沼泽地193.68万公顷（2 905.15万亩），占8.25%。天然湿地面积为4 667.47万公顷，人工湿地面积为674.59万公顷。

1. 天然湿地

天然湿地分为海洋、海岸湿地和内陆湿地。

①海洋、海岸湿地。包括：永久性浅海水域，大部分情况下低潮时水位低于6米，包括海峡和海湾；海草层，包括潮下藻类、海草、热带海草植物生长区；珊瑚礁，珊瑚礁及其邻近水域；岩石性海岸，包括近海岩石性岛屿、海边峭壁；砾石与卵石滩，包括滨海沙州、海岬以及沙岛，沙丘及丘间沼泽；河口水域，河口水域和河口三角洲水域；滩涂，潮间带泥滩、沙滩和海岸其他咸水沼泽；盐沼，包括滨海盐沼、盐化草甸；潮间带森林湿地，包括红树林沼泽和海岸淡水沼泽森林；咸水、碱水潟湖，有通道与海水相连的咸水、碱水潟湖；海岸淡水湖，包括淡水三角洲潟湖；海滨岩溶洞穴水系，滨海岩溶洞穴。

②内陆湿地。包括：永久性内陆三角洲，内陆河流三角洲；永久性的河流，包括河流及其支流、溪流、瀑布；时令河，季节性、间歇性、定期性的河流、溪流、小河；

湖泊,面积大于 8 公顷永久性淡水湖,包括大的牛轭湖;时令湖,面积大于 8 公顷的季节性、间歇性的淡水湖,包括漫滩湖泊;盐湖,永久性的咸水、半咸水、碱水湖;时令盐湖,季节性、间歇性的咸水、半咸水、碱水湖及其浅滩;内陆盐沼,永久性的咸水、半咸水、碱水沼泽与泡沼;时令碱、咸水盐沼,季节性、间歇性的咸水、半咸水、碱性沼泽、泡沼;永久性的淡水草本沼泽、泡沼,草本沼泽及面积小于 8 公顷泡沼,无泥炭积累,大部分生长季节伴生浮水植物;泛滥地,季节性、间歇性洪泛地,湿草甸和面积小于 8 公顷的泡沼;草本泥炭地,无林泥炭地,包括藓类泥炭地和草本泥炭地;高山湿地,包括高山草甸、融雪形成的暂时性水域;苔原湿地,包括高山苔原、融雪形成的暂时性水域;灌丛湿地,灌丛沼泽、灌丛为主的淡水沼泽,无泥炭积累;淡水森林沼泽,包括淡水森林沼泽、季节泛滥森林沼泽、无泥炭积累的森林沼泽;森林泥炭地,泥炭森林沼泽;淡水泉及绿洲;温泉;内陆岩溶洞穴水系,地下溶洞水系。

2. 人工湿地

人工湿地有 10 种:水产池塘;水塘,包括农用池塘和储水池塘,一般面积小于 8 公顷;灌溉地;农用泛洪湿地:季节性泛滥的农用地,包括集约管理或放牧的草地;盐田;蓄水区:水库、拦河坝、堤坝形成的一般面积大于 8 公顷的蓄水区;采掘区;废水处理场所;运河、排水渠;地下输水系统,人工管护的岩溶洞穴水系等。

(二)具体分类

我国湿地可划分为近海及海岸湿地、河流湿地、湖泊湿地、沼泽与沼泽化湿地、库塘湿地 5 类。

1. 近海及海岸湿地

近海及海岸湿地发育在陆地与海洋之间,是海洋和大陆相互作用最强烈的地带,生物多样性丰富,生产力高,在全球变化、防风护岸、降解污染、调节气候等诸多方面具有重要价值。我国现有近海及海岸湿地 579.59 万公顷,主要分布于沿海的 11 个省份和港澳台地区。近海与海岸湿地以杭州湾为界,杭州湾以北除山东半岛、辽东半岛的部分地区为岩石性海滩外,多为沙质和淤泥质海滩,由环渤海滨海湿地和江苏近海及海岸湿地组成;杭州湾以南以岩石性海滩为主,主要河口及海湾有钱塘江—杭州湾、晋江口—泉州湾、珠江口河口湾和北部湾等。

2. 河流湿地

我国现有河流湿地 1 055.21 万公顷,河流众多,源远流长;水量丰沛,随季节而变;水系类型多样;水利资源丰富,经济地位显著。主要有泛洪湿地、牛轭湖湿地、季节积水湿地。我国河流大部分属于外流型河流,其流域面积约为全国总面积的 64%。向东汇入太平洋的河流主要有长江、黄河、黑龙江、辽河、海河、淮河、钱塘江、珠江、澜沧江;向南流入印度洋的有怒江和雅鲁藏布江;北部的额尔齐斯河向西流入哈萨克斯坦境内再向北经俄罗斯流入北冰洋。

我国的内陆型河流主要有甘新、藏北与藏南、内蒙古、柴达木与青海 4 个地区。其中甘新地区河流流域面积占全国总面积的 21.3%,藏北与藏南地区占 7.6%,内蒙古地区占 3.4%,柴达木与青海地区占 3.2%。

我国河流虽多但分布不均,绝大部分分布在东南部的外流区域内,河网密度多在每公顷 500 米以上。我国河流每年有 26 000 亿立方米的径流从陆地汇入海洋，成为海陆之间水循环的重要组成部分；我国河流每年从山地和丘陵地区带走约 35 亿吨的泥沙，沉积在低洼地带和海洋中；我国河流每年搬运约 4.5 亿吨各种盐类，其中 4.0 亿吨带入海洋，0.5 亿吨沉积在内陆盆地。我国河流年径流量地区差异很大，以长江流域最大，为 9 513 亿立方米，其次是西南诸流域和珠江流域，分别为 5 853 亿立方米和 4 685 亿立方米，海河—滦河流域最小，仅为 288 亿立方米，全国年径流总量比较丰富，为 27 115 亿立方米，是我国淡水资源的重要组成部分。我国的河流湿地主要为河流泛滥、洪水淹没的湿地。

3. 湖泊湿地

我国现有湖泊湿地 834 万公顷。湖泊是地表水的一种类型，长期占有大陆封闭洼地的水体，并积极参与自然界的水分循环。湖泊分布没有地带性规律可循，也不受海拔限制，它们既可以分布在地球表面任何一个地理或气候区域，如热带、温带和寒带，也可以在低海拔的滨海平原和低地，或在高海拔的高原、盆地。由于我国区域自然条件和湖泊成因、演化阶段的不同，我国湖泊显现不同的区域特点，湖泊类型多样。有世界上海拔最高的湖泊——喀顺湖，湖面海拔 5 556 米；也有位于海平面以下的湖泊——新疆吐鲁番盆地的艾丁湖，位于海平面以下 154 米，水深不足 1 米；有浅水湖也有深水湖，有吞吐湖也有闭流湖，有淡水湖也有咸水湖和盐湖。

依据湖群的地理位置和特点，可将我国湖泊划分为 5 个湖区：青藏高原湖群、东部平原湖群、蒙新高原湖群、东北平原及山地湖群和云贵高原湖群。此外，根据成因的不同，我国湖泊湿地大致可以分为 8 种形态：构造湖、河成湖、火山口湖、堰塞湖、冰川湖、岩溶湖、风成湖和海成湖。

4. 沼泽与沼泽化湿地

沼泽与沼泽化湿地包括沼泽和沼泽化草甸。我国的沼泽面积约 1 604.38 万公顷，2021 年第三次调查报告显示，湿地有 2 346.93 万公顷（35 203.99 万亩）。湿地是第三次全国国土调查新增的一级地类，包括 7 个二级地类。其中，红树林地 2.71 万公顷（40.60 万亩），占 0.12%；森林沼泽 220.78 万公顷（3 311.75 万亩），占 9.41%；灌丛沼泽 75.51 万公顷（1 132.62 万亩），占 3.22%；沼泽草地 1 114.41 万公顷（16 716.22 万亩），占 47.48%；沿海滩涂 151.23 万公顷（2 268.50 万亩），占 6.44%；内陆滩涂 588.61 万公顷（8 829.16 万亩），占 25.08%；沼泽地 193.68 万公顷（2 905.15 万亩），占 8.25%。沼泽与沼泽化湿地主要分布于东北的三江平原、大小兴安岭、若尔盖高原以及海滨、湖滨、河流沿岸等，山区多木本沼泽，平原为草本沼泽。

沼泽湿地主要有以下 6 种类型：

①藓类沼泽。以藓类植物为主，植被盖度 100%，有的形成藓丘，伴生有少量灌木和草本。一般有薄层泥炭发育。

②草本沼泽。以草本植物为主，包括莎草沼泽、禾草沼泽和杂类草沼泽，植物盖度≥30%。有泥炭或潜育层发育。

③灌丛沼泽。以灌木为主，常见有桦、柳、绣线菊、箭竹、岗松、杜香、杜鹃等，植物盖度≥30%。一般无泥炭堆积。

④森林沼泽。以木本植物为主，常见有落叶松、冷杉、水松、水杉、赤柏等，郁

闭度≥0.2。一般有泥炭或潜育层发育。

⑤沼泽化草甸。包括河湖滩地,因季节性和临时性积水而引起的沼泽化湿地,无泥炭堆积。

⑥内陆盐沼。以一年生或多年生盐生植物为主,如盐角草、柽柳、碱蓬、碱茅、赖草、獐毛等,植物盖度≥30%,水含盐量达0.6%以上,一般无泥炭形成。

森林沼泽、灌丛沼泽、藓类沼泽和部分草本沼泽多分布在森林地带的林间地和沟谷中;草本沼泽和沼泽化草甸,多发育在河(湖)泛滥平原、河漫滩、旧河道及冲积扇缘等地貌部位。草本沼泽中嵩草、嵩草—薹草沼泽分布在我国西部高原地区宽谷、河漫滩、阶地、各种冰蚀洼地(古冰斗、围谷、冰蚀谷湿地)等地貌部位。

第四节 湿地资源的权属

国家林业和草原局的监测数据显示,自20世纪50年代以来,我国沿海湿地面积因盲目围垦和过度利用已缩减50%。究其原因,湿地面积的缩减很大程度上是我国湿地权属关系混乱所导致的。为此,明确我国湿地权属关系是必要的。本节主要介绍湿地所有权、用益物权和管理权。

一、湿地所有权

湿地资源所有权是指湿地所有人在法律规定范围内占有、使用、收益、处分湿地资源的权利。湿地作为一种重要的资源,从其现实形态看,它包含于土地物质之中,因此,湿地资源产权与土地产权一样是最古老的产权。我国法律法规未对湿地资源的所有权作出明确具体的规定,但由于我国经济制度为社会主义公有制,因此我国湿地的所有权以两种方式体现:一是国家所有;二是集体所有。《宪法》《民法典》《土地管理法》和《水法》等法律法规对水流、滩涂、养殖水面等都作出了相关规定。

(一)国有湿地属于全民所有

《宪法》第九条规定:"矿藏、水流、森林、山岭、草原、荒地、滩涂等自然资源,都属于国家所有,即全民所有。"

国有湿地所有权的取得是在土地改革过程中,通过没收、征收以及征用等方式取得的。其主体具有唯一性和统一性,即除了国家以外任何单位和个人,在任何情况下不能成为国有湿地资源的所有者,只有国务院才能代表国家行使国有湿地的所有权,其他任何组织或单位非经国务院授权或者批准,不能享有国有湿地所有权的任何权能。其客体具有广泛性,涵盖湿地所有类型。国有湿地资源其占有、使用、部分收益和处分权可依法固定给不同的使用者(包括国家、集体和个人),但国家作为所有者则保有部分收益和最后处分权。

湿地资源使用权是指单位和个人依法或约定对国有或集体所有湿地资源占有、使用、收益的权利。严格规定湿地资源使用权的取得要通过授予或确定开发利用以及出让等方式取得,必须经过一定程序,进行登记注册,通过办理法律规定的手续而确认,产权变更也须经过登记程序。国有湿地的使用权,可以依法确定给单位和个人使用,湿地资源使用权可以转让。集体所有湿地资源可以依法由农民集体和个人使用。湿地资源还可以以承包经营的方式由单位、个人经营，从事农业生产，如农民对稻田地的承包和经营。但禁止单位或个人对湿地所用权的买卖和非法转让。

(二) 集体所有

新中国成立后，伴随着农村土地改革，集体湿地所有权在私人土地所有权演变为集体土地所有权的基础上形成。《宪法》第九条规定："矿藏、水流、森林、山岭、草原、荒地、滩涂等自然资源，都属于国家所有，即全民所有；由法律规定属于集体所有的森林和山岭、草原、荒地、滩涂除外。"《民法典》第二百五十条规定："森林、山岭、草原、荒地、滩涂等自然资源，属于国家所有，但是法律规定属于集体所有的除外。"第二百六十条规定："集体所有的不动产和动产包括：(一)法律规定属于集体所有的土地和森林、山岭、草原、荒地、滩涂；(二)集体所有的建筑物、生产设施、农田水利设施；(三)集体所有的教育、科学、文化、卫生、体育等设施；(四)集体所有的其他不动产和动产。"第二百六十二条规定："对于集体所有的土地和森林、山岭、草原、荒地、滩涂等，依照下列规定行使所有权：(一)属于村农民集体所有的，由村集体经济组织或者村民委员会依法代表集体行使所有权；(二)分别属于村内两个以上农民集体所有的，由村内各该集体经济组织或者村民小组依法代表集体行使所有权；(三)属于乡镇农民集体所有的，由乡镇集体经济组织代表集体行使所有权。"第二百六十五条规定："集体所有的财产受法律保护，禁止任何组织或者个人侵占、哄抢、私分、破坏。"第三百二十四条规定："国家所有或者国家所有由集体使用以及法律规定属于集体所有的自然资源，组织、个人依法可以占有、使用和收益。"

(三) 主体虚位

综上可知，我国湿地所有权制度是国家、集体二元所有权，所有权的主体是国家和集体。但是，国家本身的虚拟性、抽象性以及模糊性导致其行为能力的局限性，不可能真正去行使所有权人的占有、使用、收益和处分等权能，其结果往往是分解或架空了国家所有权。

在湿地资源集体所有的情况下，主体虚位现象依然存在，甚至更为明显。根据《民法典》第二百六十二条规定："对于集体所有的土地和森林、山岭、草原、荒地、滩涂等，依照下列规定行使所有权：(一)属于村农民集体所有的，由村集体经济组织或者村民委员会依法代表集体行使所有权；(二)分别属于村内两个以上农民集体所有的，由村内各该集体经济组织或者村民小组依法代表集体行使所有权；(三)属于乡镇农民集体所有的，由乡镇集体经济组织代表集体行使所有权。"可以看出，集体在行使所有权时可能存在一种现象，即当集体经济组织不存在时，集体所有权就会由具有自治性质的村民委员会或村民小组行使。这样很容易造成集体所有权行政化、集体利益虚化等问题，甚至在某些情况下个别农民的利益可能会受到村干部的侵犯。

因此，在明确湿地权属关系时要特别注意所有权主体虚位的问题。只有重视该问题的妥善处理，才能保障湿地所有权的正确行使和划分。

二、湿地用益物权

用益物权是指权利人对他人之物享有以使用、收益为目的的权利。《民法典》第三百二十三条规定:"用益物权人对他人所有的不动产或动产,依法享有占有、使用和收益的权利。"

(一) 湿地用益物权的特点

与一般用益物权相比,湿地用益物权具有以下特点:

①物权客体通常不具备特定性。例如,取水权的客体不具有特定性,此外在以水面面积、取水权界定水权客体的场合,在渔业权的情况下,舍去水质、水深、水温的因素,仅考虑水域的面积来界定渔业权的客体。

②在权利取得方面有所不同。一般用益物权以通过民事行为取得为主,行政许可取得为例外。湿地用益物权则主要是通过行政许可的方式。例如,《水法》第七条规定:"国家对水资源依法实行取水许可制度和有偿使用制度。"

③一般用益物权的实行以占有为前提,而湿地用益物权通常情况下不以占有为前提,甚至无法实现对资源的有形占有。

(二) 相关法律规定

《湿地保护管理规定》第二十条规定:"以保护湿地生态系统、合理利用湿地资源、开展湿地宣传教育和科学研究为目的,并可供开展生态旅游等活动的湿地,可以设立湿地公园。湿地公园分为国家湿地公园和地方湿地公园。"《民法典》第三百二十八条规定:"依法取得的海域使用权受法律保护。"第三百二十九条规定:"依法取得的探矿权、采矿权、取水权和使用水域、滩涂从事养殖、捕捞的权利受法律保护。"《水法》第二十六条规定:"国家鼓励开发、利用水能资源。在水能丰富的河流,应当有计划地进行多目标梯级开发。建设水力发电站,应当保护生态环境,兼顾防洪、供水、灌溉、航运、竹木流放和渔业等方面的需要。"第二十七条规定:"国家鼓励开发、利用水运资源。在水生生物洄游通道、通航或者竹木流放的河流上修建永久性拦河闸坝,建设单位应当同时修建过鱼、过船、过木设施,或者经国务院授权的部门批准采取其他补救措施,并妥善安排施工和蓄水期间的水生生物保护、航运和竹木流放,所需费用由建设单位承担。在不通航的河流或者人工水道上修建闸坝后可以通航的,闸坝建设单位应当同时修建过船设施或者预留过船设施位置。"

针对捕捞权,我国《渔业法》第二十三条规定:"国家对捕捞业实行捕捞许可证制度。到中华人民共和国与有关国家缔结的协定确定的共同管理的渔区或者公海从事捕捞作业的捕捞许可证,由国务院渔业行政主管部门批准发放。海洋大型拖网、围网作业的捕捞许可证,由省、自治区、直辖市人民政府渔业行政主管部门批准发放。其他作业的捕捞许可证,由县级以上地方人民政府渔业行政主管部门批准发放;但是,批准发放海洋作业的捕捞许可证不得超过国家下达的船网工具控制指标,具体办法由省、自治区、直辖市人民政府规定。捕捞许可证不得买卖、出租和以其他形式转让,不得涂改、伪造、变造。到他国管辖海域从事捕捞作业的,应当经国务院渔业行政主管部门批准,并遵守中华人民共和国缔结的或者参加的有关条约、协定和有关国家的法律。"第三十条规定:"禁止使用炸鱼、毒鱼、电鱼等破坏渔业资源的方法进行捕捞。禁止制造、销售、使用禁用的渔具。禁止在禁渔区、禁渔期进行捕捞。禁止使用小于最小网目尺寸的网具进行捕捞。捕捞的渔获物中幼鱼不得超过规定的比例。在禁渔区或者禁渔期内禁止销售非法捕捞的渔获物。重点保护的渔业资源品种及其可捕捞标准、禁渔区和禁渔期，禁止使用或者限制使用的渔具和捕捞方法，最小网目尺寸以及其他保护渔业资源的措施，由国务院渔业行政主管部门或者省、自治区、直辖市人民政府渔业行政主管部门规定。"

针对湿地野生动物资源，《野生动物保护法》第二十一条规定："禁止猎捕、杀害国家重点保护野生动物。因科学研究、种群调控、疫源疫病监测或者其他特殊情况，需要猎捕国家一级保护野生动物的，应当向国务院野生动物保护主管部门申请特许猎捕证；需要猎捕国家二级保护野生动物的，应当向省、自治区、直辖市人民政府野生动物保护主管部门申请特许猎捕证。"第二十条规定："在自然保护地和禁猎(渔)区、禁猎(渔)期内，禁止猎捕以及其他妨碍野生动物生息繁衍的活动，但法律法规另有规定的除外。野生动物迁徙洄游期间，在前款规定区域外的迁徙洄游通道内，禁止猎捕并严格限制其他妨碍野生动物生息繁衍的活动。由县级以上人民政府或者其野生动物保护主管部门应当规定并公布迁徙洄游通道的范围以及妨碍野生动物生息繁衍活动的内容。"《野生植物保护条例》第十六条规定："禁止采集国家一级保护野生植物。因科学研究、人工培育、文化交流等特殊需要，采集国家一级保护野生植物的，应当按照管理权限向国务院林业行政主管部门或者其授权的机构申请采集证；或者向采集地的省、自治区、直辖市人民政府农业行政主管部门或者其授权的机构申请采集证。采集国家二级保护野生植物的，必须经采集地的县级人民政府野生植物行政主管部门签署意见后，向省、自治区、直辖市人民政府野生植物行政主管部门或者其授权的机构申请采集证。采集城市园林或者风景名胜区内的国家一级或者二级保护野生植物的，须先征得城市园林或者风景名胜区管理机构同意，分别依照前两款的规定申请采集证。采集珍贵野生树木或者林区内、草原上的野生植物的，依照森林法、草原法的规定办理。野生植物行政主管部门发放采集证后，应当抄送环境保护部门备案。采集证的格式由国务院野生植物行政主管部门制定。"此外，我国《环境保护法》《土地管理法》《自然保护区条例》以及各地方关于湿地保护的相关立法等都对湿地用益物权的实行作出了规定。

三、湿地管理权

湿地资源除了涉及土地、水、生物和矿产等自然资源以外，还对经济、社会和生态环境等方面产生重大影响。其多样性的特点决定了在湿地资源的保护和管理方面，湿地管理权由多个行政管理部门行使。《湿地保护法》第五条规定："国务院林业草原主管部门负责湿地资源的监督管理，负责湿地保护规划和相关国家标准拟定、湿地开发利用的监督管理、湿地生态保护修复工作。国务院自然资源、水行政、住房城乡建设、生态环境、农业农村等其他有关部门，按照职责分工承担湿地保护、修复、管理有关工作。国务院林业草原主管部门会同国务院自然资源、水行政、住房城乡建设、生态环境、农业农村等主管部门建立湿地保护协作和信息通报机制。"

综上可以看出，林业草原主管部门是主要的湿地管理部门，其他与湿地管理相关的部门会同林业草原主管部门协同管理，这些部门包括生态环境、农业农村、自然资源、水行政、住建等多个行政部门。根据《湿地保护法》的相关规定，从国家层面分析，我国中央政府湿地保护机构及其法律管理职权主要有以下几方面：

(一) 林业草原主管部门的管理权

国务院林业草原主管部门对湿地保护和管理以《湿地公约》为基本出发点，专门负责湿地陆生野生动植物的保护和管理，要求作为水禽栖息地的湿地符合野生水禽觅食、繁衍、迁徙的生态环境。此外，为保护湿地生态系统，干预和限制人类在天然湿地上的生产生活活动，包括农耕、水运、捕鱼、旅游、修建工程等。同时，林业草原主管部门对外还代表中国政府负责国际公约与协定的签署。

(二) 生态环境管理部门的管理权

我国生态环境管理部门主要负责湿地土壤环境、水环境等生态环境质量的监督和管理，以限制单位或个人向湿地排放污水、污染物为管理目标，通过对湿地地表水、地下水返还土壤的环境质量以及植被、水生动物残留毒素的监测，保证湿地环境质量达到国家标准，保障湿地生态环境不受污染，发挥湿地生态系统的巨大作用。

(三) 农业农村部门的管理权

农业农村部门对湿地资源的管理权主要体现在对宜农湿地的开发和利用上，以组织管理农用湿地或宜农湿地上的农业生产为管理目标，包括农业结构调整、农用化学制品使用以及农用环境保护。

(四) 渔业行政管理部门的管理权

渔业行政管理部门负责渔业湿地渔业生产行为的监督管理及水生野生动物的保护管理，包括水产养殖、捕捞生产的组织和监督管理，限制捕捞区域和捕捞期限，保护珍稀野生水生动物。

(五) 水行政主管部门的管理权

国务院水行政主管部门负责全国水资源的统一管理和监督工作，包括水资源的开发和利用、水利及水利工程的规划建设管理以及河道、湖泊、滩涂、洼地等蓄滞洪区的规划和保护。目前，国务院水行政主管部门在国家确定的重要江河、湖泊设立了流域管理机构，在其所管辖的范围内行使法律、行政法规规定的和国务院水行政主管部门授予的水资源管理和监督职责。这些流域管理机构包括长江水利委员会、黄河水利委员会、海河水利委员会、淮河水利委员会、珠江水利委员会、松辽水利委员会以及太湖流域管理局等。

第五节　湿地资源的保护与管理

一、我国湿地保护的原则

根据我国湿地保护的立法现状，湿地保护的原则特指湿地保护的立法原则。湿地保护的立法原则，是指通过湿地立法明确规定或体现的、反映湿地保护立法的指导思想和基本方针的、对湿地的保护和利用具有普遍指导作用的准则。

(一) 整体保护原则

湿地的整体保护原则是湿地保护立法特有的原则，湿地保护应当坚持保护优先、严格管理、系统治理、科学修复、合理利用的原则，发挥湿地涵养水源、调节气候、改善环境、维护生物多样性等多种生态功能。要求在遵循湿地生态规律的基础上对湿地生态系统进行全方位的保护，将湿地资源各要素有机联系在一起，最大程度发挥湿地生态系统的功能和价值。对湿地进行整体保护是由湿地生态系统的整体特性决定的，湿地生态系统是植物、动物、微生物与其他环境要素之间密切联系、相互作用，通过物质交换、能量转换和信息传递所构成的占据一定空间、具有一定结构、执行一定功能的动态平衡整体。因此，对湿地的保护工作要充分考虑湿地生态系统各要素功能的稳定发挥，对湿地生态系统的组成要素进行综合统一的管理与保护。

(二)生态优先原则

《湿地保护法》第二十三条规定："国家坚持生态优先、绿色发展，完善湿地保护制度，健全湿地保护政策支持和科技支撑机制，保障湿地生态功能和永续利用，实现生态效益、社会效益、经济效益相统一。"因此，为了提高全社会的湿地保护意识，湿地"生态优先"也是湿地保护立法特有的原则。

生态优先原则要求在提高社会经济发展速度的同时，将湿地保护作为经济发展的前提和基础，改变以往为了盲目追求经济的高速发展导致湿地生态系统日益恶化的局势，坚持"以保护求发展，以发展促保护"的湿地发展战略，转变湿地经济发展方式，实现经济发展和生态保护的协调发展。

(三)绿色发展原则

湿地资源具有巨大的综合效益，开发利用湿地不仅仅指利用湿地的土地价值，还应考虑湿地的生态功能、经济功能等。湿地保护要尽可能平衡湿地的各种价值、功能的矛盾与冲突，综合利用湿地资源，使湿地资源最大程度发挥其经济效益、社会效益和生态效益。

(四)可持续发展原则

可持续发展的概念，最早出现在 1980 年由世界自然保护联盟、联合国环境规划署、世界自然基金会共同发表的《世界自然保护大纲》中。1987 年，以布伦特兰夫人为首的世界环境与发展委员会(WCED)发表了报告——《我们共同的未来》。报告指出："可持续发展是能满足当代人的需要，又不对后代人满足其需要的能力构成危害的发展。它包括两个重要概念：需要的概念，尤其是世界各国人们的基本需要，应将此放在特别优先的地位来考虑；限制的概念，技术状况和社会组织对环境满足眼前和将来需要的能力施加的限制。"1992 年 6 月，在巴西里约热内卢召开的联合国环境与发展大会，通过了《关于环境与发展的里约热内卢宣言》《21 世纪议程》等文件，确立了可持续发展的核心思想。随后，我国政府编制了《中国 21 世纪人口、资源、环境与发展白皮书》，首次把可持续发展思想纳入我国经济社会的长远规划。1997 年，党的十五大把可持续发展理论确定为我国现代化建设中必须实施的战略。可持续发展主要包括经济可持续发展、社会可持续发展、生态可持续发展。

在湿地资源的保护与利用方面贯彻可持续发展原则，正确处理湿地保护与湿地经济发展之间的关系，绝对不以牺牲湿地生态环境换取短期经济利益。湿地作为综合效益很高的自然资源，我国立法机关在制定相关法律法规时要充分重视可持续发展问题，进一步来说就是立法应该明确湿地的利用方式和禁止利用的方式，确保湿地资源能够持续地被开发与利用，保障经济和生态的可持续发展。

(五) 公众参与原则

公众参与原则是明确广大公众参加环境保护与管理的权利并保障公众行使这种权利的基本原则。环境质量直接关系每个人的生活质量和追求幸福生活的权利。保持清洁、舒适、优美的环境，既是人们的愿望，也符合公众的利益。人们享有在良好的环境中生活的权利、依法参与环境管理的权利、对污染和破坏环境的行为进行监督的权利，同时也有保护和改善环境的义务。

我国《环境保护法》规定，一切单位和个人都有保护环境的义务，并有权对污染和破坏环境的单位和个人进行检举和控告，对保护和改善环境有显著成绩的单位和个人，由人民政府给予奖励，国务院和省、自治区、直辖市人民政府环境保护行政主管部门定期发布环境状况公报。使公众参与原则在立法中得以明确规定。良好的公众参与机制是政府及时搜集社会民意的有力渠道，在湿地建设项目进行审批时充分考虑公众的诉求，能够避免或减少对湿地生态环境的损害。因此，在进行湿地资源的保护和管理的过程中，要坚持公众参与原则，充分调动公民参与环境保护的积极性，扩大湿地保护的宣传力度，提高公民保护湿地的社会意识，促进湿地保护工作的有序发展。

二、我国湿地保护的管理体制

现阶段，我国湿地保护实行的林业草原行政部门主管，分部门协管的管理体制。在中央由林业草原主管部门负责组织、协调、指导和监督湿地保护工作，并依据相关法律法规对国际重要湿地保护进行协调监督，代表我国政府履行国际湿地公约。同时，国务院的自然资源、生态环境、水利、农业农村、住房城乡建设等有关主管部门按照有关法律法规和国务院职责分工，负责有关湿地保护管理工作。

自然资源部负责土地资源、矿产资源、海洋资源等自然资源的规划、管理、保护与合理利用。具体职责包括：承担保护与合理利用土地资源、矿产资源、海洋资源等自然资源的责任；负责规范国土资源权属管理。依法保护土地资源、矿产资源、海洋资源等自然资源所有者和使用者的合法权益，组织承办和调处重大权属纠纷，指导土地确权，承担各类土地登记资料的收集、整理、共享和汇交管理，提供社会查询服务。

生态环境部负责建立健全环境保护基本制度。重大环境问题的统筹协调和监督管理。指导、协调、监督生态保护工作，拟订生态保护规划，组织评估生态环境质量状况，监督对生态环境有影响的自然资源开发利用活动、重要生态环境建设和生态破坏恢复工作。指导、协调、监督各种类型的自然保护区、风景名胜区、森林公园的环境保护工作，协调和监督野生动植物保护、湿地环境保护、荒漠化防治工作。协调指导农村生态环境保护，监督生物技术环境安全，牵头生物物种(含遗传资源)工作，组织协调生物多样性保护等。

水利部的主要职责是贯彻执行《水法》；负责全国水资源的统一管理和保护，促进水资源的综合开发利用和节约用水，协调地区和部门之间的水事矛盾；组织编制水利工作发展长远规划和年度计划，制订全国和跨省的水长期供求计划，组织重大水利工程建设；负责大江、大河的综合治理开发和国家防汛抗旱工作；统筹城乡水资源的供需，管理农田排灌、牧区水利、乡镇供水、中小型水电开发和水利渔业等有关事务；主管全国水土保持工作；主管全国水文工作；对全国水利工程建设进行行业管理；归口管理全国水利科学技术和水利教育发展工作；对全国水利队伍建设进行行业管理。

农业农村部负责组织农业资源区划、生态农业和农业可持续发展工作；指导农用地、渔业水域、草原、宜农滩涂、宜农湿地、农村可再生能源的开发利用以及农业生物物种资源的保护和管理；负责保护渔业水域生态环境和水生野生动植物工作，维护国家渔业权益。

住房城乡建设部负责将城市管理的具体职责交给城市人民政府，并由城市人民政府确定市政公用事业、绿化、供水、节水、排水、污水处理、城市客运、市政设施、园林、市容、环卫和建设档案等方面的管理体制。在地方，由各地方的县级以上人民政府及其有关主管部门负责本行政区域内的湿地保护管理工作。

三、我国湿地保护的相关制度

(一)湿地禁止行为

为了加强对湿地资源的保护，《湿地保护法》第二十八条规定了禁止破坏湿地及其生态功能的下列行为：

①开(围)垦、排干自然湿地，永久性截断自然湿地水源。

②擅自填埋自然湿地，擅自采砂、采矿、取土。

③排放不符合水污染物排放标准的工业废水、生活污水及其他污染湿地的废水、污水，倾倒、堆放、丢弃、遗撒固体废物。

④过度放牧或者滥采野生植物，过度捕捞或者灭绝式捕捞，过度施肥、投药、投放饵料等污染湿地的种植养殖行为。

⑤其他破坏湿地及其生态功能的行为。

(二)湿地环境影响评价制度

环境影响评价制度是指对规划和建设项目实施后可能造成的环境影响进行分析、预测和评估，提出预防或者减轻不良环境影响的对策和措施，进行跟踪监测的方法与制度。湿地环境影响评价制度是指在湿地区域内进行开发活动之前，对实施该活动可能给湿地环境质量造成的影响进行调查、预测和评估，并作出科学合理分析、处理的意见和建议。

1994年3月，国家环境保护局在《关于加强湿地生态保护工作的通知》第二条规定："加强湿地开发的环境管理，组织制定湿地保护的法规。对于以湿地为对象进行经济开发，涉及湿地丧失或功能改变的在建项目，凡未做环境影响评价的应当责成补做；凡经评价或科学论证属于开发利用不合理的项目，应向主管部门或当地政府提出处理意见。今后，凡涉及湿地开发利用的项目，都应符合湿地保护与利用规划的要求，河流源头和上游区、泄洪区、水土流失严重区、干旱区、珍稀动植物栖息分布区以及对区域生态和气候具有重要影响的湿地严禁开发。对于因地制宜，以开发利用湿地资源为目的的生产项目，要把开发利用的强度限制在湿地生态系统可承受的限度之内，并做好资源的养护增殖使其持续利用。"

为了从根本上、全局上和发展的源头上注重环境影响，及时采取有效措施控制污染、保护生态环境，我国于 2003 年 9 月 1 日正式施行《环境影响评价法》，从法律角度对环境影响评价的主体、对象、内容、程序和法律责任等进行了规定。但是，这仅仅只是一般性的规定，湿地作为特殊的生态系统，在湿地环境影响评价方面需要综合考虑湿地的特性和整体性等因素，因此有必要在专门的湿地立法中体现。此外，《湿地保护法》还可以通过这个制度的确立，对湿地开发活动进行环境影响评价。这一方面有利于环境影响评价部门更好地对湿地的开发与保护进行评价；另一方面规范湿地环境影响评价制度，可以提高湿地环境影响评价的整体水平。

由于湿地处于陆地系统、水系统和大气系统的界面，并且受到多种自然力的影响，对环境的变化极其敏感。因此，在进行湿地环境影响评价时，还要格外注意生态环境影响评价。进行湿地生态环境影响评价时，除了遵循生态环境影响评价的一般性原则之外，还要注意湿地生态系统的特殊性，有针对性地建立湿地生态环境影响评价的理论构架，增强生态环境影响评价的科学性和应用性。

(三) 湿地生态补偿制度

关于生态补偿制度，我国学界尚未形成统一的理论认识。狭义的生态补偿是指对人类行为对生态环境产生的负外部性所给予的补偿，即对由人类的社会经济活动给生态系统和自然资源造成的破坏及对环境造成的污染的补偿、恢复、综合治理等一系列活动的总称。广义的生态补偿除了包括对环境破坏损失的补偿，还包括对因保护环境丧失发展机会成本的生态区居民进行经济上的补偿和给予的优惠政策，以及为增强环保意识、提高环保水平所支出的科研、教育费用。《环境科学大辞典》将生态补偿定义为："生态补偿指生物有机体、种群、群落或生态系统受到干扰时，所表现出来的抗干扰、调节状态，使自身存续得以维持的能力，在某种意义上可以看作生态负荷的还原能力。"湿地生态补偿制度就是通过补偿制度的建立和相关机制的设定，针对破坏湿地生态环境、占有湿地、利用湿地资源等，通过收取税费等形式进行的补偿、恢复、综合治理等行为，以保护和恢复湿地生态系统功能或生态服务价值，并对由于湿地保护而丧失发展机会的区域及相关群体给予资金、技术、实物上的补偿和政策上的优惠，从而构建和谐的湿地保护和发展模式，使湿地资源的可持续利用格局得以形成。

1. 湿地生态补偿的原则

①污染者赔偿原则。湿地资源不是取之不尽、用之不竭的共有物，大部分湿地资源属于不可再生的自然资源。由于单位或个人行为破坏湿地生态系统，污染湿地生态环境，造成湿地经济或生态损失的，应该由污染者进行赔偿。坚持污染者赔偿原则，对污染者加以经济制裁，可以减少污染者实行污染行为，推动污染者积极治理环境污染，促进企业排污技术的改进，同时能够为治理湿地生态环境筹集资金，真正落实湿地生态补偿制度。

②受益者补偿原则。按照"谁受益，谁补偿"的市场经济原则，作为自然资源保护的直接受益者，其有责任和义务对为此付出努力的地区支付相应的经济补偿费。所收取的经济补偿费用，可以用于湿地生态环境的保护、管理、恢复以及治理，还可以用于湿地保护的宣传教育，提高人们保护湿地资源的法律意识，鼓励社会公众积极参与湿地保护的工作中来。因此，坚持受益者补偿原则也是实施湿地生态补偿制度不可或

缺的一部分。

③可操作性原则。在实施湿地生态补偿制度的过程中，要注意结合各地方的实际情况，综合考虑各方面因素，包括地理位置、经济发展水平、民风民俗以及公民受教育情况等。注重理论与实际的结合，保证实施湿地生态补偿制度的可操作性，将湿地生态补偿制度真正运用到具体的社会实践。

2. 建立湿地生态补偿制度的必要性

①保护湿地资源的客观需要。我国湿地资源十分丰富，湿地生态系统为我国经济的发展提供了巨大的经济效益、社会效益和生态效益。但是，不合理的开发和利用，以及人们在日常生活和工业生产中向湿地排放废水、废物等，致使我国湿地生态系统遭到严重破坏。据统计，已有超过50%的滨海滩涂不复存在，全国1 000多个天然湖泊消亡。以黑龙江省为例，三江平原大约有70%的天然湿地正在消失，各大水系大部分的河段水质因污染失去了饮用水功能。此外，为解决扎龙湿地保护区的生态用水问题，还必须进行人工补水。巨大的资金问题已经成为保护湿地、治理湿地污染的严重阻碍，因此，必须建立湿地生态补偿制度，坚持污染者赔偿、受益者补偿的原则，改善因资金问题导致湿地保护管理难以进行的局面。

②实现生态文明的基本要求。面对资源约束趋紧、环境污染严重、生态系统退化的严峻形势，我国将建设生态文明纳入基本国策。生态文明建设要求正确处理经济发展与环境保护之间的关系。湿地生态系统作为特殊的生态系统，具有重大的生态价值。在进行经济发展的过程中要十分注意湿地生态系统的保护，科学开发利用湿地。湿地生态补偿制度的建立，能够规范开发者的开发行为，避免或减少湿地污染，同时能够加大湿地治理的资金投入，全面科学地治理湿地生态环境，做到经济发展与湿地生态保护两不耽误。因此，从实现我国生态文明建设的角度出发，也应该建立湿地生态补偿制度。

（四）湿地环境监测制度

湿地生态环境监测是湿地资源保护、管理和利用的基础性工作，是湿地管理的基本内容。受湿地生态系统特殊性的影响，其环境监测也必须在一般环境监测的基础上进行必要的特殊监测。湿地生态环境监测是指运用可比的方法，在时间或空间上对特定湿地地域范围内的生态系统或生态系统聚合体的类型、数量、结构和功能等方面中一个或几个要素进行定期观测，以了解湿地环境的健康状况，预测湿地生态系统的发展趋势，制定科学的湿地保护和管理对策，为湿地自然保护区的建设、有效管理和湿地资源的合理利用提供重要依据。湿地环境监测包括对水文、植物群落和动物种群的监测等。

1. 湿地水文监测

在湿地中，水量的变化直接影响湿地面积，水体中各元素的含量能够影响湿地及其周边自然环境的变化，影响土壤、植被等多种湿地构成要素的变化，进而影响整个湿地生态系统的变化。例如，罗布泊湿地消亡以及太湖、鄱阳湖、洞庭湖流域湿地面积的变化，都与湿地水文有直接或间接的影响。此外，湿地功能的发挥也受到水文变化的影响。

湿地水文的管理主要包括水位、流量、水质等方面的变化。水位、流量等水文数据的监测与分析是湿地水文管理的重要内容。水位监测一方面指在明水面中进行监测；另一方面指在湿地所在流域进行的水文监测。湿地水文监测对水利设施的建立、湿地资源的利用都产生影响。同样，流量的数据监测通过对湿地水量、水位的估算显示其也对湿地及其周边自然环境产生影响。水质监测更是湿地生态环境的重要指标之一，它能够准确地反映环境变化的具体原因以及环境变化产生的一系列生态效应。

2. 湿地植物群落与动物种群监测

从生长环境看，湿地植物可以分为水生植物、沼生植物和湿生植物3类；从植物生活类型看，可以分为挺水植物、浮叶植物、沉水植物和漂浮植物；从植物生长类型看，可以分为草本类、灌木类和乔木类。

湿地植物不仅为人类提供工业原料、食物、观赏花卉、药材等，在湿地生态系统中也具有关键性作用。湿地植物群落监测的内容包括湿地植被类型、面积与分布。湿地植物群落的特征包括多度、密度、频度、盖度、高度。

与湿地植物群落的监测相比，对湿地动物种群的监测要困难一点。主要因为动物的流动性较大、随意性较强。动物的监测还要注意动物种群数量、性别的变化等。

此外，随着外来物种入侵事件的频频发生，对湿地动植物监测时，还要格外地注意是否有外来物种进入湿地栖息地。外来物种进入湿地栖息地，可能改变湿地生态系统的整体结构，不一定有利于湿地生态功能的发挥，在某种情况下可能破坏整个湿地生态系统。因此，对外来物种的监测在湿地动植物监测中也具有重要的意义。

四、我国湿地管理的相关制度

(一)湿地建设项目管理

在湿地及其周边进行农业开垦、城市开发、水利工程建设、采矿、道路和桥梁的修建以及旅游等活动，都会对湿地生态系统产生影响，可能造成湿地环境的污染、湿地面积的缩减等问题。因此，我国法律法规加强了对湿地建设项目的管理。

《湿地保护法》对建设项目作了相关规定。第十九条规定："国家严格控制占用湿地。禁止占用国家重要湿地，国家重大项目、防灾减灾项目、重要水利及保护设施项目、湿地保护项目等除外。建设项目选址、选线应当避让湿地，无法避让的应当尽量减少占用，并采取必要措施减轻对湿地生态功能的不利影响。建设项目规划选址、选线审批或者核准时，涉及国家重要湿地的，应当征求国务院林业草原主管部门的意见；涉及省级重要湿地或者一般湿地的，应当按照管理权限，征求县级以上地方人民政府授权的部门的意见。"

(二)湿地水资源管理

湿地与水资源关系密切，主要表现在：首先，水是湿地的生存之本，离开了水，湿地也就不复存在；其次，湿地在蓄水、调节河川径流、补给地下水、改善水质和维持区域水循环中都发挥了重大作用。因此，对于湿地水资源的保护和管理显得十分重要。

截至2019年，全国水资源总量29 041.0亿立方米，全国年平均降水量651.3毫米；截至2019年年底，全国677座大型水库和3 628座中型水库年末蓄水总量4 118.4

亿立方米。同时，由于工业、居民生活污水的排放，我国水资源污染严重，频频发生水污染事件，例如，2013年华北地下水污染事件、2014年兰州自来水苯含量超标事件和2017年江苏靖江水污染事件，等等。由此能够看出，我国湿地水资源管理的形势不容乐观，需要加大力度治理水污染，以保护"生命之源"。

我国涉及水资源保护的法律主要有：《水法》《水污染防治法》和《环境保护法》等。为了从根本上保护湿地水资源，除了通过立法保护水资源外，还要加强保护水资源的宣传教育，提高公民的保护水源、节约用水的意识。同时以流域为单元，对湿地水资源开发利用和保护进行统一规划。优化水量的分配方式，把对湿地水资源的利用限制在一定范围之内，保障水资源的再生功能不致受到损害。

（三）湿地污染防控

湿地被誉为"地球之肾"，是天然的污水处理系统。但是，湿地环境容量是有限的，当污染物的排放超出了湿地本身的净化能力，就会造成湿地污染，如乌梁素海污染事件等。

湿地污染防控制度就是对湿地环境污染进行预防和治理，使污染物的排放不超出湿地生态系统自净能力范围的制度。湿地污染防控主要体现在两个方面：①提高有关单位和个人的湿地保护意识，减少相关企业和个人对湿地的污染排放；②国家应该根据实际情况制定湿地污染防控规划，划定污染控制标准，严厉处罚超出标准向湿地排放污染物的企业或个人。

需要注意的是，首先，政府作为湿地保护的管理者和湿地污染防控的实施者，应该严格执行湿地污染防控制度。其次，在湿地保护的相关立法中应该明确政府在湿地污染防控工作中的具体职责。最后，湿地污染防控制度在实施过程中应该结合湿地环境影响评价制度、"三同时"制度等湿地保护管理制度，全方位地对湿地生态系统进行保护和管理。

（四）湿地监督检查

为保障湿地资源的合理开发与利用，控制湿地污染情况。各级人民政府在国务院的领导下应该定期对湿地进行监督和检查。《湿地保护法》第四十五条规定："县级以上人民政府林业草原、自然资源、水行政、住房城乡建设、生态环境、农业农村主管部门应当依照本法规定，按照职责分工对湿地的保护、修复、利用等活动进行监督检查，依法查处破坏湿地的违法行为。"

第六节　湿地保护相关国际公约

一、《湿地公约》

受全球工业化的进程的影响，全球湿地生态系统遭到严重的破坏。保护湿地成为各国共同关注的焦点问题。1971年2月2日，全球18个国家的代表在伊朗南部海滨小城拉姆萨尔签署了一个旨在保护和合理利用全球湿地的公约——《湿地公约》。该公约于1975年12月21日正式生效，目前共有172个缔约方。我国于1992年加入该公约。该公约主张以湿地保护和"明智利用"为原则，在不损坏湿地生态系统的范围之内可持续利用湿地。现在国际重要湿地数量已达 1 886 个。《湿地公约》的宗旨是通过各成员国之间的合作加强对世界湿地资源的保护及合理利用，实现生态系统的持续发展。目前，《湿地公约》已成为国际重要的自然保护公约之一，超过 2 500 个在生态学、植物学、动物学、湖沼学或水文学方面具有独特意义的湿地被列入《国际重要湿地名录》。

《湿地公约》规定了缔约国的 3 项法律义务，分别为合理利用义务、指定湿地的保护义务和国际合作义务。

(一)合理利用义务

《湿地公约》第三条第一款规定："缔约国应制订和执行规划，以促进对列入名录的湿地的保护，并尽可能地合理使用其领土内的湿地。"合理利用义务的规定为各缔约国在制定国内湿地保护立法以及湿地资源的管理开发方面奠定了法律基础。根据这一法律义务，各国重新审查其国内立法、机构设置和实践，以确保国内法和行政管理手段没有妨碍到湿地的合理使用。同时，通过各阶级、部门、私人和公众之间的利益平衡与合作，促进有利于合理利用的法律手段的运用，建立了综合性的湿地规划和管理体系。

(二)指定湿地的保护义务

根据《湿地公约》第二条第一款规定："每个缔约国都具有指定其领土内适当湿地列入《国际重要湿地名录》，并制定和实施规划以加强对该湿地的保护与管理。"

(三)国际合作义务

《湿地公约》第五条规定："缔约国应就履行本公约的义务相互协商，特别是当一片湿地跨越一个以上缔约国领土或多个缔约国共处同一水系时。同时，他们应尽力协调和支持有关养护湿地及其动植物的现行的和未来的政策与规定。"可见，《湿地公约》从法律的角度保障了关于湿地保护的国际合作，保护湿地资源是每个缔约国应尽的义务与责任。

《湿地公约》的签署对各国湿地保护与管理起到了举足轻重的积极作用，具体表现：通过一系列的指导性文件，督促并指导各缔约国制定国家湿地政策，保护各缔约国国内湿地生态系统；促进了各国关于湿地保护的国际合作，例如，中国与日本、澳大利亚签订的保护候鸟协定，以及美国和加拿大之间的《迁徙物种协定》等。通过实施战略计划，使越来越多的国家及其国民认识到湿地生态系统的作用，对全球湿地和生物多样性的保护起到了主导作用。

二、《生物多样性公约》

1992 年 6 月 1 日，联合国环境规划署在内罗毕发起第七次政府间谈判委员会会议，会议通过了一项保护地球生物资源的重要公约——《生物多样性公约》。1992 年 6 月 5 日，在巴西里约热内卢举行的联合国环境与发展大会上，各国签署该公约。我国于1992 年 6 月 11 日加入该公约，1993 年 12 月 29 日正式生效。该公约常设秘书处设在加拿大蒙特利尔，缔约国大会是全球履行公约的最高决策机构，一切有关履行《生物多样性公约》的重大决定都要经过缔约国大会的讨论通过。该公约成立的主要目的在于保护生物多样性，公约第一次树立了保护生物多样性是人类发展进程中不可缺少的一部分的思想，取得了保护生物多样性关乎人类共同利益的共识。

该公约涵盖了所有的生态系统、物种和遗传资源，把传统保护和可持续利用生物资源的经济目标结合起来，建立了公平合理地共享遗传资源利益的原则。湿地作为特殊的生态系统，不仅对生物多样性具有保护作用而且对生物遗传基因库还具有维护作用。因此，湿地的保护与管理在国际方面同样受到《生物多样性公约》的规范与调整。

《生物多样性公约》规定各缔约国不仅要承担保护和可持续利用生物多样性的义务，还要履行下列义务：识别和监测需要保护的重要的生物多样性组成部分；防止引进威胁生态系统、栖息地和物种的外来物种，并予以控制和消灭；促进公众的参与，尤其是评价威胁生物多样性的建设项目造成的环境影响以及教育公众，提高公众有关生物多样性的重要性和保护必要性的认识等。

三、《濒危野生动植物种国际贸易公约》

《濒危野生动植物种国际贸易公约》又称《华盛顿公约》，目的在于管制而非完全禁止野生物种的国际贸易，用物种分级与许可证的方式实现野生物种市场的永续利用。

该公约于 1973 年 6 月 21 日在美国首都华盛顿签署，1975 年 7 月 1 日正式生效，共有 154 个国家签署了《华盛顿公约》，我国于 1993 年 2 月 6 日正式加入该公约。

受该公约管制的国际贸易物种可以分成 3 项附录。附录一的物种包括：极危动物，如苏门犀、黑犀等；濒危动物，藏羚羊等；易危动物，印度野牛和小熊猫等；非受危物种，如美洲豹、小羊驼、马鹿等。计入附录一的物种若再进行国际贸易，将导致这些物种的灭绝。附录二的物种目前无灭绝危机，但是如果不控制其国际贸易，种群数量可能会降低。这些物种的种群数量若继续降低，则可纳入附录一的范围。附录二的物种包括：濒危动物，如豺、象龟等；易危动物，如河马、狮子、北极熊等；非受危物种，如羊驼、狼、棕熊、美洲狮等。附录三记载的动物则全部为非受危物种，属于区域性管制国际贸易的物种。

四、《保护世界文化和自然遗产公约》

1972 年 11 月 16 日，联合国教育、科学及文化组织大会第 17 届会议在巴黎举行，会议通过了《保护世界文化和自然遗产公约》。该公约主要确定了文化遗产和自然遗产的定义，规定了文化、自然遗产的国家保护和国际保护措施等条款。此外，凡被列入世界文化和自然遗产的地点，都由其所在国家依法严格予以保护。

该公约规定，自然遗产为从审美和科学角度看具有突出的普遍价值的由物质和生物结构或这类结构群组成的自然面貌，从科学或保护角度看具有突出的普遍价值的地质和自然地理结构以及明确划为受威胁的动物和植物生境区，从科学、保护或自然美角度看具有突出的普遍价值的自然景观或明确划分的自然区域。例如，我国的九寨沟、澳大利亚的鲨鱼湾、法国圣米歇尔山及其海湾，等等。可以看出，部分湿地由于受地理位置、自然景观或保护现状的影响，被陆续划为世界自然遗产，受《保护世界文化和自然遗产公约》的规范和调整。

例如，美国大沼泽地国家公园曾于 1993 年 12 月被列入濒危的世界遗产名录中，目的在于提醒人们关注湿地环境正在遭受的种种威胁。湿地的保护不仅仅是环境或世界遗产的保护，也是对当地主要淡水资源的保护，是健康的海洋和河口环境的关键所在。

2007 年 6 月 26 日，第 31 届世界遗产大会针对世界遗产的保护问题进行了讨论，特别对入列《濒危世界遗产名录》的遗产进行了审议，并宣布鉴于保护工作卓有成效，将美国大沼泽地国家公园从该名单上去除。

第七章

外来物种入侵防控法

第一节 概　述

环境是人类赖以存在的基础，人类的生存离不开环境。当我们提到环境污染与防治时，也许大多数人想到的是空气、水和土壤等污染与防治问题。在可持续发展战略和保护环境的理念广泛传播的今天，人们不但要关注传统意义上的环境污染，还要更加注重环境的生态安全。在我们日常生活中、新闻中经常会听到如凤眼莲、紫茎泽兰、松材线虫、加拿大一枝黄花、美国白蛾、克氏原螯虾和巴西红耳龟等，这些都是外来入侵物种的典型。外来物种在入侵后可以在没有天敌的环境中恣意增长，它们的暴发性生长会造成入侵地区原有生态环境中的空气、水、土壤以及固有环境的生物多样性的严重破坏。外来物种入侵现已成为全球关注的重大课题。

我国是遭受外来物种入侵最严重的国家之一。面对外来物种入侵所带来的种种问题，需要积极的应对，采取防控外来物种入侵的措施迫在眉睫。

一、外来物种和外来物种入侵的界定

(一)外来物种的概念

外来物种是指那些出现在原来或现在的环境以外的不经过直接或间接地引入和人类照顾的情况下能够成活的物种、亚种的生物。外来物种有着区别于其他原有环境生物的显著特点，形成了独有的三大特点：外来物种在被侵入的环境中适应能力强、繁殖能力强、传播能力强。外来物种入侵能够造成巨大的环境危害，除了其特点外，形成外来物种入侵的环境也同样很特殊。这种环境具有区别于原生环境的特点，被外来物种入侵的环境拥有大量的可利用资源，缺少充分的自然环境控制因素和人类介入因素。

(二)外来物种入侵的概念

定义外来物种入侵需要从外来物种引进等方面比较分析。在任何国家和地区最先开始的外来物种进入并不是入侵而是引进。外来物种的引进又称为引种，是指先在某特定地方存在，后通过迁移引进等方式进入被引进地的自然环境能够快速成长并不断地扩大生存范围物种的引入。

　　毫无疑问,正确的外来物种引进会增加引进地区生态系统的生物多样性,也就能够增加人们物质生活的多样性,对引进外来物种的地区有一定的积极促进作用。例如,20 世纪初美国从我国引种的大豆,在美国的种植面积由原来的 6 000 多万亩增加到现在的 4 亿多亩。现今,美国是大豆的最大生产国、出口国。由古至今来看,我国的古代也有许多成功引种的例子,如葡萄、蚕豆、苜蓿、胡萝卜、石榴、核桃、豌豆、芦荟和烟草等外来物种通过丝绸之路被引进到了中原地区,成为人们熟悉的瓜果蔬菜物种。这就是外来物种引进的成功的一面,但是对于外来物种的引进如果不能够成功地运用就会产生不良的后果。

　　不恰当地引进外来物种会造成外来物种的侵入,入侵之后的外来物种会对原本景观的自然性和完整性造成破坏,产生摧毁生物生态系统、危害生物多样性等严重的后果。不恰当引进的外来物种在新的生存环境中没有天敌,因而能够快速地繁衍,大量繁衍来抢夺原生环境物种应有的生存环境,进而导致原生环境物种的锐减和快速的灭绝,严重危及生态系统安全。所以能够造成生态系统破坏的外来物种引进就是外来物种入侵。

　　综上,外来物种入侵是指显现在其自然分布范围、自然分布位置之外的物种、亚种以及包含这些物种生存、繁殖下去的任何的生物部分。它表达两层含义:第一,物种必须是非本土的,是不存在于引进的环境中的物种;第二,外来物种能够在被引进的或者是在人工饲养的生态系统中繁殖扩散,对当地原本的生物生态环境造成影响,并且严重损害当地原来的生物多样性。

　　外来物种的入侵问题的表现为 3 个方面:第一,通过有意识或无意识的行为进行引进,使被引进物种进入自身自然分布所在区域以外的地区(即非原产地区);第二,通过不同的方式进行繁衍能够在被引进的生态系统中建立可以自我维持的生物种群;第三,通过生物种群的繁衍后就能够造成被引进地的自然生态系统或自然景观严重变化,或不仅是变化,也会严重损害被引进地自然或人为的生态系统,严重影响被引进地的生态平衡和生物多样性。

(三)外来物种入侵的特征

　　①外来物种入侵的过程具有时期性。入侵的过程通常分为以下几个时期:引进和逃跑期、种群建立成长期、潜伏期和扩大期。

　　②外来物种入侵具有潜伏性和爆发性,即为滞后性。外来物种是悄然走近的,即外来入侵的物种在开始的时候不会大量繁衍、扩展栖息地,而是安静而又平稳地在新的环境生存成长。如著名的巴西胡椒生物入侵案例,在被引进美国平静地生长适应几十年后才暴发。还有水葫芦和互花米草等植物在最初引进我国时都没有暴发而是经过适应生长后,就开始群落密集。潜伏期后爆发性增长最后使得没有任何植物能够与它们竞争。

　　③外来物种入侵的影响具有长久性。外来入侵物种影响破坏环境和生态系统,随着现在人类对环境保护的重视,人类开始着重对环境进行恢复和保护。而相对于人类传统污染后的恢复性保护,外来物种入侵没有人类传统污染后修复速度快。因为外来物种一旦引进到一个新的生态环境后,即使停止了对外来物种的引进,已经引进的外来物种个体不会自动消失,就算把外来物种单个个体消灭,只要有外来物种的部分组

织存在便仍保持继续生长。而一些外来物种能够利用没有天敌控制的优势，生长后就大量地繁衍，抢夺其他原产生态系统生物的生存空间进而广泛地生长。外来物种入侵后的治理极其困难而且很难清除，这就注定了外来物种的影响具有长久性。

④外来物种入侵有广泛的范围。外来物种的入侵范围所牵涉的范围极其广泛，包括了陆地、水体和大气在内几乎所有生态系统，其破坏生态系统的后果严重而且不能够预测。还能够引起周围生物环境的破坏等一系列难以清除的广泛的破坏后果。因为清除的困难性和成本极高，使得外来物种入侵的控制极为缓慢，影响的范围迅速扩大难以收拾。

⑤外来物种入侵的形成具有对入侵环境的选择性。能够成为外来物种入侵的环境是具有一定的条件的。被入侵的环境具有特定性，包括环境本身生物物种较为单一，或受到人类行为扰乱严重，致使环境修复能力退化，或环境本身拥有大量的有资源闲置的生态环境，以及明显缺少了自然控制修复机制的生态环境，被外来物种入侵的成功率是比较高。而受到较小污染的环境或是其本身没有空闲资源的生态环境，本身的控制能力和修复能力较强的生态环境基本很少能够被外来物种入侵成功。所以，外来物种的入侵会对被入侵的生态环境具有条件的选择性。

二、外来物种入侵的危害

外来物种入侵会产生不可逆转、不具有修复性的危害。外来物种入侵产生的危害主要包括以下方面：

(一)对生态系统的危害

外来物种入侵后对生态系统危害极其严重，会造成四大方面的危害，分别为土壤的破坏、水的污染、空气的污染和生物多样性的破坏。

①外来物种抢占其他生物的资源，过度吸收土壤的营养，致使水土流失，甚至在土地没有营养时会释放化学物质，给土地深层次的毁坏。

②外来物种入侵占用大量的水资源，有些外来物种严重地污染水资源。外来物种占有水资源的同时淤积河道、阻塞水流或自身释放毒素污染水源。有些外来物种甚至可以携带污染物质进行二次污染。

③外来物种入侵会对空气排出毒气和漂浮物，其所造成的水土流失也会引起沙尘暴，间接地损害空气的质量。

④外来物种入侵会对当地的生态系统结构的稳定造成严重威胁。外来物种过量获取生态资源，排挤本地物种或排出毒素来直接杀死本地的物种，抑制其他本地物种的生长，严重地破坏生物多样性，影响环境修复能力。

(二)对人类生活的危害

外来物种入侵对人类的生产生活往往带来不良影响。

①外来物种携带病原体，在新的环境中不能得到控制。

②外来物种入侵产生严重的经济损失不利于人类经济社会发展。外来物种入侵会造成人类种植的农田作物减产或对观赏性景观(如森林、园艺、草坪)以及建筑产生破坏性影响。有些外来的动植物会大量地吸收水资源，对水产和畜牧环境不利。数量众

多的外来物种急速成长，在河道上也会造成严重的拥堵，间接影响农业和旅游业，不利于经济发展。

③外来物种入侵间接地影响改变人类社会生活或文化。外来物种入侵会直接破坏被引进地的生物多样性，使当地的动植物迅速减少，严重影响了生物的遗传多样性。人类原有生活环境中的各种动植物随之灭绝，环境中仅存有外来物种，使一些民族依据其特有的动植物形成的图腾文化逐渐消失。

第二节　外来物种入侵防控立法的发展

外来物种入侵会给生态系统和人类生活带来严重的影响，为防治外来物种入侵需要结合各种手段来进行防控。国家或是地区面对外来物种入侵应实施适当的法律法规进行管理。为了解决外来物种入侵防控问题，美国、加拿大、南非、阿根廷、澳大利亚和日本等国已经制定了防控外来物种入侵的法律法规，这对防控外来物种入侵发挥着重要作用。

一、外来物种入侵防控国外立法

(一)美国外来物种入侵防控立法

大量的人口迁移流动和经济的快速发展使美国成为超级大国的同时，也较早地使其成为外来物种入侵危害最为严重的国家之一。19世纪中期，美国外来物种入侵问题层出不穷，美国的外来物种约5万种。不可否认，某些被引进的外来物种对美国的农林、食品、旅游娱乐、生态景观以及宠物养殖等行业有些贡献。但与此同时，由于美国官方并没有对外来物种的入侵给予足够的重视，某些引入的外来物种开始进行入侵，造成美国的生态系统和生物多样性等方面的巨大损失。具体表现为以下几个方面：①外来物种入侵是美国生物多样性丧失的原因之一。②外来物种入侵给美国的国家级自然景观的整体性造成了不可估量的损失，是自然景观的巨大威胁。例如，外来草本植物入侵美国夏威夷，每年大量地生长繁衍消灭本土植物，严重地破坏当地景观。现在这些外来的草本植物以每年8%~20%的速度增长继续破坏美国自然景观的整体性。③从1994年起，美国由外来物种入侵造成的经济损失预估每年达1 230亿美元。

20世纪90年代起，美国就把立法焦点转移到外来物种入侵防控方面。1990年，美国国会通过了《外来有害水生生物预防与防控法》(*Non-indigenous Aquatic Nuisance Prevention and Control Act*，NANPCA)。这部法律主要阐述了外来物种入侵问题的复杂性，并且基本设计了解决问题的方针和框架。该部法律的主要目的是预防未来有害外来水生生物的引进，以及控制无意中引进的外来水生生物的入侵。

1996年，美国国会通过了《国家入侵物种法》(*National Invasive Species Act*，NISA)。这部法律进一步认可补充了《外来有害水生生物预防与防控法》，加大对美国水域的保护。

1999年，时任美国总统的克林顿签署法令，宣布建立跨部门合作机构——国家入侵物种委员会(National Invasive Species Council，NISC)和入侵物种咨询委员会(Invasive Species Advisory Committee，ISAC)。目前，美国针对外来物种入侵发布了一系列法律，如《植物检疫法》(*Plant Protection Act*)(2000)、《联邦植物害虫法》(*Federal Plant Pest*

Act)（1957）、《国家环境政策法》（*National Environmental Policy Act*）（1970）、《动物损害控制法》（*Animal Damage Control Act*）（1931）、《联邦杂草防治法》（*Noxious Weed Control and Eradication Act*）（2004）和《濒危物种法》（*Endangered Species Act*）（1973）等法律法规。

美国的外来物种入侵防控立法是比较先进的，而且具有跨部门合作性特点。根据美国的外来物种入侵防控相关法律法规，美国的此类立法呈现以下特点：①美国的外来物种入侵防控法律强调部门之间的协调。从 1990 年的《外来有害水生生物预防与防控法》到 1996 年的《国家入侵物种法》都是在外来水生生物的预防控制法律之间的进一步加强，不断加强美国具有管理外来物种入侵部门的合作，从法律上赋予权利并加以确认。②美国的外来物种入侵防控立法尤其重视明确个人责任。例如，《外来有害水生生物预防与防控法》明确了个人责任。③美国的外来物种入侵防控立法特别强调法律上的公众参与原则的落实。例如，《国家入侵物种法》就特别规定了民众在面对水生外来生物的参与、教育防范等方面的权利。

(二) 加拿大外来物种入侵防控立法

加拿大联邦政府和各省政府关注外来物种入侵问题，出台相关立法来遏制外来物种入侵，减少外来物种入侵所带来的危害。2001 年，加拿大制定"国家防御外来物种入侵战略"，明确提出制定防控外来物种入侵的法律法规，进一步降低外来物种入侵带来的危害。

加拿大的外来物种入侵防控立法由联邦政府立法和各省政府立法构成，加拿大联邦政府制定的法律中与外来物种入侵防控相关的法律有《自然资源法》（*Depart of Natural Resources Act*）、《植物保护法》（*Plant Protection Act*）、《森林法》（*Forestry Act*）、《种子法》（*Seeds Act*）、《濒危物种法》（*Species at Risk Act*）、《国家公园法》（*Canada National Parks Act*）、《环境评估法》（*Canadian Environmental Protection Act*）、《环境保护法》（*Canadian Environmental Protection Act*）、《海关法》（*Customs Act*）、《有害生物控制产品法》（*Pest Control Products Act*）等 14 项。同时，加拿大各省政府也制定了与外来物种入侵防控相关的法律，因各不相同，在此不一一介绍。

加拿大外来物种入侵防控立法具有较强的目的性和国家政策性，其主要目的是保护本国的农林和自然作物。虽然有集中的目的保护性，但是加拿大目前的外来物种入侵防控法还是比较分散，缺少完整性。加拿大外来物种入侵防控的战略国策是其独到地发挥本国国情特点，在国家政策的基础上开发协调联邦政府制定针对外来物种入侵防控的立法框架，更加有效地落实外来物种入侵防控措施。

(三) 南非外来物种入侵防控立法

南非是世界上生物多样性最丰富的国家之一。近些年来外来物种入侵对南非的陆地、淡水以及海水的生态系统造成了巨大的危害。外来物种入侵对非洲的原生生态环境有很大的破坏，面临外来物种入侵对自然资源和生物多样性的危害的日益严重，南非成为非洲大陆上主动推进外来物种入侵防控立法的国家。南非通过了一系列的环境保护立法，利用法律手段防控外来物种入侵到本土环境。南非也有一部分相关法律对外来物种入侵的防控有所涉及。

南非的外来物种入侵防控相关法律有《国家环境管理法》(*National Environmental Management Act*)、《保护与持续利用南非生物多样性资源白皮书》(*White Paper on the Conservation and Sustainable Use of South Africa's Biological Diversity*)，以及南非关于外来物种入侵的相关防控法律。

南非基本的保护环境、防控外来物种入侵的法律是《国家环境管理法》。这部法律基本上确立了环境保护的基本原则，并且规定了扩展解释的运用规则。《国家环境管理法》没有针对防控外来物种入侵的直接规定，但是制定了防控外来物种的方法。制定《国家环境管理法》的主要目的是确保社会、经济和环境可持续发展，规定国家的所有活动要保证生态系统的正常运行，不能造成环境的污染和破坏，也不能造成本土生物多样性的减退。《国家环境管理法》保证了南非可持续发展国家战略的执行，但是法律主要提到的是本地物种应该受到严格的保护，对于外来物种入侵的防控问题基本为法律条文的暗示作用。

1995 年，南非加入了《生物多样性公约》。为了贯彻执行《生物多样性公约》，1997 年南非颁布实施了《保护与持续利用南非生物多样性资源白皮书》。这部白皮书确立南非保护生物多样性的国策。白皮书可以给予法律在处理环境和生物多样性问题时一定的指导和援引。《保护与持续利用南非生物多样性资源白皮书》是南非针对环境与生物多样性的目标，也是发展标准。现今针对南非国内外来物种入侵的重大问题，白皮书建议南非政府采取积极的防控措施来阻止外来物种入侵的危害。

(四) 阿根廷外来物种入侵的防控立法

南美洲也不可避免地受到外来物种入侵的威胁，其中阿根廷是该地区受到外来物种入侵最为严重的国家之一。16 世纪，殖民扩张带来物种的迁移，使南美洲与北美洲的物种通过跨越南北美洲的海岛和大陆桥来回迁移，加剧了阿根廷外来物种入侵的危害。阿根廷曾经倡导外来引进麻雀同本地的物种进行竞争，最后这些外来物种入侵导致严重的瘟疫。阿根廷也因为引进具有经济价值的毛皮动物(麝香鼠、海狸鼠)使火地岛的物种遭到灭绝性的侵害。阿根廷的以上两次外来物种入侵事件推进了该国外来物种入侵防控立法的进程。

阿根廷宪法规定，公民有权利获得一个健康的环境并且有责任保护它。1994 年，阿根廷签署了《生物多样性公约》，随即制定了生物多样性战略。这项战略被阿根廷联邦政府批准为生物多样性保护法规。生物多样性战略涉及了国家环境保护制度和立法框架等众多方向，其中对外来物种入侵的防控是主要目标。

虽然已经认识到外来物种入侵带来的危害，但是目前的阿根廷对于外来物种入侵的防控立法还是零散的，立法框架也不够系统完整。阿根廷值得称道的是宪法的环境权和国家性战略目标保持一致，从而遏制外来物种入侵的威胁。

(五) 澳大利亚外来物种入侵防控立法

澳大利亚也是外来物种入侵危害严重的国家。澳大利亚在 1992 年和 1996 年分别制定了《濒危物种保护法》(*Endangered Species Act*)和《澳大利亚生物多样性保护国及策略》，对澳大利亚国内的生物多样性和生态系统稳定进行保护。同时对威胁澳大利亚生态系统的外来物种进行防控。澳大利亚在颁布实施《濒危物种保护法》和《澳大利亚生物多样性保护国及策略》两项法律法规后，于 1999 年制定了《环境和生物多样性保护法》（*Environment and Biodiversity Protection Act*）。

(六) 日本外来物种入侵防控立法

日本属于岛国，面临着复杂庞大的国外产品及原料大量的输入，因此日本也是外来物种入侵危害十分严重的国家。根据统计，从日本明治时期以来，已知有 2 248 种之多的外来物种在日本定殖。为应对外来物种入侵的不断威胁，2004 年，日本政府颁布了《外来物种入侵法》（*Invasive Alien Species Act*），对引入饲养（种植）、运输储存外来物种作出了法律规定。日本在 2005 年发布实施了《预防外来入侵生物对生态系统造成不利影响的基本政策》（*Basic Policy for Adverse Effects on Ecosystems Caused by Invasive Alien Species*）。

日本制定的《外来物种入侵法》是对现有环境保护法律法规的有益补充，将外来物种入侵正式纳入法律管制层面。日本的《外来物种入侵法》将外来物种划分为三大类：第一类是能够对生态系统造成威胁或具有潜在威胁的外来物种，类似于"黑名单"，是禁止进出口的物种；第二类是指还未确定其真正威胁性的外来物种，不能够确定危险性的物种，类似于"灰名单"，因为不能够确定这类外来物种是否具有危险性就有可能是危险的外来入侵物种，也有可能是没有危害的外来物种；第三类是指以上两种以外的外来物种，类似于"白名单"，属于可以放心进行进出口的外来物种。日本法律制定的不同外来物种的目录，是根据环境生态影响而动态调整的。

日本的《预防外来入侵生物对生态系统造成不利影响的基本政策》（以下简称《基本政策》）是基于《外来物种入侵法》制定的，是对《外来物种入侵法》的扩充和解释。《基本政策》对外来物种入侵的选择原则、处理和防治入侵措施进行了详细说明和规定。《基本政策》的基本原则是日本外来物种入侵防控立法基本的原则，该基本原则在日本的外来物种入侵方面具有指导作用，可以在实施预防和治理外来物种入侵时灵活运用。该基本原则包括：①选择外来入侵物种的原则；②处理及防治外来入侵物种；③划定的外来入侵物种；④非有意引入及其他。这些原则全面灵活地覆盖了外来物种入侵防控的方方面面。

日本在外来物种入侵的防控立法上较为合理，《外来物种入侵法》和《基本政策》构成日本的外来物种入侵防控法。《外来物种入侵法》是基本的具体防控规定，而《基本政策》则充分地运用灵活的基本原则填补了《外来物种入侵法》防控外来物种入侵具体措施的空白。

二、外来物种入侵防控国内立法

目前我国在防控外来物种入侵的相关法律法规有《生物安全法》《环境保护法》《野生动物保护法》《森林法》《环境影响评价法》《海洋环境保护法》《进出口商品检验法》《国境卫生检疫法》《进出境动植物检疫法》《食品卫生法》《进出境动植物检疫法实施条例》《进出口商品检验法实施条例》《国境卫生检疫法实施细则》《濒危野生动植物进出口管理条例》《自然保护区条例》《野生植物保护条例》《植物新品种保护条例》《出口货物原产地规则》《外来入侵物种管理办法》《国际航行船舶进出中华人民共和国口岸检查办法》《农业转基因进口安全管理办法》《关于禁止犀牛角和虎骨贸易的通知》，以及《刑法》第六章涉及进出口造成环境影响部分。这些法律法规的主要目的是保护野生动物和防治病虫灾害，规范进出口检验检疫的防控，防范外来物种入侵。

2014年，国务院办公厅发布了《关于进一步加强林业有害生物防治工作的意见》。该意见的发布实施是我国首次从国家层面作出的关于林业有害生物防治工作的重大决策部署，是全面指导当前和今后一个时期林业有害生物防治工作的纲领性文件。该意见从我国林业有害生物防治工作的实际出发，强化了政策措施在防治工作中的支撑作用，进一步明确并着重强调了涉及林业有害生物防治领域相关政策的制定与执行，为发展生态林业、民生林业提供了动力、注入了活力，特别是多项国家政策层面的突破所释放的信号，指明了我国林业有害生物防治工作的发展方向。

《生物安全法》是我国生物安全领域的基础性、综合性、系统性、统领性法律，填补了我国在生物安全领域系统性专门立法的空白，使外来物种入侵防控有法可依。该法明确了国务院农业农村主管部门会同其他部门制定外来入侵物种名录和管理办法，相关部门根据职责分工加强调查、监测、预警、控制、评估、清除及生态修复等工作，形成了多部门协同治理的格局；规定任何单位和个人未经批准，不得擅自引进、释放或丢弃外来物种，从源头上防止外来物种入侵风险；要求建立国家生物安全名录和清单制度，国务院及有关部门制定公布外来入侵物种名录或清单并动态调整，为精准防控提供了依据。

(一) 名录管理

《生物安全法》第六十条规定："国家加强对外来物种入侵的防范和应对，保护生物多样性。国务院农业农村主管部门会同国务院其他有关部门制定外来入侵物种名录和管理办法。"国务院农业农村主管部门会同国务院其他有关部门在科学评估物种侵害风险基础上，遴选需要纳入名录实施重点管理的外来入侵物种。

(二) 禁止性规定

《生物安全法》第八十一条规定："违反本法规定，未经批准，擅自引进外来物种的，由县级以上人民政府有关部门根据职责分工，没收引进的外来物种，并处五万元以上二十五万元以下的罚款。违反本法规定，未经批准，擅自释放或者丢弃外来物种的，由县级以上人民政府有关部门根据职责分工，责令限期捕回、找回释放或者丢弃的外来物种，处一万元以上五万元以下的罚款。"

(三) 监测与预警

《生物安全法》规定，国务院有关部门根据职责分工，加强对外来入侵物种的调查、监测、预警等工作，应当建立动植物疫情、进出境检疫、生物技术环境安全监测网络，组织监测站点布局、建设，完善监测信息报告系统，开展主动监测和病原检测，并纳入国家生物安全风险监测预警体系。第三十一条规定："国家加强国境、口岸传染病和动植物疫情联合防控能力建设，建立传染病、动植物疫情防控国际合作网络，尽早发现、控制重大新发突发传染病、动植物疫情。"第三十二条规定："国家保护野生动物，加强动物防疫，防止动物源性传染病传播。"

(四) 监督检查

《生物安全法》第二十五条规定："县级以上人民政府有关部门应当依法开展生物安全监督检查工作，被检查单位和个人应当配合，如实说明情况，提供资料，不得拒绝、阻挠。涉及专业技术要求较高、执法业务难度较大的监督检查工作，应当有生物安全专业技术人员参加。"第二十六条规定："县级以上人民政府有关部门实施生物安全监督检查，可以依法采取下列措施：（一）进入被检查单位、地点或者涉嫌实施生物安全违法行为的场所进行现场监测、勘查、检查或者核查；（二）向有关单位和个人了解情况；（三）查阅、复制有关文件、资料、档案、记录、凭证等；（四）查封涉嫌实施生物安全违法行为的场所、设施；（五）扣押涉嫌实施生物安全违法行为的工具、设备以及相关物品；（六）法律法规规定的其他措施。"

第三节　外来物种入侵防控的基本原则

一、预防为主、防控结合的原则

外来物种可以经由多种途径入侵一个新的地区，并经过长期适应期后不断地繁衍、扩张，往往产生不可逆转的严重危害后果。因此，必须坚持"预防为主、防控结合"的原则，从源头上防止外来物种的入侵。

在防控外来物种入侵时，应该建立3个预防阶段：第一阶段为阻止外来物种入侵，是为了保护重要的生态系统、生物物种及遗传资源，该行动应优先加以实施。第二阶段对于已经入侵但仅为局部发生的物种应采取灭绝根除的方式彻底清除。第三阶段是指对于大面积发生或清除成本过高的外来物种入侵，应考虑长时间、可持续地进行清除。

外来物种入侵的途径多样，而且具有很大的不可预测性，所以在可控条件下的预防与处理是防控外来物种入侵的关键一步。无论有意识地引进外来物种还是无意识地引进外来物种，在检验检疫时都应该采取积极预防外来物种入侵的态度进行检疫检测。外来物种入侵很多时候具有潜伏的特性，而当时的科学技术不能检测出来，不能因为这样就不采取预防措施。同样，不能因为某一外来入侵物种产生的后果具有长期性，就以缺乏知识背景或不确定性为理由而延迟采取清除、遏制或控制的措施。

外来物种入侵问题不能仅仅依靠预防措施，还要坚持防控结合的原则。在面对外来物种时进行跟踪监测，以减少外来物种入侵的危害。外来物种监测是尽早发现新的外来物种入侵的关键所在。对外来物种入侵防控结合必须发展监测技术，监测并记录外来物种的来源、途径、时间和扩散趋势，并根据这些监测记录研究掌握这些外来物种的生物特性和种群特征，最终评价这些外来物种对生态和经济造成的影响。通过对外来物种的监测，一旦发现外来入侵物种已经定殖，形成的种群产生了危害，就可以尽早地铲除、遏制和控制。监测和控制相结合更加有利于对外来物种定殖进行控制。

外来物种入侵防控以预防为主，但面对已经进入国土的外来物种产生的入侵危害就应该采取积极的控制措施。外来物种入侵的控制手段主要包括：灭除、遏制和控制。

①灭除。主要针对有危险性但为新侵入的物种，发生危害也是局部的。灭除是一种彻底的清除手段，它一般产生于入侵物种的早期，这时候的外来物种没有形成种群规模，限制于一定局部范围，只要有组织地合作就能够把外来物种灭除。采取灭除的

控制方式具有可操作性，投入的经济效益成本合理。

②遏制。主要是针对不适合采取灭除的外来物种入侵，可以遏制其传播。

③控制。即利用综合技术达到控制外来物种入侵的目的。该技术既能减少外来物种的数量，又能减轻外来物种入侵造成的危害。在一些情况下及时有效地控制，可以长时间压制外来物种入侵，取得一劳永逸的结果，从而减少经常性的财力、物力和人力的投入。

只要坚持预防为主、防控结合的原则，就能有效预防和控制外来物种的入侵，同时减少外来物种入侵的危害，使我国的外来物种防控取得成效，真正做到保护环境和生态系统平衡，维护本土的生物多样性。

二、公众参与、惠益共享原则

外来物种入侵至今缺乏信息公开机制和宣传平台。宣传力度不够，就很难建立生物安全的公众基础，这是造成公众对外来物种入侵防范意识淡薄的重要原因。坚持公众参与原则，政府应努力地提高公众防范外来物种入侵的意识，引导公众的积极参与。政府努力创造条件，加强外来物种入侵的知识普及，让公众知道外来物种入侵的严重危害。通过开展国际生物多样性日、世界环境日等活动，增强对防控外来物种重要性的宣传。

防控外来物种入侵产生的经济效益应当建立获取与惠益共享制度，公平、公正地分享防控外来物种入侵产生的经济效益，承担遭受的损失。

三、跨部门、跨地区协调合作原则

外来物种入侵的防控应坚持跨部门、跨地区协调合作原则。因为外来物种入侵的危害很多时候并不局限于一地，很有可能多地大范围同时发生。针对这样的外来物种入侵情况，只有通过跨越不同部门、不同地区进行协调合作，才能解决外来物种入侵问题。在外来物种入侵防控方面，进行跨部门、跨地区协调合作是十分必要的。

四、就地防控原则

"就地"即根据当地具体的情况维护当地平衡，自行决定如何处理外来物种入侵。就地防控原则是指在防控外来物种入侵问题时，根据当地的地理、生态、民族、文化等特点有针对性地预防治理外来物种入侵。最为灵活、最有效率处理外来物种入侵的方式是就地防控。就地防控原则不仅能够根据当地的实际状况高效处理外来物种入侵，还能够因其"就地"的特点，具体问题具体分析，更好地解决外来物种入侵带来的问题。

采用就地防控原则，要求针对自然保护区暴发外来物种入侵时采取灭绝、遏制或控制可以自由选择；湿地类型自然保护区在发现外来物种入侵时，依据外来物种是否是针对湿地，决定采取何种手段。就地防控原则是能够既处理好外来物种入侵问题，又发展好当地的环境生态系统、民族文化和社会平衡的重要原则。

五、履行国家职责、加强国际合作原则

根据《生物多样性公约》《卡塔赫纳生物安全议定书》《濒危野生动植物种国际贸易

公约》和《湿地公约》等公约，签约国有责任和义务加强外来物种入侵的研究，在防控本国外来物种入侵的同时，也有责任和义务主动防止本国的有害物种入侵他国。防范本国的任何有害物种在他国发生外来物种入侵的危险，国家有职责采取措施尽量减少发生外来物种入侵的危险。

国家与联合国机构进行国际合作并开展双边和多边的国家间合作，加强信息与技术交流，在国际合作与交流中取得进步。国家在国际合作中引进先进的理念、管理经验和技术，有助于对外来物种入侵进行预防和控制。

第四节　外来物种引入的管制

外来物种入侵会给生态系统和人类生活造成严重的影响，面对外来物种的引入有必要进行管制。为管制外来物种的引入需要综合采取不同的手段，根据不同的管辖机构进行管制。

一、外来物种引入立法机构的管制

外来物种的引入管制需要进行立法管制，我国没有根本上规制外来物种入侵的总体防御体系和治理措施，法律法规上仅有保护野生动物和防治病虫灾害、进出口检验检疫目录等从侧面来规范外来物种入侵。法律较为分散没有专门性立法，关注点也是单一的防疫检疫。外来物种引入管制立法机构的立法管制尤为重要，可以根据国际条约或是借鉴较为先进的国家，制定本国的外来物种引入管制方面的法律。

(一)借鉴国际公约中有关外来物种引入进行立法管制

现如今面对外来物种入侵问题威胁全球的生态系统平衡以及生物遗传多样性，世界各国不再单一地进行本国管制，各国都纷纷参加国际条约和协定来进行防治外来物种入侵。从 1992 年巴西里约热内卢环境与发展大会制定《生物多样性公约》开始，各个世界组织对外来物种入侵广泛关注，为防控外来物种入侵，保护全球的生物多样性，纷纷制定保护生物多样性和生物安全议定书(即《关于威胁生物多样性的外来物种的预防、引进和减轻影响的指导原则》和《卡塔赫纳生物安全议定书》)。而随后制定的国际海洋公约、保护野生动物迁徙、植物保护(即《联合国海洋法公约》《保护野生动物迁徙五种公约》《国际植物保护公约》)等国际条约针对保护生物多样性来防治外来物种的跨境入侵。世界各国都把外来物种入侵问题放在国家生态安全的首位，积极参加国际条约。中国也应在外来物种入侵防治方面加强国际互助，可针对签署的国际条约并结合国情来进一步制定国内法律法规。

(二)借鉴国外先进国家防治外来物种入侵的管制经验

有些国家受外来物种入侵危害较早，防治经验非常丰富，立法方面较为先进，值得我国借鉴立法，做好外来物种入侵的引入管制。外来物种的入侵管理立法较好的分别是美国、日本和新西兰。由于大量的人口迁移流动和经济的快速发展，使美国成为超级大国的同时也较早地成为外来物种入侵危害最为严重的国家。1990 年美国制定《外来有害水生生物预防控制法》，开始防控外来物种入侵，该法律从外来物种入侵方式及控制途径方面进行防控。随后又于 1996 年、1999 年分别颁布两部总统法令,用于规范各种动植物和生态环境领域的外来物种入侵。

日本在外来物种入侵的防控立法上很合理,《防止外来物种入侵法》《基本政策》构建了日本的外来物种入侵防控法,《防止外来物种入侵法》是基本的能具体划分外来物种入侵类型,而《基本政策》则充分地运用灵活的基本原则解决《防止外来物种入侵法》防控外来物种入侵具体措施的空白,日本有些多同我国的相近特点,我国的立法机构在进行外来物种引入管制也是可以划分出不同阶段的引入物种,对被引入的外来物种进行不同阶段的管制。

新西兰不同于美日两国的法律控制,是通过建立政府体系上的生物安全机制来进行外来物种入侵防治。新西兰是世界上对外来物种出入境的检验检疫和引进物种最为严格的国家,这种通过立法建立整套的国家各部门合作协调监控体系来控制外来物种的进入也很值得中国学习和借鉴。

我国在进行外来物种引入立法机构管制时,需要遵守国际条约和借鉴立法管制较为先进的国家的立法管制经验,并根据我国外来物种引入的实际国情建立具有针对性的立法管制。我国立法机构应先改变环境立法管制的传统观念,不能仅追求表面的生态平衡或再次走先污染后治理的老路,先加强外来物种入侵的风险意识,严控外来物种的入侵,可以设立《外来物种预防法》,制定一系列准入许可或监测控制制度的法律,预防管理未来的外来物种的侵袭。对已产生的外来物种入侵危害后果,可以设立《外来物种管理法》,立法确定管理部门责任防止互相推诿,促进体制改革明确责任,方便各部门进行合作,通过相应的管理追究相关责任人的治理责任。这两部法律应比以往环境法律的位阶更高、力度更大,两部基本法确立后,各地人大和政府也都可以在基本法的基础上,针对当地实际外来物种入侵情况制定相应的地方性法规。

二、外来物种引入司法机构的管制

外来物种引入管制不仅要完善立法方面的管制,还要完善一系列司法制度的管制。我国近几年频繁发生外来物种入侵危害造成生态赔偿的案件,但是我国有关外来物种入侵损害赔偿案件的司法原则及制度不够完善,只有加强司法对外来物种入侵案件的管理才能更好控制外来物种入侵。外来物种入侵责任规制按照环境责任原则"谁污染谁治理"改为"谁引进(投放)谁治理",造成外来物种入侵后果的责任人或企业应给予其相应的行政处罚,较为严重的则承担刑事责任。国家的司法机关可对于报告来的外来物种入侵危害加以记录,并移送到有关的部门来进行管制。司法机关在面对外来物种引入管制时,应改变原有的司法领域对环境污染的旧理念,对外来物种入侵按照严格的法律责任进行处理。有关外来物种入侵危害环境和人类生活生产损失的案件应提高认识严肃审判,对生态安全损害赔偿案件司法部门运用法律以及有关的原则予以管制确立。

国家的司法领域各个部门在处理外来物种入侵管制问题时应该积极与行政部门配合。司法机关应当积极参与外来物种入侵的管制。在发现外来物种引入时,无论公民还是组织都可以向司法机关进行报告,而司法机关不能以不属于自己管辖的理由进行拒绝。司法机关应配合对外来物种引入积极管制,先一步接受公民或组织的举报,再移送到具体管理该外来物种引入的部门进行管制。司法机关应配合行政部门以及其他有关的部门协调预防和治理外来物种引入管制问题。

三、外来物种引入行政机构的管制

在拥有了外来物种引入的立法和司法管制后，为了让外来物种引入管制发挥最大价值，就要加强外来物种入侵的执法。我国对外来物种立法管制后应加强落实外来物种入侵防治的执法管制效果。

外来物种引入的执法管制就是指外来物种引入行政机构的具体管制。行政机构中各环保部门、检验检疫部门、进出口局及边境海关都会接触到外来物种并具有一定的管理权利，但管理责任和力度都不够深入全面。环保行政部门对于引进外来物种的组织或个人应加强入侵风险预警分析工作，引进外来物种需要向环保部门申请审批。环保部门要建立先期预警实验室，预先观察外来物种是否会对生态系统造成危害，是否存在相应天敌，从而严格限制外来物种流通，做到防患于未然。为防止外来物种的悄然流入，出入境检验检疫部门应提高执法的科技水平，实行准入许可制并把新外来物种记录在案，备案后资料交给环保部门研究。边境海关设立审查室可以使外来物种在进出口比例中下降。在处理外来物种入侵损害赔偿案件上，司法、行政部门加强执法，提高管理水平，行政部门制定禁止使用外来物种中一些攻击性大的生物（如食人鲳）的商业表演活动的规定，运用行政条例防止外来物种入侵损害案件的发生。在国家的质检总局、国家生态环境部、农业农村部、林业和草原局和国家海洋局以及边境海关管理部门的各部门增强防范外来物种入侵意识，并协调合作建立统一的外来物种入侵数据库和本国生物多样性数据库，进一步防治外来物种入侵。

根据国际条约的规定，国家行政部门在执法时应该严格遵守国际条约，做到执法与国际接轨，促进相邻国家执法交流。为了提高外来物种入侵的执法效率，国内各省、市、自治区等地区也应该加强沟通，多方面合作执法建立国内入侵执法体系，便于国家外来物种引入的行政管理合作。我国的外来物种检验检疫系统还不够完善，应在执法检疫领域建立预防检疫体系，完善检疫机构检疫外来物种的技术，设立为外来物种引入管制的综合项目，专门设置外来物种管理部门严格实施环保、检疫、评估、许可和备案等预防管理职能，所建立应用体系要求各个行政部门协调配合管制，充分提高行政执法的效率。根据外来物种入侵潜伏特性，我国可建立资料档案机制，环保部门逐层跟踪监督，建立数据防治管理机制，有利于外来物种入侵问题的综合治理。提高各个行政执法管制部门认识高度，统一思想开展治理工作，使外来物种引入管制更有安全高效性和经济长久性。建立外来物种引入预防管理机制后，对于已经爆发的外来物种入侵问题进行综合治理。外来物种引入行政管制机构在执法中严格区分造成外来物种入侵危害后果的是个人还是组织机构来分开承担责任，通过"引进"方式造成外来物种入侵的大型组织或公司拥有一定责任能力，官方应该责令其多配合治理。公民和从事动植物商业活动的商人和养殖、种植户在国外带回的花卉、水果、种子可能会造成个人的无意投放行为的发生，有关部门应进行批评教育或必要的行政处罚。根据上面的外来物种引入的行政管制，配合我国外来物种引入相关的法律法规，确立一整套适合我国国情的完整的行政执法管制方法。

四、外来物种引入科研机构的管制

外来物种引入对于生态系统和人类生活的影响严重，而现阶段我国治理和预防外来物种的入侵的科学性的技术能力十分不足。我国虽然是受到外来物种入侵最为严重的国家之一，面对外来物种入侵的严重危害，我国的防治起步晚、经验不足，每每突发外来物种入侵爆发问题我国都准备不足、治理效率低下、比国际上投入费用高很多。由此看来外来物种引入科研机构的管制也十分必要，科研机构的管制可以运用技术能力管制外来物种引入问题，进而保障我国国家生态系统的安全。我国应该学习国际防治先进经验，加强科研技术成本投入，提高入侵治理能力。现今世界运用国际新兴的物理化学和生物技术控制外来物种入侵的危害效果明显，但是防治技术都掌握在少数较先进的国家，而我国想要使用就要花费较高成本，国内要加紧研究防治技术，不能依靠国际少数国家的专利。国家科研机构在管制外来物种入侵引入问题时，应增加财政预算中对科研和治理基础设施的投入，同时要督促需要引进外来物种的大型组织和公司内部要设立外来物种与本地物种环境系统实验室，通过提前研究外来物种进入被引进地的生态环境是否相适应和会产生的相应后果来作出是否引进的决定，最后，民间机制的实验报告上交国家科研管制实验机构研究，进一步提高国家外来物种入侵的防治科技水平。在社会上科研机构广泛地推进外来物种引入研究，加强科技的投入使之能够防治更加有力。

外来物种引入科研机构管制加强基础调查，使得科研和监测管制能力得到明显提升。科研机构在进行外来物种引入管制时，可以建立生物安全研究基础平台。该生物安全研究基础平台功能主要包括：①加强基础研究人才培养；②提高技术能力、加强网络建设；③加强外来有害生物疫情普查工作；④建立风险评估体系和预警应急机制；⑤启动我国外来有害生物监测网建设，建立国内外疫情数据库；⑥建立权威的生物安全认证中心。通过外来物种引入科研机构管制建立的生物安全平台，可以进一步增强外来物种引入的管制。在建立研究平台后可以进一步提高我国对于外来物种的防控技术，可以采取人工防除、化学防治、机械防治、生物控制替代控制以及综合治理等多项技术管制外来物种入侵的引入。中国社会科学院已经开展"中国生物多样性保护与研究"，其中有《植物物种多样性编目》调查和"自然科技资源平台建设"，都是涉及外来物种引入科研机构的具体管制。

管制外来物种引入的科研机构，同样需要国际交流进行信息的交流分享来提高自身科研水平。外来物种的防治不仅在立法管制、执法管制等方面要学习国际先进治理经验，还要在科研上促进我国与国际社会的合作及信息分享。国内要注重提升各个科研机构参与国际信息分享并建立长远的信息磋商制度。

经济全球化的今天，世界各国无论是否愿意，都会与其他国家有所交集，中国也不能闭关自守，在进行外来物种的引入管制时要进行国际信息交流。现今世界各国都在关注国家的生物安全，为保护国家生物安全，中国开展外来物种入侵国际防治合作势不容缓。促进国内外防治外来物种的信息分享和国际合作执行，对于中国成功防治外来物种的入侵至关重要。我国地域范围广人口众多，基层科研机构参与外来物种入侵跨国损害治理的国际交流机会较多，要促进基层政府提高工作的整体协调合作能力。

大量的国际交流合作能够帮助增强我国处理入侵危机的应急能力，而社会环保公益组织民间科研机构联合管制外来引入，也可以增强多国交流防治活动，社会上的环境保护和动植物保护的公益性科研组织也要与时俱进地增强国际上的信息共享以及增加公益性质的联合科研管制外来物种入侵的活动，这样会比本国单一行动的效果好得多。只有真正使科研机构进行外来物种入侵的国际合作，才能顺应世界生物安全防治的趋势，达到事半功倍的效果。

五、外来物种引入社会管理协作机制的配合管制

通过立法、司法和行政上的配合，科研机构提供技术和后备支持可以管制外来物种引入的危害，但是不够全面，依然需要增强社会管理协作机制的配合管制。只有这样，才能够多方面全方位地管制外来物种入侵的引入危害。

具有高素质、高能力的管理者对外来物种入侵预防治理有着重要作用。外来物种入侵的预防治理需要高素质、高能力的管理者，中国幅员辽阔，但高效率的管理机制和人员集中在中央，而广大的基层更加需要建立良好的管理机制和引进大量优秀的管理者，国内高校或社会组织应大量培养出拥有高能力、高素质的管理者。在各个部门建立统一协调机制，提高控制管理能力和多边的协调配合，如农林部门管理侵入的外来动植物，涉及渔业部门管理侵入的外来水生物种要多方配合管理，全国社会协调机制在管理基础上，进一步配合环境保护部门的执法，会产生良好的结果并达到更高的效率。

第五节　外来物种引入的放归

外来物种入侵会造成生态失衡，同时也严重影响人类生活。外来物种引入在进行一定管制后，有些较为有益处的外来物种可以进行放归。现在我国的外来物种引入放归管理不够全面，各个方面都有待加强。外来物种引入的放归，需要结合不同的手段来进行操作。如果对于外来物种的引入，仅仅一味地管制不会带来良好的结果。对外来物种只有管制处理既不能够完全禁止外来物种的入侵，也不能发挥出非有害性外来物种自身一定的经济价值。人们在面对外来物种入侵引入的危害时，既要想到对其危害进行管制，也要想到如何最为合理化地运用外来物种带来的经济价值。而且入侵后的外来物种得到管制改善后，自然而然会产生外来物种引入的放归问题，我国在解决外力物种引入的放归方面有待加强。

人们的积极配合以及社会公益性质的组织的配合等，都可以更有效地进行外来物种引入的放归。

一、增强外来物种引入的放归

我国正在不断地增强外来物种引入的放归，从外来物种入侵产生的多方面原因来看外来物种也不是全然没有价值，很多的入侵外来物种是被人们引进或是带入的。一味地对外来物种引入进行管制只会起到反作用，不但控制不住外来物种入侵，还会阻碍生物多样性的丰富，也会破坏外来物种的环境和影响经济效益的发挥。

因为外来物种入侵会造成严重的危害，国家应当对其进行管制，但管制措施对某

些外来物种引入是治标不治本。国家在采取不同的管制措施、面对一些控制住的外来物种引入时，可以采取放归的形式，使其回归自然生态环境。这样做不但能够增加生物的多样性，还能够发挥出外来物种引入更大的经济价值。我国在增强外来物种引入的放归时，应注意针对机构和个人的外来物种放归不同的权利义务，也更应该注重不同主体造成外来物种放归的责任明确。

(一)针对机构的外来物种放归

在我国主要能够对外来物种引入的主体就是机构、单位、公司等主体。外来物种引入的管制大多数时候也是对机构来进行的，因为一般的外来物种引入都是由各种不同的机构造成的。机构主体进行引进外来物种或是在进行进出口贸易时，携带的外来物种会造成大型的外来物种入侵危害。对各种机构进行严格的管制，可以预防减少未发生的外来物种入侵，对已经产生的外来物种引入各种机构应该负起责任。

各种机构针对自身造成的外来物种引入，应配合政府治理并积极地参与到外来物种引入放归。各种机构在面对非自身造成的外来物种引入时，可以帮助外来物种引入放归，以减少自己机构管制处罚。国家在进行外来物种引入放归时，要特别区分出机构主体，因为机构主体在外来物种入侵的产生和解决危害上有更大的作用。机构主体比个人主体造成的外来物种引入危害大得多，而且机构主体拥有更多的财力物力，能够更好地参与到外来物种引入的放归。

有一些机构主体为了更大的经济效益，有意进行外来物种引进，或者是在进出口活动的时候无意带入的外来物种没有减弱控制就随意放归。国家有关的外来物种引入放归管制部门，应该管理机构主体随意放归的行为。机构主体在引进的外来物种入侵没有经济价值时选择丢弃，或是进行进出口活动没有预警机构，对自己带入的外来物种并不知情而产生的无意放归，这种机构主体的放归会造成很大的外来物种入侵危害。机构主体应该承担其无意放归的责任，帮助国家一起处理其放归造成的危害。机构主体应该在进行外来物种放归前向国家管理相关部门进行申报，得到许可后进行外来物种引入的放归。只有机构主体既配合国家放归又要承担自己的放归责任，外来物种引入放归才能取得大部分的成功。

(二)针对个人的外来物种放归

外来物种引入放归不只是包括机构主体的放归，还有个人的随意放归。虽然很多时候，个人放归外来物种造成的危害没有机构快速明显，但是个人的外来物种放归也会经过长期潜伏后产生暴发性外来物种入侵危害。个人对什么是外来物种和外来物种入侵的危害没有意识，甚至不知道自己的带入行为和放生行为是一种危害生态系统和自己生活的行为。加大社会的宣传，对大众进行教育外来物种放归的危害，管理个人的外来物种引入的放归，使个人的外来物种引入的放归做到有序管理。

中国的人民群众对于水、土、大气和森林污染等环境问题比较熟悉，而对外来物种的认识了解往往不多。为了更好地对外来物种引入放归，必须在社会大众中进行宣传教育，让国内民众知道外来物种入侵危害跟环境中的水土污染、大气污染和森林破坏一样，是严峻的环境问题。对于外来物种入侵提高认识，让社会大众为预防和治理外来物种入侵作出贡献，并且个人积极配合外来物种引入的放归可以使国家把已经规划控制住外来物种放归更为方便。个人配合外来物种引入的放归可以使其更加全面深入基层，也可以把外来物种引入放归后的信息，更好地反馈给国家外来物种引入放归的管理部门，便于实时进行监控。

在全球化的今天，世界的距离进一步地拉近，世界已经成为地球村，伴随着全球化的国际贸易、探访亲友、旅游活动等国际交往频繁，使大量的外来物种有了可乘之机，而我国人民群众对外来物种入侵的认识不足，很容易把外来物种带入国门进行随意放归，甚至有些外来物种在中国已"落户"几十年人们都没有意识，如生活中常见的小龙虾和滴水莲等现今都很受追捧。近年来随着人们生活水平提高，对珍稀花木的追捧也是造成外来物种的入侵的途径之一，人们对外来物种的入侵认识不足，成为外来物种轻易入侵的关键所在。政府环保部门应广泛宣传外来物种引入放归的危害，全面提高国内民众在对外交往时，对外来物种引入放归的防范意识，针对特定人群进行教育，如让引进公司的管理人员或是花卉商人、养殖业的商户农民等进行集中知识培训，使民众知道在进行商业活动、旅游或是邮寄的过程中，要注意自己从外国带回动物或是花卉、水果、种子等是否会造成外来物种的入侵危害，自己留心处理，不要随意进行放归。

个人很多时候放生动物或外来宠物于环境中，以为是爱护动物或是保护环境的行为。殊不知这种随意的放归行为，无疑是放虎归山，给生态环境埋下一粒有毒的种子。因为个人不知道自己放归的动植物是外来物种，或是不知外来物种入侵的危害，在外来物种暴发危害后对个人进行过于严格的处罚也很难补偿损失。在处理个人的外来物种引入放归时应该积极宣传相关知识，并要求个人进行劳动和社会宣传等行为来补偿随意放归外来物种的行为。

二、加强外来物种放归后的司法监督

在区分了外来物种引入放归不同主体的责任后，更应当加强外来物种入侵放归后的司法监督。在发生外来物种引入危害造成生态赔偿案件时，司法机构要进行监督管理。该案件外来物种入侵产生的后果，按照环境无过错责任原则处理，即谁进行外来物种引入放归，责任就由谁承担。

无论是机构还是个人，在外来物种引入放归时，不但受到外来物种管理部门管制，同样受到相应的司法监督。国家的司法领域各个部门在处理外来物种入侵案件时，应该积极与行政部门配合处理外来物种入侵案件。而且司法监督也可以防范管理部门渎职行为，也可以弥补外来物种引入放归的不足之处。加强外来物种放归后的司法监督，就应当改变原有司法领域对于外来物种入侵的旧观念。加强外来物种引入放归后果的环境责任的监督，司法机构依据法律法规进行责任划分与监督执行。对有关外来物种引入放归监督产生环境案件提高认识、严肃审判，保护外来物种引入放归后的生态安全。

三、加强公益性社会组织的配合力度

外来物种引入放归，不能只是依靠机构和个人的配合，外来物种引入放归涉及方方面面的问题，机构和个人的力量远远不够，需要加强公益性社会组织的配合力度。

　　外来物种引入放归，不仅依靠国家职能部门控制，还要依靠环境保护和动植物保护等社会公益性质组织的倾力帮助。在社会上发展环境保护和动植物保护等社会公益性质的组织，对外来物种引入放归进行有帮助的控制。环保和动物保护组织的成员普遍具有相应的环境和生物知识，以及自发爱护生态环境的意识，能够在参与环境保护方面上产生有益作用。我国现在的环境动物公益性组织均对外来物种引入放归危害认识不足，要进一步加强公益组织对外来物种入侵的关注，提高配合力度，尤其在外来物种引入放归的个人投放行为上，公益组织管理会比国家部门管理更为全面和便捷。环境动物公益性组织应该增加公益性组织管理外来物种入侵引入放归的管理活动。个人投放行为很多都是由国外带回的珍奇物种，如食人鲳、缅甸蟒蛇、变色蜥蜴等先作为特别宠物饲养，但是人们在养过一段时间后，便失去饲养的能力和兴趣，然后人们对外来生物置之不理或随意放生，这种对外来物种引入放归危害意识不足的处理方式会造成严重的环境危害。公益性环保组织还可以对大众广泛宣传外来物种引入放归产生的大量危害，提高人们的防患意识。公益组织可以回收丢弃放生的外来宠物，并把这些宠物规模饲养或交由外来物种环境管理部门进行集中处理，从而减少外来物种的入侵。

第六节　外来物种入侵防控相关国际公约

　　世界各国普遍关注外来物种入侵的防控问题，积极地保护生态安全。虽然外来物种入侵危害严重，但是世界上并没有真正关于外来物种入侵防控的条约。进行外来物种入侵的国际防控，现阶段只能参考生物多样性等相关方向的国际公约。

一、涉及外来物种入侵防控的国际公约

　　现今涉及外来物种入侵防控的国际公约主要是保护生态安全、生物多样性条约和进出口方向的条约。其中保护生态安全、生物多样的条约是主要参考的条约。涉及外来物种入侵防控的国际公约有：

　　①涉及生物多样性的条约。包括《生物多样性公约》、生物多样性公约下的《卡塔纳赫生物安全议定书》《防止因生物入侵而造成的生物多样性损失指南》《关于获取遗传资源并公正和公平分享其利用所产生惠益的波恩规则》《保护野生动物迁移物种公约》《国际植物新物种保护公约》《国际植物保护公约》《粮食和农业植物遗传资源国际条约》《联合国防治荒漠化公约》《保护自然文化和自然遗产公约》《湿地公约》《国际捕鲸管制公约》《跨界鱼类种群和高度洄游鱼类种群的养护与管理协定》《国际遗传工程和生物技术中心章程》《关于天然资源之永久主权宣言》《关于共有自然资源的环境行为之原则》《关于对生态系统、生境或物种构成威胁的外来物种的预防、引进和减轻其影响问题的指导原则》《防止生物入侵而造成的生物多样性损失指南》。

　　②涉及进出口贸易的条约。包括《实施卫生与植物卫生措施协定》《技术性贸易壁垒协议》《与贸易有关的知识产权并包括冒牌货贸易的协议》《濒危野生动物种国际贸易公约》。

　　③涉及废物越境的条约。《控制危险废物越境转移及其处置巴塞尔条约》。

在众多保护生物多样性条约中涉及外来物种入侵防控条约最为重要的是《生物多样性公约》《卡塔赫纳生物安全议定书》和《防止因生物入侵而造成的生物多样性损失指南》。这些公约是防控外来物种入侵的主要依据。

《生物多样性公约》的制定是世界保护生物多样性进程的开创性事件。1995 年，《生物多样性公约》的缔约国决议通过《卡塔赫纳生物安全协定》，补充《生物多样性公约》的不足之处。为了进一步防止生物多样性的损失，2000 年，世界自然保护同盟（IUCN）第七次会议通过了由物种生存委员会（SSC）外来入侵物种专家组起草制定的《防止因生物入侵而造成的生物多样性损失指南》。该指南明确指出要解决外来物种入侵的 3 个实际问题，即增进理解和意识；强化管理、建立适当的法规和机构机制；促进知识和研究工作。

在众多进口贸易方面的条约中，重要的外来物种入侵防控条约是《濒危野生动植物种国际贸易公约》。该公约是为了管制野生动物的国际贸易。在进出口野生动植物方面，因为其数量巨大、单位价值高等特点，如不注意管制就会造成原有的野生动植物的枯竭；而且进出生境地区也极易发生外来物种入侵。《物种贸易公约》不但可以防控外来物种入侵，还可以做到可持续利用野生动植物资源。

随着工业化的发展，危险废物也成为世界各国面临的公害。为了防止外来废物的越境转移，1989 年 3 月 22 日在瑞士巴塞尔，联合国环境规划署召开了关于控制危险废物越境转移全球公约全权代表会议，通过了《控制危险废物越境转移及其处置巴塞尔条约》，并于 1992 年 5 月生效。在该公约中明确地规定禁止发达国家向发展中国家进行废物的越境转移。该公约中禁止危险废物越境转移及其处置可以有效防止越境转移的废物，包括不应转移的外来物种，最后能够防止外来物种入侵。

二、中国已经参加的条约以及中国应该参加的条约

中国是世界上少数几个"生物多样性特别丰富的国家"之一，现在存有的物种总数占世界的 10%。中国又是世界上人口最多的国家，人均资源占有量很低。中国需要环境资源的平衡，也比其他国家更依赖生物多样性。然而巨大的人口压力、高速的经济发展对资源需求的日益增加和利用不当，以及外来物种入侵的严重影响，使我国生物多样性受到极为严重的威胁。外来物种入侵不但破坏环境，减少资源，打击生物多样性，还在爆发性生长影响人们的生活。因此，为了保护我国的生物多样性，防控外来物种入侵，中国应该积极地参加国际条约。学习国际条约的先进方面，进一步完善国内外来物种入侵防控法律法规，争取能够早日制定中国自己的外来物种入侵防控法。

在世界上众多涉及外来物种入侵防控的国际条约中可以分为两方面，一方面是中国已参加的国际条约；另一方面是中国应该参加的条约。

中国已参加的国际条约包括《生物多样性公约》《卡塔赫纳生物安全议定书》《濒危野生动植物种国际贸易公约》《国际植物新物种保护公约》《联合国防治荒漠化公约》《关于特别是作为水禽栖息地的国际重要湿地公约》《国际捕鲸管制公约》《跨界鱼类种群和高度洄游鱼类种群的养护与管理协定》以及《中华人民共和国政府和日本国政府保护候鸟及其栖息环境协定》《中华人民共和国政府和澳大利亚政府保护候鸟及

栖息环境的协定》。

1992 年 6 月 11 日中国政府总理在巴西里约热内卢签署《生物多样性公约》，公约于 1993 年 12 月 29 日对中国生效。《卡塔赫纳生物安全议定书》是《生物多样性公约》的框架下制定的条约，中国现已加入。

1981 年 1 月 8 日，中国政府向《濒危野生动植物种国际贸易公约》保存国瑞士政府交存加入书，1981 年 4 月 8 日，《濒危野生动植物种国际贸易公约》在中国生效。根据《濒危野生动植物种国际贸易公约》第九条的要求，中国政府专门设立了"中华人民共和国濒危物种进出口管理办公室"，并在中国科学院成立有关的"科研机构"和"管理机构"。

1998 年 8 月 29 日，中国第九届全国人民代表大会常务委员第四次会议决定，加入《国际植物新物种保护公约》（1978 年文本）。中国政府同时声明：在中华人民共和国政府另行通知之前，《国际植物新物种保护公约》（1978 年文本）暂不适用于中华人民共和国香港特别行政区。

1994 年 10 月 12 日，中国代表签署了《联合国防治荒漠化公约》，并于 1996 年 12 月 30 日全国人大常委会决定批准《联合国防治荒漠化公约》。

1992 年 1 月 3 日中华人民共和国政府加入《关于特别是作为水禽栖息地的国际重要湿地公约》，并于同年 7 月 31 日在中国生效。

1980 年 9 月 24 日，中国外交部长致函《国际捕鲸管制公约》的保存国美国的国务卿，通知中国决定加入国际捕鲸管制公约及国际捕鲸委员会；同时声明中国台湾省盗用中国国家名义对《国际捕鲸管制公约》的加入申请和承认是非法无效的。

1980 年 10 月 20 日，美国国务院复函确认中华人民共和国从 1980 年 9 月 24 日成为《国际捕鲸管制公约》的当事国。

1996 年 11 月 6 日，中国签署了《跨界鱼类种群和高度洄游鱼类种群的养护与管理协定》，但同时对《跨界鱼类种群和高度洄游鱼类种群的养护与管理协定》第二十一条第七款、第二十二条第一款（f）项的理解作出声明。

中国政府分别与日本和澳大利亚签订了国家政府间的鸟及其栖息环境协定。中国应该参加的条约包括：《防止因生物入侵而造成的生物多样性损失指南》《关于获取遗传资源并公正和公平分享其利用所产生惠益的波恩规则》《保护野生动物迁徙物种公约》《国际植物保护公约》《粮食和农业植物遗传资源国际条约》《与贸易有关的知识产权并包括冒牌货贸易的协议》《保护自然文化和自然遗产公约》《国际遗传工程和生物技术中心章程》《关于天然资源之永久主权宣言》《关于共有自然资源的环境行为之原则》《关于对生态系统、生境或物种构成威胁的外来物种的预防、引进和减轻其影响问题的指导原则》。

综上所述，现今的世界各国不仅仅重视政治安全、经济安全和食品安全问题，也开始关注国家的生态安全问题。生态安全严重地影响国家生态系统的平衡和生物遗传多样性保存。我国作为发展中国家，在重视经济发展的同时，还要注重环境的生态安全，加强对外来物种入侵的防控，减少外来物种入侵。在了解到外来物种的概念、特征和危害后，国家应该积极推进外来物种入侵防控的立法进程，遵守基本原则的基础上，进行外来物种入侵引入的管制和放归。我国的对外来物种入侵的防控工作起步较晚，没有充分的法律规制和完整的防治体系。通过对中国参加和未参加的不同的国际条约，比较分析并博采众家之长。根据具体的国情制定外来物种入侵防控的相关法律法规以及国家战略。我国已有效针对防控外来物种，并进一步以灭除或放归为目标建立国家防控外来物种入侵管理体系。同时还要加强国际合作，提高管理协作水平，才能更好地实现我国的生态安全，维护环境的平衡稳定，充分保护生物遗传多样性，落实可持续发展的战略，实现生态文明和谐社会的建立。

第八章

防沙治沙法

第一节　我国沙化土地概状

一、土地沙化和土地沙化问题

(一)土地沙化

土地沙化，是指天然沙漠扩张和沙质土壤上植被破坏、沙土裸露的过程，其原因包括气候变化和人类活动两个方面。《防沙治沙法》所称的土地沙化，是指人类不合理活动(特别是不合理的开垦、过度的樵采和放牧等)所导致的天然沙漠扩张和沙质土壤上植被及覆盖物被破坏，形成流沙及沙土裸露的过程。

(二)我国面临的土地沙化问题

我国是世界上土地沙化危害最严重的国家之一。当前，沙区的滥樵采、滥开垦、滥放牧、水资源紧缺和不合理利用等问题较为严重，防沙治沙的任务非常艰巨。

土地沙化对我国经济和社会发展造成了严重危害。全国每年因沙化造成的直接经济损失高达 540 亿元。黄河每年淤积的 16 亿吨泥沙，有 12 亿吨来自沙区。土地沙化使人畜失去生存的家园，直接危及 1 亿多人口的生存和发展，全国受沙化影响的人口已达 4 亿之多。土地沙化成了沙尘暴的主要根源，1993 年一场沙尘暴造成西北地区 12 万头牲畜丢失或死亡，37 万公顷农田受灾。

二、防治土地沙化立法的发展

国家把防沙治沙纳入法治化监管轨道，用法律推动防沙治沙工作。2001 年 8 月 31 日，第九届全国人大常委会第二十三次会议通过了《防沙治沙法》，并于 2002 年 1 月 1 日起施行。这是全世界第一部关于防沙治沙的专门法律。该法共分七章四十七条，为预防土地沙化、治理沙化土地、沙区国土整治、维护沙区生态安全，以及促进我国特别是华北、西北广大地区经济社会可持续发展保驾护航。2013 年 1 月 29 日，国务院批准通过《全国防沙治沙规划(2011—2020 年)》。该规划是贯彻《防沙治沙法》《国务院关于进一步加强防沙治沙工作的决定》和党中央、国务院关于加强荒漠化防治与防沙治沙要求的具体行动。

三、关于防沙治沙工作原则的法律规定

《防沙治沙法》第三条规定，我国的防沙治沙工作应当遵循以下原则：

①统一规划，因地制宜，分步实施，坚持区域防治与重点防治相结合。

②预防为主，防治结合，综合治理。

③保护和恢复植被与合理利用自然资源相结合。有很多植物，如发菜、甘草、麻黄等不但具有较高的经济价值，而且有很好的固沙作用，对防止沙化具有重要意义。近年来一些人在草原上滥采滥挖这些植物资源，严重破坏了生态环境，必须坚决制止这类行为，使这些资源得到保护和恢复。

④遵循生态规律，依靠科技进步。要摒弃过去"杀鸡取卵"的掠夺式的、粗放的、盲目蛮干开发方式，按照生态规律办事，增加科技含量，提高效益。

⑤改善生态环境与帮助农牧民脱贫致富相结合。从人为因素来看，土地沙化源于贫困。沙化地区经济比较落后，人们往往为了生存而进行掠夺性开发、垦殖，从而破坏了生态环境。因此，要彻底解决沙化的社会根源，就要把治沙和治穷结合起来，帮助该地区人民发展特色经济，普及科技教育，转移剩余劳动力。只有这里的人民摆脱了贫困，这个地区脆弱的生态环境才能避免遭到灭顶之灾。

⑥国家支持与地方自力更生相结合，政府组织与社会各界参与相结合，鼓励单位、个人承包防治。我国还是一个发展中国家，财力有限，尽管国家在致力于解决土地沙化方面给予了大量的投入，但完全依靠国家长期"输血"是行不通的，也不能最终改变生态恶化局面，所以一定要与地方的努力结合起来，提高地方自我"造血"功能，同时要调动各方面参与防沙治沙的积极性，从而缓解国家的财政压力。

⑦保障防沙治沙者的合法权益。做到谁治理、谁受益，如《营利性治沙管理办法》就是为了保障从事营利性治沙活动的单位和个人的合法权益制定的管理办法。

第二节　防沙治沙规划

统一规划是防沙治沙工作的第一项原则，从事防沙治沙活动，在沙化土地范围从事开发利用活动，都必须遵循规划。

一、规划的编制权限

(一)全国防沙治沙规划

全国防沙治沙规划由国务院林业草原行政主管部门会同国务院农业、水利、自然资源、生态环境等有关部门编制，报国务院批准实施。我国沙化土地主要分布在西北、华北北部和东北西部地区，防治工作要因地制宜、分类施策。对于沙漠绿洲周围，要营建防风固沙林带、林网，保护现有天然荒漠植被和绿洲；对于半干旱沙地类型区，要在保护好现有林草植被基础上，通过大力采取造林种草、小流域治理和生态移民等措施进行综合治理，适度开发利用沙区资源；对于青藏高原高寒沙地类型区，要保护现有自然生态系统，采取以封育为主要方式的综合措施恢复植被，严禁不合理的开发。另外，对于黄淮海平原半湿润和南方湿润沙地类型区，要积极开展造林种草，大力发

展速生丰产用材林和经济林，实行沙地治理与资源开发相结合。

(二) 地方防沙治沙规划

地方防沙治沙规划由县级以上人民政府依据上一级人民政府的防沙治沙规划组织编制本行政区域的规划，报上一级人民政府(省级报国务院或其指定的部门)批准后实施。沙区县级以上地方人民政府负责组织编制本行政区域的防沙治沙规划，明确逐步减少沙化土地的时限、步骤和措施。规划经批准后，未经原批准机关同意，任何单位和个人不得擅自修改和调整。

二、规划的任务

防沙治沙规划对遏制土地沙化扩展趋势，逐步减少沙化土地的时限、步骤和措施等作出明确规定，具体实施方案要纳入国民经济和社会发展的五年计划和年度计划。地方各级人民政府要认真做好规划的组织实施工作，建立健全责任制，切实将规划任务落实到年度目标和具体工程项目。定期对规划实施情况进行检查、评估，确保规划任务按期完成，取得实效。

三、规划编制的依据

(一) 根据自然条件及其所发挥的生态、经济功能

对沙化土地实行分类保护、综合治理和合理利用。这些自然条件包括沙化土地所处的地理位置、土地类型、植被状况、气候、水资源状况和土地沙化程度等。对规划期内还不宜开发利用的连片沙化土地，规划为沙化土地封禁保护区，实行封禁保护。这些土地之所以暂时不宜开发，一是不具备治理条件，二是出于保护生态的需要，实行休耕。

(二) 要与土地利用总体规划相衔接

防沙治沙规划要与生态建设规划、土地利用总体规划和水资源规划相衔接，并纳入同级国民经济和社会发展规划。

第三节　土地沙化预防

一、加强监测并及时掌握动向

沙化土地由县级以上人民政府林业或其他有关行政主管部门进行监测，并报告监测结果。结果向本级人民政府和上一级林业或其他有关行政主管部门报告。监测过程中发现土地发生沙化或沙化程度加重的应及时报告本级人民政府，政府收到报告后责成有关行政主管部门制止导致土地沙化的行为，并采取有效措施进行治理。国务院林业行政主管部门组织其他有关行政主管部门对全国沙化情况进行监测、统计和分析，并定期公布监测结果。

二、监测气象

各级气象部门应当组织对两类气象进行监测、预报：一类是气象干旱；另一类是

沙尘暴天气。发现这两类气象征兆时，应当及时报告当地人民政府，人民政府应当采取预防措施，必要时公布灾情预报，并组织有关部门采取应急措施，避免或减轻风沙危害。

三、营造防风固沙林

沙化土地所在地区县级以上人民政府划出一定比例土地营造防风固沙林网、林带，由林业行政主管部门负责确保完成。对防风固沙林带、林网严格保护。除了抚育更新性质的采伐外，不得批准采伐。进行抚育更新性质采伐前，必须预先在附近形成接替林网、林带，避免留下"真空"地带。更新困难地区不得砍伐林带、林网。

四、保护沙区自然植被

植被对防治土壤风蚀沙化具有举足轻重的作用。我国沙漠学专家通过风洞模拟实验证实，当植被盖度达60%以上时，土壤风蚀基本消失。保护沙区植被的措施如下：

①禁止在沙化土地砍挖固沙植物（包括灌木、药材等）。

②制定植被管护制度。签订的土地承包合同包括植被保护责任。

③加强草原管理和建设。实行以草定畜制度，保护草原植被，防止草原退化和沙化。

④限制开垦耕地。不得批准在沙漠边缘地带和林地、草原开垦耕地；已经开垦并对生态产生不良影响的，有计划地组织退耕还林还草。

⑤切实保护封禁区植被。禁止沙化土地封禁保护区范围内一切破坏植被的活动。这些地区天气非常干旱，土地极其瘠薄，农业产量十分低下，而人口却不断增加，广种薄收的农业生产成为这里的土地无法承受的压力和沙化迅速扩展的主要原因。减轻该区域的人口压力，禁止在此范围内安置移民，对原有的农牧民应有计划地迁出，并妥善安置。在此保护范围内，未经国务院或其指定部门同意，不得修建铁路、公路。

五、管好水资源

沙化土地所在地区都是极其干旱缺水的地区，对于稀缺的水资源，要倍加珍惜。

（一）防止水资源过度开发

沙化土地所在地区的县级以上人民政府水行政主管部门应当加强流域和区域水资源的统一调配和管理。《防沙治沙法》特别强调，在编制水资源开发利用规划和供水计划时，必须考虑植被用水的需求，要防止因水资源过度开发利用导致的植被破坏和土地沙化。这个规定遵循了生态规律，考虑了生态需求，做到了把合理利用水资源与保护植被很好地结合起来。

（二）节约用水

《防沙治沙法》在处理开发水资源与节约用水的关系上，把节约放在首位。在沙化土地所在地区，任何非节水型产业都是不允许存在的。

六、在沙化土地范围内生产建设活动的环境影响评价要求

在沙化土地所在地区从事生产建设活动，必须事先就开发建设项目可能对当地及相关地区生态环境产生的影响，进行环境影响评价和水资源论证。环境影响评价报告应包括防治措施等方面的内容。

对不具备水源条件且有可能造成土地沙化、水土流失等灾害，严重破坏生态环境的生产建设项目，不得批准立项。经批准实施的生产建设项目，要按照环境影响评价和水资源论证规定的内容同步实施生态保护和建设，搞好水资源保护和节约用水工作。有关部门要加强监督，搞好检查验收，经检查验收不合格的，不得对生产建设项目进行竣工验收。因防治措施不力造成土地沙化的，有关部门要责令项目建设单位限期进行治理，情节严重的应依法追究责任。

第四节　沙化土地整治

一、关于沙化土地整治的法律规定

(一)沙化土地所在地区的各级政府应当做好治理组织工作

治理已经沙化的土地，主要采用人工或飞机播种造林种草、封沙育林育草、合理调配生态用水等措施。治理工作要注意两点：一是要按照防沙治沙规划；二是要因地制宜，不要一刀切。

(二)公益性治沙活动

国家鼓励开展公益性治沙活动，这种活动的前提是自愿，可采取捐资或其他形式。林业草原和其他有关行政主管部门对这类活动要提供治理地点和技术指导。这类指导应是无偿的。公益性治沙活动要讲实效、保质量。要按照林业草原或者有关行政主管部门的技术要求治理，所种植的林、草可以委托他人或交当地政府有关行政主管部门管护。

(三)沙化土地使用权人和承包经营权人的治沙义务

这些人必须采取治理措施，改善土地质量。地方各级政府及有关行政主管部门、技术推广部门应当为他们的治沙提供技术指导。采取退耕还林还草、植树种草或封育措施治沙的，按照国家规定，享受政府提供的政策优惠。

确实无能力完成治理任务的，可以通过签订协议，委托他人或与他人合作治理。

(四)营利性治沙活动

营利性治沙活动是指不具有沙化土地所有权或者使用权的单位和个人，在依法取得土地使用权后，以获取一定经济收益为目的，采取各种措施对沙化土地进行治理的治沙活动。开展营利性治沙活动应满足以下条件：

①事先应依法取得该土地使用权。

②事先应当向县级以上林业草原行政主管部门或其他由政府指定的行政主管部门提出治理申请。申请时要附具土地权属证明、治理协议、治理方案、治理所需资金证

明等文件。国家保护治理者合法权益。治理申请表和营利性治沙验收表的格式由国家林草局规定，省、自治区和直辖市人民政府林业草原行政主管部门印制。

③治理必须按照治理方案进行。

④治理任务完成后，要通过原来受理治理申请的单位验收。县级以上地方人民政府林业草原行政主管部门负责营利性治沙活动的受理申请和检查验收等管理工作。

（五）其他性质的治沙活动

①责任单位负责治理。对象是沙化土地范围内的铁路、公路、河流、水渠的两侧，城镇、村庄、厂矿和水库的周围。对这些地方的治沙实行单位治理责任制，治理责任书由县以上地方政府下达。

②沙化土地集中治理。政府可以组织农村集体经济组织及其成员自愿投入资金和劳力进行集中治理。这些投入可折算为治理项目的股份、资本金，或采取其他补偿形式。

二、关于防沙治沙保障措施的法律规定

《防沙治沙法》专设一章"保障措施"，确保土地沙化的预防及治理各项法律规定得以落实，这在相关法律中尚属首次。

（一）资金保障

①国务院和沙化土地所在地区各级政府应当在本级财政预算中按照防沙治沙规划通过的项目预算安排防沙治沙工程资金。

②在安排各类项目（如农业、水利、道路、矿产、能源、农业综合开发等）时，应根据具体情况设立若干防沙治沙子项目。

③任何单位不得截留、挪用防沙治沙资金。县级以上的政府审计机关对该资金使用情况依法实施审计监督。

（二）政策优惠

①对从事防沙治沙活动的单位、个人，由县级以上人民政府给予资金补助、财政贴息、税费减免等政策优惠。优惠的根据是国家有关规定和防沙治沙的面积、难易程度。在防沙治沙投资阶段免征各种税收；取得一定收益后仍可免征或减征有关税收。

②对防沙治沙及其相关的科学研究与技术推广给予资金补助、税费减免等政策优惠。

（三）法律保障

①环境法律保障。实行沙区开发建设项目环境影响评价制度。在沙区从事开发建设活动，必须事先就开发建设项目可能对当地及相关地区生态环境产生的影响进行环境影响评价和水资源论证。要加强防沙治沙执法体系建设，充实执法监管力量，明确执法责任，健全监督机制，积极配合同级人大做好执法检查，加大行政执法监督力度。要适时开展集中专项执法行动，严厉打击破坏沙区植被和野生动植物资源、造成土地沙化及水土流失、非法征占用沙化土地等违法行为，做到有法必依、执法必严。

②税收法律保障。国家对防沙治沙给予必要的税收政策支持。各地区、各有关部门要认真执行好现行的防沙治沙税收优惠政策。单位和个人投资进行防沙治沙的，在

投资阶段免征各种税收；取得一定收益后，可以免征或减征有关税收，具体规定另行制定。国家继续对符合林业贷款中央财政贴息规定的防沙治沙贷款给予财政贴息，有关部门要加强对贴息资金的监督管理。对符合银行贷款条件的防沙治沙项目，有关银行要适当放宽条件，积极给予信贷支持，并做好各项金融服务。继续扩大农户小额信用贷款和农户联保贷款，支持有条件、有生产能力、守信用的农户通过防沙治沙、发展多种经营实现增收致富。

③民事法律保障。保障治理者的合法权益。使用已经沙化的国有土地从事治沙活动的，经县级人民政府批准，可以享有不超过 70 年的土地使用权。使用已经沙化的集体所有土地从事治沙活动的，县级人民政府根据治理者与土地所有人签订的土地承包合同，向治理者颁发土地使用权证书，保护其土地使用权。治理后的土地因保护生态特殊需要，被划为自然保护区或沙化土地封禁保护区的，批准机关应给予治理者合理的经济补偿。

④防沙治沙工作政府负责制。沙区地方各级人民政府对本行政区域的防沙治沙工作负总责。沙区县级以上地方人民政府，每年要向同级人民代表大会及其常务委员会报告防沙治沙工作情况，自觉接受监督。地方人民政府实行行政领导防沙治沙任期目标责任考核奖惩制度，将防沙治沙年度目标和任期目标纳入沙区地方各级人民政府政绩考核范围。加强防沙治沙管理机构和队伍建设。国务院林业行政主管部门要负责做好全国防沙治沙的组织、协调和指导工作，有关部门要按照职能分工，各负其责，密切配合，共同做好防沙治沙工作。

第九章

林业风景资源法

第一节　国家公园保护法

一、国家公园的定义

国家公园是保护区的一种类型，最早起源于美国，后为世界大部分国家和地区所采用。国家公园的定义分国际定义和国内定义两种。国家公园的国际定义是指世界自然保护联盟（IUCN）所列出的全球6种保护区类型中的第Ⅱ类。作为一种保护区类型，国家公园是指以生态系统保护和游憩为目的的陆地或海洋区域，指定用于：①为当代和后代保护一个或多个生态系统的完整性；②排除任何形式的有损于该保护区管理目的的开发和占有行为；③为民众提供精神、科学、教育、娱乐和游览的基地，所有这些活动必须实现生态环境和文化上的协调。全世界已有近万个国家公园，成为现代文明的标志之一。

根据2017年中央办公厅、国务院办公厅印发的《建立国家公园体制总体方案》，我国对国家公园作如下定义："国家公园是指由国家批准设立并主导管理，边界清晰，以保护具有国家代表性的大面积自然生态系统为主要目的，实现自然资源科学保护和合理利用的特定陆地或海洋区域。"

这一定义将国家公园定义为一个特定区域，突出了国家公园是保护地的本质，强调了国家公园的管理目标是实现自然资源有效保护和合理利用，提出了国家公园要综合发挥保护、科研、教育、游憩和社区发展五大功能的要求。既符合世界自然保护联盟提出的国家公园的管理目标，又充分概括了具有中国特色的国家公园应当发挥的多样化的功能。

二、我国国家公园的立法现状

为加快构建国家公园体制，2017年9月，中央办公厅、国务院办公厅发布并实施了《建立国家公园体制总体方案》。2019年6月，为加快建立以国家公园为主体的自然保护地体系，提供高质量生态产品，推进美丽中国建设，国务院办公厅印发了《关于建立以国家公园为主体的自然保护地体系的指导意见》。目前，国家公园体制试点区验收结束后，第一批国家公园正式设立，亟须加快推动立法工作。2022年6月，为加强国家公园建设管理，保障国家公园工作平稳有序开展，国家林业和草原局印发《国家公园管理暂行办法》。为确保中国特色的国家公园体制建设于法有据，国家公园保护管理有法可依，制定国家公园法，已经列入《十三届全国人大常委会立法规划》，2022 年 9 月，国家林业和草原局研究起草了《国家公园法（草案）》（征求意见稿）。目前已完成公开征求意见。该法草案明确了国家公园的保护原则与规划、规章制度与日常管理、自然资源确权登记与监测、保护与管理目标制定、生态修复与人为活动管控等内容。

三、国家公园的立法原则

根据《国家公园法（草案二次审议稿）》（以下简称《草案》）的核心内容，我国国家公园立法遵循以下原则：

（一）坚持党的领导与国家代表性

立法强调国家公园作为国家战略资源的重要地位，明确其由国家设立并主导管理，以保护具有国家代表性的自然生态系统为核心目标。通过科学规划国家公园总体布局，合理确定数量和规模，确保生态系统的原真性和完整性得到系统性保护。例如，《草案》要求候选区遴选需深入评估其生态重要性和保护可行性，体现国家意志与生态保护的双重导向。

（二）生态保护优先与科学修复

立法确立"生态保护第一"原则，要求国家公园保护遵循自然生态系统特性和内在规律，实施整体保护、系统修复和综合治理。例如，《草案》明确国家公园总体规划需与国土空间规划衔接，并纳入统一监管体系；同时规定受损生态系统修复以自然恢复为主，人工修复需科学论证，确保生态过程完整性和生物多样性。

（三）全民公益性与社会共享

立法强调国家公园的公益属性，明确其全民共享的定位。例如，《草案》要求国家公园管理机构通过生态旅游、自然教育等方式促进公众参与，同时规定生态管护岗位优先聘用当地居民，体现生态保护与民生改善的统一。此外，标志保护、科普宣传等条款进一步强化了社会共享机制。

（四）统筹保护与发展的平衡

立法注重生态保护与经济社会发展的协调。例如，《草案》明确国家公园设立需评估对原有居民、企业的影响，并制定解决方案；一般控制区可实施差别化管控措施，允许适度开发利用。同时，规定野生动物致害补偿经费由中央财政补助，保障居民合法权益，体现"绿水青山就是金山银山"的实践路径。

（五）统一规范与协同治理

立法构建统一高效的管理体制，明确国务院国家公园主管部门统筹全国监督管理工作，地方人民政府负责经济社会协调和公共服务。例如，《草案》要求跨省域国家公园建设由中央主管部门与省级政府协同推进，并支持区域协同立法，强化信息共享和执法协作，确保管理效能。

（六）科技创新与专业支撑

立法强调科技创新对国家公园建设的支撑作用。例如，《草案》要求加强相关技术研究与人才培养，完善监测网络体系，运用信息化手段提升生态风险评估和预警能力。

同时，规定国家公园区域内的自然资源需统一确权登记，为科学管理提供数据基础。

(七)法治保障与责任落实

立法通过明确法律责任和监督机制，确保国家公园建设有法可依。例如，《草案》规定国家公园标志受法律保护，未经许可不得商业使用；同时要求管理机构健全规章制度，加强日常保护，对违法行为设定处罚条款，强化法治约束力。

(八)国际合作与文化传播

立法支持国家公园领域的国际交流合作，推动生态保护理念和经验的全球共享。例如，《草案》鼓励开展国际科研合作，同时要求加强国家公园文化培育和宣传教育，传播生态保护理念，提升公众生态意识。

这些原则共同构成了我国国家公园立法的核心框架，既体现了生态保护优先的战略定位，又兼顾了经济社会发展的现实需求，为构建以国家公园为主体的自然保护地体系提供了坚实的法治保障。

第二节　沙漠公园保护法

一、沙漠公园的概念

沙漠公园是以荒漠景观为主体，以保护荒漠生态系统和生态功能为核心，合理利用自然与人文景观资源，开展生态保护及植被恢复、科研监测、宣传教育、生态旅游等活动的特定区域。

为进一步加强和规范国家沙漠公园建设和管理，2017年9月27日，国家林业局在总结各地试点建设经验基础上印发了《国家沙漠公园管理办法》。

二、关于国家沙漠公园的法律规定

(一)保护利用原则的规定

国家沙漠公园建设是国家生态建设的重要组成部分，属于社会公益事业。国家鼓励公民、法人和其他组织捐资或者志愿参与沙漠公园建设和保护工作。国家沙漠公园建设和管理必须遵循"保护优先、科学规划、合理利用、持续发展"的基本原则，在地域上不得与国家已批准设立的其他保护区域重叠或者交叉。

(二)监督管理体制的规定

①国家林业和草原局负责国家沙漠公园建设的指导、监督和管理，具体工作由国家林业和草原局防沙治沙办公室承担。

②国家沙漠公园原则上以县域为单位组织建设。县级以上地方人民政府林业主管部门负责本辖区内国家沙漠公园建设的指导和监督。跨县级及以上行政区域的国家沙漠公园建设应当由相应的上级人民政府林业主管部门负责指导和监督。

(三)国家沙漠公园建设的规定

1. 建立的条件

具备下列基本条件可申报国家沙漠公园：

①所在区域的荒漠生态系统具有典型性和代表性，或者防沙治沙生态区位重要。

②面积原则上不低于 200 公顷，公园中沙化土地面积一般应占公园总面积的 60%以上。

③土地所有权、使用权权属无争议，四至清晰，相关权利人无不同意见。国家沙漠公园范围内土地原则上以国有土地为主。

④区域内水资源能够保证国家沙漠公园生态和其他用水需求。

⑤具有较高的科学价值和美学价值。

省级林草主管部门对于符合上述申报条件的地区，可以向国家林业和草原局申请建立国家沙漠公园。申报材料包括以下内容：

①省级林草主管部门出具的申请文件和申报书。

②拟建国家沙漠公园的总体规划文本及专家评审意见。

③反映拟建国家沙漠公园现状的宣传画册和视频宣传片。

④所在地县级人民政府同意建设国家沙漠公园的批复文件；跨行政区域的，需提交同属上级人民政府同意建设国家沙漠公园的批复文件。

⑤县级人民政府出具的拟建国家沙漠公园土地权属清晰、无争议的证明文件。

⑥县级人民政府出具的拟建国家沙漠公园相关利益主体无争议的证明材料。

2. 评估的规定

国家林业和草原局组建国家沙漠公园评审专家委员会，负责对申报材料进行审核，并根据需要组织专家进行实地评估。

国家林业和草原局召开国家沙漠公园综合评审会，对国家沙漠公园建设资格进行综合评审。评审专家通过审查申请材料、听取实地考察评估意见、观看视频资料和综合评议等环节，形成综合评审意见。

根据综合评审意见和全国总体规划，国家林业和草原局确定拟建国家沙漠公园名单，在国家林业和草原局政府网站上进行公示，时间为 10 个工作日，公示无异议后由国家林业和草原局复函同意建设国家沙漠公园。

国家沙漠公园建设单位实行滚动式管理，采取"准入—退出"机制。对有明显不良记录的，责令其限期整改；整改仍不合格的，停止国家沙漠公园建设，取消其称号。

3. 沙漠公园的分区

国家沙漠公园建设要合理进行功能分区，发挥保护、科研、宣教和游憩等生态公益功能。功能分区主要包括生态保育区、宣教展示区、沙漠体验区、管理服务区。

①生态保育区。应当实行最严格的生态保护和管理，最大限度地减少对生态环境的破坏和消极影响。生态保育区可利用现有人员和技术手段开展沙漠公园的植被保护工作，建立必要的保护设施，提高管理水平，巩固建设成果。对具有植被恢复条件和可能发生植被退化的区域，可采取以生物措施为主的综合治理措施，持续提高沙漠公园的生态功能。生态保育区面积原则上应不小于国家沙漠公园总面积的 60%。

②宣教展示区。主要开展与荒漠生态系统相关的科普宣教和自然人文景观的展示活动。可修建必要的基础设施，如道路、展示牌及科普教育设施等。

③沙漠体验区。可在不损害荒漠生态系统功能的前提下，开展生态旅游、文化、体育等活动，建设必要的旅游景点和配套设施。沙漠体验区面积原则上不超过国家沙

漠公园总面积的 20%。

④管理服务区。主要开展管理、接待和服务等活动，可进行必要的基础设施建设，完善服务功能，提高服务水平。管理服务区面积应不超过国家沙漠公园总面积的 5%。

国家沙漠公园应当按照总体规划确定的范围进行建设，任何单位和个人不得擅自更改建设范围。建设范围的变更，须经国家林业和草原局同意。国家沙漠公园建设要与所在地主体功能区规划、防沙治沙规划和土地利用规划相衔接，与生态资源保护、利用等相关规划相协调。

(四)保护管理的规定

①沙漠公园的命名。国家沙漠公园使用统一标识和命名，国家沙漠公园采取下列命名方式：省(自治区、直辖市)—地名—国家沙漠公园。

②设置宣教设施。国家沙漠公园建设应当着力提高公众防沙治沙和生态保护意识。鼓励国家沙漠公园定期向中小学生免费开放。

③除国家另有规定外，在国家沙漠公园范围内禁止下列行为：开展房地产、高尔夫球场、大型楼堂馆所、工业开发、农业开发等建设项目；直接排放或者堆放未经处理或者超标准的生活污水、废水、废渣、废物及其他污染物；其他破坏或者有损荒漠生态系统功能的活动。

④国家沙漠公园所在地县级以上地方人民政府应当设立或者指定专门的管理机构，统一负责国家沙漠公园的建设与管理工作。管理机构应当定期对辖区内的资源开展调查和动态监测，建立档案，并根据监测情况采取相应的管理措施。

第三节 湿地公园保护法

一、湿地公园的概念

国家湿地公园是指以保护湿地生态系统、合理利用湿地资源、开展湿地宣传教育和科学研究为目的，经国家林业和草原局批准设立，按照有关规定予以保护和管理的特定区域。

城市湿地公园是在城市规划区范围内，以保护城市湿地资源为目的，兼具科普教育、科学研究、休闲游览等功能的公园绿地。

二、湿地公园的作用

(一)生物多样性保护功能

生物多样性是人类赖以生存的重要物质基础，与人类生活密切相关。湿地的生态结构和景观格局的异质性可以为多种不同生态位的物种提供多样性的生境。湿地是具有较高生产力和生物多样性的生态系统，利用其生物多样性可以为人类提供众多的天然产品，水果、肉类、芦苇和药材等。

(二)降解污染净化水质的功能

湿地具有很强的降解污染的功能，许多湿地植物、微生物通过物理过滤、生物吸收和化学合成与分解，把人类排入湿地的有毒有害及其他污染物质吸收转化，使湿地水体得到净化。

(三) 科研教育功能

在科研教育方面，在湿地公园可以进行科学项目研究活动，建立科普教育基地，举办世界湿地日、爱鸟周等活动。

湿地公园还有物质生产和景观美化的功能，湿地动植物资源的利用还可以带动城市加工工业的发展，鱼、虾、莲等经济作物还可以提高周边居民的收入，为区域经济发展提供丰富的资源。此外，城市湿地与分布于城市区域外的自然湿地相对应，有着不同的特征：在自然生态方面，城市湿地分布相对不均，面积小，湿地斑块连接度低，内部生境破碎化程度高，湿地小气候与城市区域有明显的不同；而自然湿地则不同，不但形成多样的湿地斑块，斑块之间连接度较高，破碎化程度低，而且湿地生境气候反映区域地理气候特征。在湿地功能方面，自然湿地以生态服务为主，而且可测定并评价其不同的生态功能；而城市湿地除生态服务功能外，还强调休闲娱乐和生态教育功能，这些功能是自然湿地不可取代的，同时这种城市湿地的社会服务功能也很难预测。自然湿地体现的是湿地自然特征，人为管理强度相对较小，而城市湿地则充分体现了人为管理的特征。

三、湿地公园保护的立法

2017 年，住房城乡建设部发布了《城市湿地公园管理办法》；同年国家林业局修订了《国家湿地公园管理办法》。

四、湿地公园的法律规定

(一) 湿地公园保护利用原则的规定

国家湿地公园的建设和管理，应当遵循"全面保护、科学修复、合理利用、持续发展"的方针。城市湿地保护是生态公益事业，应遵循"全面保护、生态优先、合理利用、良性发展"的基本原则。

(二) 湿地公园监督管理体制的规定

①由县级以上林业主管部门负责国家湿地公园的指导、监督和管理。

②住房城乡建设部负责全国城市湿地资源保护与修复，城市湿地公园规划建设管理的指导、监督等工作，负责国家城市湿地公园的设立和保护管理工作的指导监督。省级住房城乡建设(园林绿化)主管部门负责本地区城市湿地资源保护与修复以及城市湿地公园规划建设管理的指导监督，负责建立包括城市湿地资源普查、动态监测、国家城市湿地公园规划与实施等相关信息管理体系。县级以上城市人民政府园林绿化主管部门负责本地区城市湿地资源保护以及城市湿地公园的规划、建设和管理。

(三) 湿地公园建设的规定

湿地公园建设是国家生态建设的重要组成部分，属社会公益事业。

①建立国家湿地公园和设立城市湿地公园的条件。参见《国家湿地公园管理办法》第五条和《城市湿地公园管理办法》第六条的规定。

②申请建立国家湿地公园和申报城市湿地公园应当提交相关材料。

③建立国家湿地公园和城市湿地公园的审批程序。

申请晋升为国家湿地公园的，可由省级林业主管部门向国家林业和草原局提出申请。城市湿地公园的设立，由县级以上城市人民政府提出申请，经省、自治区住房城乡建设主管部门推荐后报住房城乡建设部。直辖市由城市园林绿化主管部门提出申请，经城市人民政府同意后，报住房城乡建设部。

④国家湿地公园的分区。《国家湿地公园管理办法》第十一条规定，国家湿地公园应划定保育区。根据自然条件和管理需要，可划分恢复重建区、合理利用区，实行分区管理。

（四）湿地公园保护管理的规定

1. 国家湿地公园的保护管理

①国家湿地公园管理机构应当具体负责国家湿地公园的保护管理工作，制定并实施湿地公园总体规划和管理计划，完善保护管理制度。

②国家湿地公园应当设置宣教设施，建立和完善解说系统，宣传湿地功能和价值，普及湿地知识，提高公众湿地保护意识。

③国家湿地公园管理机构应当定期组织开展湿地资源调查和动态监测，建立档案，并根据监测情况采取相应的保护管理措施。

④国家湿地公园管理机构应当建立和谐的社区共管机制，优先吸收当地居民从事湿地资源管护和服务等活动。

⑤省级林业主管部门应当每年向国家林业和草原局报送所在地国家湿地公园建设管理情况，并通过"中国湿地公园"信息管理系统报送湿地公园年度数据。

⑥禁止擅自征收、占用国家湿地公园的土地。确需征收、占用的，用地单位应当在征求省级林业主管部门的意见后，方可依法办理相关手续。由省级林业主管部门报国家林业和草原局备案。

⑦除国家另有规定外，国家湿地公园内禁止下列行为：开（围）垦、填埋或者排干湿地；截断湿地水源；挖沙、采矿；倾倒有毒有害物质、废弃物、垃圾；从事房地产、度假村、高尔夫球场、风力发电、光伏发电等任何不符合主体功能定位的建设项目和开发活动；破坏野生动物栖息地和迁徙通道、鱼类洄游通道，滥采滥捕野生动植物；引入外来物种；擅自放牧、捕捞、取土、取水、排污、放生；其他破坏湿地及其生态功能的活动。

2. 城市湿地公园的保护管理

①城市湿地应纳入城市绿线划定范围，严禁破坏城市湿地水体水系资源。维护生态平衡，保护湿地区域内生物多样性及湿地生态系统结构与功能的完整性、自然性。

②通过设立城市湿地公园等形式，实施城市湿地资源全面保护，在不破坏湿地的自然良性演替的前提下，充分发挥湿地的社会效益，满足人民群众休闲休憩和科普教育需求。

③城市湿地公园及保护地带的重要地段不得设立开发区、度假区，禁止出租转让湿地资源，禁止建设污染环境、破坏生态的项目和设施，不得从事挖湖采沙、围湖造田、开荒取土等改变地貌和破坏环境、景观的活动。

第四节　风景名胜区法

一、风景名胜区的概念

风景名胜包括具有观赏、文化或科学价值的山河、湖海、地貌、森林、动植物、化石、特殊地质、天文气象等自然景物和文物古迹、革命纪念地、历史遗址、园林、建筑、工程设施等人文景物和它们所处的环境以及风土人情等。

风景名胜区一般是指具有观赏、文化或者科学价值,自然景观、人文景观比较集中,环境优美,可供人们游览或者进行科学、文化活动的区域。

风景名胜区划分为国家级风景名胜区和省级风景名胜区。自然景观和人文景观能够反映重要自然变化过程和重大历史文化发展过程,基本处于自然状态或保持历史原貌,具有国家代表性的,可以申请设立国家级风景名胜区。国家级风景名胜区由国务院批准公布。而具有区域代表性的,可以申请设立省级风景名胜区。省级风景名胜区,由省、自治区、直辖市人民政府批准公布。

二、风景名胜区的作用

风景名胜区保护极为重要,这是由它自身所固有的珍稀性、唯一性、不可再生性和社会服务性的特征所决定的。

①风景名胜区赖以存在的风景名胜资源非常稀有和脆弱,价值弥足珍贵。这种风景名胜资源来自大自然的造物和历史文化的雕琢,兼容自然景观与人文景观。正是因为自然和历史造就同一风景名胜的机会只有一次,才使代表风景名胜精华的风景名胜区成为稀世瑰宝。

②风景名胜区种类繁多,在地质地貌、生态生物、森林植被、水文气象、文物古迹、景观形态、文化特色、功能结构、观赏类型、审美意义和科学价值诸多方面千姿百态,各领风骚,绝无雷同,既无法替代,也不能复制。

三、风景名胜区的法律规定

(一)风景名胜区保护利用的规定

国家对风景名胜区实行科学规划、统一管理、严格保护、永续利用的原则。风景名胜区所在地县级以上地方人民政府设置的风景名胜区管理机构,负责风景名胜区的保护、利用和统一管理工作。任何单位和个人都有保护风景名胜资源的义务,并有权制止、检举破坏风景名胜资源的行为。

风景名胜区内的景观和自然环境,应当根据可持续发展的原则,严格保护,不得破坏或者随意改变。风景名胜区管理机构应当建立健全风景名胜资源保护的各项管理制度。风景名胜区内的居民和游览者应当保护风景名胜区的景物、水体、林草植被、野生动物和各项设施。

(二)风景名胜区监督管理体制的规定

国务院建设主管部门负责全国风景名胜区的监督管理工作。国务院其他有关部门按照国务院规定的职责分工，负责风景名胜区的有关监督管理工作。

省、自治区人民政府建设主管部门和直辖市人民政府风景名胜区主管部门，负责本行政区域内风景名胜区的监督管理工作。省、自治区、直辖市人民政府其他有关部门按照规定的职责分工，负责风景名胜区的有关监督管理工作。

(三) 风景名胜区设立的规定

①设立风景名胜区，应当有利于保护和合理利用风景名胜资源。新设立的风景名胜区与自然保护区不得重合或者交叉；已设立的风景名胜区与自然保护区重合或者交叉的，风景名胜区规划与自然保护区规划应当相协调。

②风景名胜区划分为国家级风景名胜区和省级风景名胜区。自然景观和人文景观能够反映重要自然变化过程和重大历史文化发展过程，基本处于自然状态或者保持历史原貌，具有国家代表性的，可以申请设立国家级风景名胜区；具有区域代表性的，可以申请设立省级风景名胜区。设立国家级风景名胜区，由省、自治区、直辖市人民政府提出申请，国务院建设主管部门会同国务院环境保护主管部门、林业主管部门、文物主管部门等有关部门组织论证，提出审查意见，报国务院批准公布。设立省级风景名胜区，由县级人民政府提出申请，省、自治区人民政府建设主管部门或者直辖市人民政府风景名胜区主管部门，会同其他有关部门组织论证，提出审查意见，报省、自治区、直辖市人民政府批准公布。

③申请设立风景名胜区应当提交包含下列内容的有关材料：风景名胜资源的基本状况；拟设立风景名胜区的范围以及核心景区的范围；拟设立风景名胜区的性质和保护目标；拟设立风景名胜区的游览条件；与拟设立风景名胜区内的土地、森林等自然资源和房屋等财产的所有权人、使用权人协商的内容和结果。

④风景名胜区内的土地、森林等自然资源和房屋等财产的所有权人、使用权人的合法权益受法律保护。申请设立风景名胜区的人民政府应当在报请审批前，与风景名胜区内的土地、森林等自然资源和房屋等财产的所有权人、使用权人充分协商。因设立风景名胜区对风景名胜区内的土地、森林等自然资源和房屋等财产的所有权人、使用权人造成损失的，应当依法给予补偿。

(四) 风景名胜区的利用和管理

①风景名胜区管理机构应当根据风景名胜区的特点，保护民族民间传统文化，开展健康有益的游览观光和文化娱乐活动，普及历史文化和科学知识。

②风景名胜区管理机构应当根据风景名胜区规划，合理利用风景名胜资源，改善交通、服务设施和游览条件。风景名胜区内涉及自然资源保护、利用、管理和文物保护以及自然保护区管理的，还应当执行国家有关法律、法规的规定。风景名胜区管理机构不得从事以营利为目的的经营活动，不得将规划、管理和监督等行政管理职能委托给企业或者个人行使。

③国务院建设主管部门应当对国家级风景名胜区的规划实施情况、资源保护状况进行监督检查和评估。对发现的问题，应当及时纠正、处理。风景名胜区管理机构应当建立健全安全保障制度，加强安全管理，保障游览安全，并督促风景名胜区内的经营单位接受有关部门依据法律、法规进行的监督检查。

参考文献

蔡守秋，1989. 中国环境政策概论[M]. 武汉：武汉大学出版社.

蔡守秋，1995. 环境法教程[M]. 北京：法律出版社.

蔡守秋，1996. 环境法概论[M]. 武汉：武汉大学出版社.

蔡守秋，1999. 环境政策法律问题研究[M]. 武汉：武汉大学出版社.

蔡守秋，2000. 环境法学教程[M]. 武汉：武汉大学出版社.

蔡守秋，2005. 环境资源法学[M]. 长沙：湖南大学出版社.

蔡守秋，2009. 人与自然关系中的伦理与法[M]. 长沙：湖南大学出版社.

蔡守秋，2010. 环境政策学[M]. 北京：科学出版社.

蔡守秋，2010. 环境资源法教程[M]. 2版. 北京：高等教育出版社.

蔡守秋，2011. 环境与资源保护法学[M]. 长沙：湖南大学出版社.

蔡守秋，2014. 基于生态文明的法律学[M]. 北京：中国法制出版社.

曹明德，2008. 环境与资源保护法[M]. 北京：中国人民大学出版社.

柴同杰，2008. 动物保护及福利[M]. 北京：中国农业出版社.

常纪文，陈明剑，2003. 环境法总论[M]. 北京：中国时代经济出版社.

常纪文，王宗廷，2003. 环境法学[M]. 北京：中国法制出版社.

陈集双，姜永厚，2006. 外来入侵生物控制[M]. 杭州：浙江大学出版社.

陈宽维，章明，2002. 我国家禽遗传多样性特点与保护[J]. 中国禽业导刊(23)：12-14.

陈茂云，马骧聪，2001. 生态法学[M]. 西安：陕西人民教育出版社.

陈松，谢彼德，谢焱，等，1996. 保护中国的生物多样性(一)[M]. 北京：中国环境出版社.

陈兴，2011. 水葫芦适应不同生长条件的生理生化特性研究[D]. 福州：福建农林大学.

陈元胜，2007. 外来物种入侵对生物多样性的影响及对策[J]. 安徽农业科学，35(5)：1445-1446.

崔健远，2003. 准物权的理论问题[J]. 中国法学(3)：74-83.

戴谋富，2005. 论我国自然资源物权体系的构建[J]. 长沙理工大学学报(社会科学版)(3)：33-36.

单丽娜，2008. 自然保护区法律制度研究[D]. 北京：中国地质大学.

丁晖，秦卫华，2009. 生物多样性评估表指标及其案例研究[M]. 北京：中国环境出版社.

丁晓杰，2013. 我国湿地生态补偿法律制度研究[D]. 长春：吉林大学.

樊清华，2013. 海南湿地生态立法保护研究[M]. 广州：中山大学出版社.

范媛吉，2006. 自然保护区若干法律问题的研究[D]. 长沙：湖南大学.

付延芳，2012. 论自然保护区与当地社区和谐发展的法律保障[D]. 北京：中国政法大学.

高桂林，刘向宁，李姗姗，2012. 环境法原理与案例[M]. 北京：知识产权出版社.

高正，2012. 我国湿地生态补偿制度研究[D]. 苏州：苏州大学.

格日勒，2008. 我国湿地保护的立法研究[D]. 北京：中国地质大学.

国家环境保护总局自然生态司，2006. 全国自然保护区名录(2005)[M]. 北京：中国环境出版社.

国家林业局《湿地公约》履约办公室，2001. 湿地公约履约指南[M]. 北京：中国林业出版社.

国家林业局野生动植物保护司，2001. 湿地管理与研究方法[M]. 北京：中国林业出版社.

国家林业局野生动植物保护与自然保护区管理司，2002. 自然保护区社区共管[M]. 北京：中国林业出版社.

国家林业局野生动植物保护与自然保护区管理司，2008. 国家级自然保护区工作手册[M]. 北京：中国林业出版社.

国家林业局野生动植物保护与自然保护区管理司，国家林业局政策法规司，2007. 中国自然保护区立法研究[M]. 北京：中国林业出版社.

韩德培，2007. 环境保护法教程[M]. 北京：法律出版社.

韩福全，2004. 正确处理好野生动物资源保护与利用的关系[J]. 野生动物(6)：51-52.

杭艳红，2001. 中国湿地资源立法研究[D]. 哈尔滨：东北农业大学.

郝华，2004. 中国自然保护区社区共管法律问题研究[D]. 武汉：武汉大学.

环境科学大辞典编委会，2008. 环境科学大辞典[M]. 2版. 北京：中国环境出版社.

黄国良，2009. 我国出入境检验检疫部门应对技术贸易壁垒的对策研究——以中山市为例[D]. 广州：中山大学.

姜文来，袁军，2004. 湿地[M]. 北京：气象出版社.

蒋丽霞，2005. 风景名胜区立法研究[D]. 哈尔滨：东北林业大学.

蒋志刚，马克平，韩兴国，等，1997. 保护生物学[M]. 杭州：浙江科学技术出版社.

蒋志刚，谢宗强，2008. 物种的保护[M]. 北京：中国林业出版社.

金鉴明，1994. 自然保护区概论[M]. 北京：中国环境出版社.

金瑞林，1994. 环境法学[M]. 北京：北京大学出版社.

金瑞林，2013. 环境与资源保护法学[M]. 3版. 北京：高等教育出版社.

李丽华，2004. 中国自然资源权属新探[D]. 武汉：武汉大学.

李明阳，徐海根，2005. 生物入侵对物种及遗传资源影响的经济评估[J]. 南京林业大学学报(自然科学版)(2)：98-102.

李文文，2010. 浅析我国动物福利立法的必要性[J]. 法制与社会(1)：276.

李振宇，解焱，2002. 中国外来入侵物种[M]. 北京：中国林业出版社.

林业部野生动物和森林植物保护司，1994. 为了大自然[M]. 北京：北京美术摄影出版社.

刘春兴，温俊宝，骆有庆，等，2010. 外来物种入侵的历史及其启示[J]. 自然辩证法通讯，32(5)：42-47.

刘宏明，2007. 我国野生动物所有权立法述评[J]. 野生动物，158(4)：54-56.

刘洋，2009. 中国湿地权属关系法律问题研究[J]. 华北煤炭医学院学报，11(4)：604-605.

吕宪国，刘红玉，2004. 湿地生态系统保护与管理[M]. 北京：化学工业出版社.

吕忠梅，1996. 环境法教程[M]. 北京：中国政法大学出版社.

吕忠梅，2000. 环境法新视野[M]. 北京：中国政法大学出版社.

吕忠梅，2003. 超越与保守——可持续发展视野下的环境法创新[M]. 北京：法律出版社.

吕忠梅，2006. 环境资源法论丛[M]. 北京：法律出版社.

吕忠梅，2012. 侵害与救济：环境友好型社会中法治基础[M]. 北京：法律出版社.

吕忠梅，2014. 中华人民共和国环境保护法释义[M]. 北京：中国计划出版社.

吕忠梅，王灿发，2013. 环境损害赔偿法的理论与实践[M]. 北京：中国政法大学出版社.

马建章，1992. 环境与资源保护法[M]. 哈尔滨：东北林业大学出版社.

马建章，宗诚，2008. 中国野生动物资源的保护与管理[J]. 科技导报，26(14)：36-39.

马骧聪，1994. 国际环境法概论[M]. 北京：中国环境科学出版社.

马骧聪，1999. 环境资源法[M]. 北京：北京师范大学出版社.

裴胜基，龙春林，2008. 民族文化与生物多样性保护[M]. 北京：中国林业出版社.

亓桂梅，2007. 当心葡萄园中的瓢虫[J]. 中外葡萄与葡萄酒(3)：78.

秦天宝，2013. 环境法——制度·学说·案例[M]. 武汉：武汉大学出版社.

孙儒泳，1992. 动物生态学原理[M]. 北京：北京师范大学出版社.

田树新，2004. 中国自然保护区法律体系研究[D]. 哈尔滨：东北林业大学.

田兴军,2005. 生物多样性及其保护生物学[M]. 北京:化学工业出版社.

万方浩,谢丙炎,褚栋,等,2008. 生物入侵:管理篇[M]. 北京:科学出版社.

万方浩,谢丙炎,杨国庆,等,2011. 入侵生物学[M]. 北京:科学出版社.

汪劲,1994. 日本环境法概论[M]. 武汉:武汉大学出版社.

汪劲,2000. 中国环境法原理[M]. 北京:北京大学出版社.

汪劲,2006. 环境法学[M]. 北京:北京大学出版社.

王昌海,温亚利,胡崇德,等,2010. 中国自然保护区与周边社区协调发展研究进展[J]. 林业经济
　　问题,30(6):486-492.

王丰年,2005. 外来物种入侵的历史、影响及对策研究[J]. 自然辩证法研究(1):77-81.

王风雷,1996. 论元代法律中的野生动物保护条款[J]. 内蒙古社会科学(文史哲版)(3):46-51.

王树义,2005. 环境法系列专题研究[M]. 北京:科学出版社.

王树义,2007. 可持续发展与中国环境法制[M]. 北京:科学出版社.

王树义,2012. 环境法前沿问题研究[M]. 北京:科学出版社.

王献溥,宋朝枢,2006. 生物多样性就地保护[M]. 北京:中国林业出版社.

王玉娟,2008. 湿地保护立法比较研究[D]. 北京:中国地质大学.

吴小敏,2002. 试论自然保护区与社区协调发展[J]. 农村生态环境,18(2):10-13.

肖兴国,肖乾刚,1999. 自然资源法[M]. 北京:法律出版社.

谢军安,谢雯,焦跃辉,等,2005. 动物福利法律保护的现状及趋势[J]. 石家庄经济学院学报(1):
　　92-95.

徐国栋,2004. 绿色民法典草案[M]. 北京:社会科学出版社.

徐海根,曹明昌,吴军,等,2013. 中国生物多样性本底评估报告[M]. 北京:科学出版社.

徐海根,强盛,2004. 中国外来物种入侵编目[M]. 北京:中国环境出版社.

徐海根,王建民,强盛,等,2004. 外来物种·生物安全·遗传资源[M]. 北京:科学出版社.

徐汝梅,2003. 生物入侵:数据集成、数量分析与预警[M]. 北京:科学出版社.

杨淑慧,贾竞波,2006. 自然界中野生动物的福利——野生动物保护的新理念[J]. 曲阜师范大学学
　　报(自然科学版)(3):105-107,128.

曾北危,2004. 生物入侵[M]. 北京:化学工业出版社.

张博,2005. 美国外来物种入侵的相关法律对我国的启示[J]. 黑龙江省政法管理干部学院学报(2):
　　118-120.

张蔚文,吴次芳,2003. 美国湿地政策的演变及其启示[J]. 农业经济问题(11):71-74,80.

赵梦桃,2007. 外来生物入侵的法律问题研究[D]. 北京:中国农业大学.

郑景明,马克平,2010. 入侵生态学[M]. 北京:高等教育出版社.

朱建国,王曦,2004. 中国湿地保护立法研究[M]. 北京:法律出版社.

邹秀君,2008. 我国自然保护区管理体制及立法研究[D]. 青岛:中国海洋大学.

KAHN R,2013. 批判教育学、生态扫盲与全球危机生态教育学运动[M]. 张亦默,李博,译. 北京:
　　高等教育出版社.